これ一冊で安心

21-22年版

相続の
諸手続き 届出 税金 のすべて

監修
鳥飼総合法律事務所
弁護士 堀 招子
和田倉門法律事務所
税理士 原木規江

ナツメ社

インフォメーション 知っておきたい イマドキの相続事情

近年、相続分野の法律が改正され、これまでとは異なる相続対策が必要となっています。その内容は被相続人の配偶者（例えば、亡くなった夫の妻）を守るための権利の創設、相続人の間でトラブルの原因になることもあった「遺留分」に関する制度改正など、いまどきの相続事情を反映した見直しも行われています。

チェック1 残された配偶者を守る制度ができました。

配偶者居住権を創設（2020年4月1日スタート）

残された配偶者が被相続人の所有する建物（夫婦共有でもOK）に居住していた場合、被相続人が亡くなった後も配偶者は賃料の負担なくその建物に住み続けることができる権利です。残された配偶者は、被相続人の遺言や相続人間の話合い（遺産分割協議）等によって配偶者居住権を取得することができます。

以前は……

相続財産：自宅 3000万円／預貯金 3000万円

- 妻：自宅だけ相続しても生活資金がない！ → 自宅（3000万円）
- 子：お金は僕が相続するよ！ → 預貯金3000万円

配偶者居住権を取得

いまは……

配偶者は自宅に住みながらほかの財産も取得できる

相続財産：自宅 3000万円／預貯金 3000万円

- 妻：家にも住み続けられるし資金もあるから安心ね！ → 配偶者居住権（1500万円）／預貯金1500万円
- 子：母さんのときの相続税負担が減るからいいか → 負担付き所有権（1500万円）／預貯金1500万円

❓ 配偶者居住権に関するギモン

質問Q 自分が死んだときに備えて、妻のために配偶者居住権を設定しておきたい。

回答A 自分が所有する建物に配偶者が居住している場合は、遺言で配偶者居住権を設定できます。ただし、自分が死亡した時点でその建物に配偶者が居住していたことが条件となります。

アドバイス
婚姻期間が20年以上の夫婦である場合は遺言により配偶者居住権を設定しても、原則として遺産分割で配偶者の取り分が減らされることはありません（居住用不動産の遺贈または贈与も遺産の先渡しに含めません）。

堀招子 弁護士

質問Q 夫が遺言をしないまま亡くなりました。残されたわたしとしては配偶者居住権を取得したいと考えているのですが……。

回答A 遺言に配偶者居住権を設定しなかった場合、他の相続人との遺産分割協議で配偶者居住権を取得できます。遺産分割協議が成立しないときは、家庭裁判所に遺産分割の調停審判を申立てることで、配偶者居住権を取得することができる場合があります。

知っておきたいイマドキ相続事情

遺留分をめぐるトラブルを防ぐルールができました。

2019年7月1日スタート

新たな遺留分制度

遺留分侵害額に相当する部分について金銭で請求することができます。一方、遺留分にかかる請求を受けた人が金銭で準備することができない場合、裁判所に支払期限の猶予を求めることができます。また、生前贈与について遺留分侵害額請求ができる範囲は相続開始前10年間の贈与に限定されます。

以前は……

長男：売却して納税資金にしようと思っていたのに、困ったなあ……
相続した賃貸マンション

遺留分減殺請求 ← 賃貸マンションを共同所有 →

長女：マンションの一部はわたしのもの。勝手に売らないで！

※このケースで長男が長女に不動産の持ち分を渡す場合、相続税・相続後に不動産を売却した時の譲渡所得については各自が持分に応じて負担します。

遺留分は金銭で請求する

いまは…… 遺留分侵害額請求権は「金銭債権」に

長男：マンションを売却して相続税が払える！

賃貸マンションは長男が単独所有

遺留分侵害額請求 ← 金銭で支払い →

長女：遺留分はお金で請求するのね

※このケースで長男が長女に金銭を支払う場合、相続税・相続後に売却した時の譲渡所得については長男が負担します。

遺言書を簡単・確実に残すことができるようになりました。

2020年7月10日スタート

法務局での保管制度

自分で作成した自筆証書遺言を法務局で保管してもらうことができます。なお、自筆証書遺言を作成する際、すべて自書する必要がありましたが、2019年1月13日より財産目録についてはパソコンで作成することも認められるようになりました。

以前は……

お父さんの遺言書、どこにいっちゃったのかしら……

遺言書の紛失・破棄リスク

この遺言書はマズイなあ……無かったことにしよう

全国の法務局のうち法務大臣が指定する法務局で原本を保管する

いまは…… 自筆証書遺言書保管制度

法務局（遺言書保管所）

原本保管

画像データ化

※保管所に保管されている遺言書は家庭裁判所の検認が不要。

財産目録はパソコンでの作成OKだから追記・修正も簡単！

遺言書 署名㊞ ＋ 別紙目録（PCで作成）署名㊞　別紙目録（PCで作成）署名㊞

※ただし、財産目録の各頁に署名押印をする必要があります。

チェック4 遺産相続の実情を踏まえた制度が整備されました。

2019年7月1日スタート
介護への貢献等に対する **特別の寄与制度**
長男の妻など相続人ではない親族が無償で被相続人の介護などを行っていた場合は、相続人に対して金銭の請求ができます。

● 相続人に寄与分を請求できる

2019年7月1日スタート
相続発生後の資金需要 **預貯金の払戻し制度**
遺産分割が終わるまで被相続人の銀行口座は凍結されて払戻しできませんが、葬儀費用などの資金需要については払戻しの制度があります。

● 葬儀費用など相続人の資金需要に対応

※払戻しができる額の上限は同一の金融機関からは150万円です。

チェック5 子ども世代への生前贈与を支援する制度があります。

結婚・子育て資金の一括贈与に係る非課税制度
父母や祖父母から一括で贈与を受けた「結婚・子育てに当てるための資金」について1000万円まで税金が課されません。

親・祖父母 → 子・孫名義の口座を開設（一括で拠出） → 銀行への預入金 ※非課税限度額1000万円。（結婚関係は300万円） 使い残しには贈与税を課税 → 結婚・出産・育児関係の払い出し → 子・孫（20歳～50歳）

アドバイス
結婚を機に新居へ引っ越しするために支出する費用も結婚資金に含まれます。
原木規江 税理士

教育資金の一括贈与を受けた場合の非課税制度
父母や祖父母からまとめて贈与を受けた「教育資金」について1500万円まで税金が課されません。

親・祖父母 → 子・孫名義の口座を開設（一括で拠出） → 銀行への預入金 ※非課税限度額1500万円（学校以外に支払われる金額については500万円） 使い残しには贈与税を課税 → 中学校・高校・大学入学資金の払い出し → 孫

アドバイス
学習塾、スポーツクラブ、ピアノ教室の月謝、留学のための渡航費などもOKです。
原木規江 税理士

※これらの制度の適用を受けるには一定の要件を満たす必要があります。最新の情報は国税庁ホームページ（https://www.nta.go.jp/）をご確認ください

知っておきたいイマドキ相続事情

所有者不明の土地相続に関する対策が進められています。

2018年4月1日スタート

相続による土地の所有権の移転登記に対する**登録免許税の免税措置**
相続による土地の所有権の移転登記を受ける前に死亡した個人の相続登記の申請については登録免許税が課されません。

制度のポイント

❶ 相続により土地を取得した個人が登記しないで死亡した場合の登録免許税を免税　本則税率0.4％

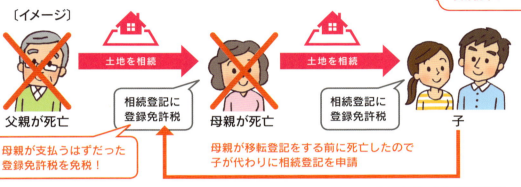

◎必ずしも子がその土地を相続している必要はありません。例えば、母親が生前にその土地を第三者に売却していたとしても、父から母の相続に係る登録免許税は免税となります。
◎母親から子への相続に係る移転登記については免税されません。

❷ 少額の土地を相続により取得した場合の登録免許税を免税　本則税率0.4％

2020年スタート

低未利用地に係る**譲渡所得の特例創設**
低未利用土地は売却価額が低額で、売却コストが相対的に高いことから、空き家、空き地などとして放置されているケースがあります。そこで譲渡価額が500万円以下であって都市計画区域内にある一定の低未利用地を譲渡した場合、長期譲渡所得から100万円を控除する特例措置が創設されました。

空き家・空き地の売却コストを抑えられるので処分しやすくなる

アドバイス
2022年12月31日までの適用期間となっています。

原木規江
税理士

2020年から順次スタート

所有者不明土地等に係る固定資産税の課税

土地登記簿上の所有者が死亡した後、所有者不明土地等となっていて自治体でも固定資産税が課税できない状況が発生していました。そこで、自治体が相続人等を調査してその土地等を現に所有している者に固定資産税の課税などに必要な事項を申告させることができる制度、所有者が明らかではない場合には使用者を所有者とみなして固定資産税を課税できる制度が導入されます。

以前は……

自治体 → 固定資産税を課税 → 登記簿上の所有者 → 登記簿上の所有者が死亡 →

所有者が不明なので固定資産税を課税できない

これからは…… 所有者不明の土地に対しても固定資産税を課税しやすくなる

自治体 → 固定資産税を課税 → 登記簿上の所有者 → 登記簿上の所有者が死亡 → ①現に所有している者 ②使用者

自治体が土地の相続人等を調査

①現所有者に固定資産税の課税に必要な事項の申告を請求　②一定の調査の上、所有者が判明しなければ、使用者を所有者とみなす

〔適用時期〕①現に所有している者：2020年4月1日以後の条例の施行の日以後に現所有者であることを知った者。
②使用者を所有者とみなす制度：2021年度以後の年度分の固定資産税。

2024年スタート予定

相続した土地や建物に関する相続登記の義務化

相続人が相続等によって取得した土地について登記申請を行わないために、土地の所有者が不明だったり、所有者と連絡がつかなかったりするケースが増えていることから、2024年にも相続登記や住所・氏名変更登記を義務化する法律が施行されます。

| 正当な理由なく相続登記を申請しなかった場合 **10万円以下の過料** （相続の開始があったことと取得を知ってから3年以内） | 正当な理由なく住所・氏名変更を申請しなかった場合 **5万円以下の過料** （変更から2年以内） |

知っておきたいイマドキ相続事情

チェック7

相続税の増税に向けた議論が始まっています。

早ければ2022年に改正？

生前贈与による節税を防ぐ 相続税・贈与税の一体化

相続税の課税対象となる財産を少なくする目的で、被相続人が生前から子や孫に対して毎年財産を分割して贈与する節税対策が行われています。欧米では生前贈与による相続税の節税を防ぐために、相続税と贈与税を統合した累積額への一体課税が行われており、日本でも諸外国の流れにならい資産課税を強化する動きが本格化しています。令和3年度の与党税制改正大綱には「相続税・贈与税の一体化」について議論を進めることが盛り込まれました。

●相続税と贈与税の税率構造（イメージ）
現在の税制では財産を分割して生前贈与することで相続課税の累進性を回避できるしくみ

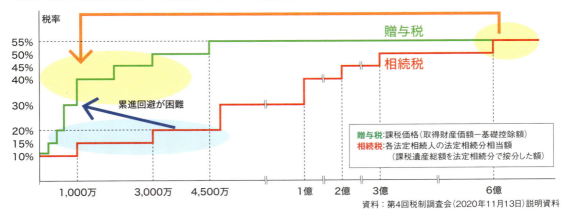

資料：第4回税制調査会（2020年11月13日）説明資料

富裕層のほうが多額の財産を分割贈与しながら相続税を節約できる

相続財産（法定相続分）
6億円超（相続税率55％）の場合
→ ◎4500万円以下に財産を分割して贈与すれば相続税よりも贈与税のほうが少なくて済む

相続財産（法定相続分）
4000万円（相続税率20％）の場合
→ ◎1000万円に財産を分割して贈与しても相続税より贈与税のほうが多くなる
◎400万円に財産を分割して贈与すれば、相続税よりも贈与税のほうが少ない

令和3年度 与党税制改正大綱
「現在の税率構造では、富裕層による財産の分割贈与を通じた負担回避を防止するには限界がある。（中略）資産移転の時期の選択に中立的な税制の構築に向けて、本格的な検討を進める。」

富裕層を対象に増税の動き

必読

あるある！トラブル事例

相続が"争族"に!?

ケース① 遺産は親の自宅しかありません。分割することができずに困っています。

東京都 40代女性

1. 東京で一人暮らしをしています。実家には母と姉が同居していましたが、母が亡くなったので遺産を相続することになりました。

2. 相続人は姉と私の2人で、遺産は基本的に自宅だけです。

3. 当然！／お母さんと同居していたんだから、家は私がもらっていいでしょ。

4. 姉は働いていますし、私は生活に余裕がありません。遺産は平等に法定相続分はもらいたいです。

遺産がマイホームしかない

よくあるお悩みケース

一人暮らしをしているAさんには姉が1人います。父はすでに亡くなり、姉は実家で母と同居していました。その母も亡くなり、遺産相続が発生しました。Aさんは自分の相続分は欲しいと考えていますが、遺産は実家の建物と土地のみで、実家に住んでいた姉は当然のようにこれを相続して今後も住み続けようと思っています。姉が住んでいる家だけに分割できないのです。

遺産相続のお悩みに専門家が答えます！

専門家がアドバイス

堀招子 弁護士

相続分はお金で支払う代償分割もある

どんな人が遺産相続で揉めるのか想像してみてください。大金持ちの遺族たちが自分の取り分を増やそうと争う姿を思い浮かべる人も多いと思います。しかし、相続トラブルはごく普通の家庭でも起きるというのが実情です。

なぜならば、資産家の相続は各相続人に何かしらの財産を渡すことができますが、相続財産が限られる場合は現物で分けようとすると相続財産をもらえる相続人ともらえない相続人がでてくることがありますので、何ももらえない相続人は不満を持つことも多いからです。Aさんのように遺産が自宅だけというのはその典型です。

自宅のように現物で分割できない相続財産しかない場合、現物を取得した相続人が取得の代わりに、たとえば、他の相続人の相続分をお金で支払う**代償分割**という方法があります。ただし、現物を取得する相続人にその支払い能力があることが前提です。

遺産相続の鉄則　相続争いは普通の家庭で起こる！

相続争いを回避するためには？

- ☐ 被相続人にきちんと遺言を残してもらいましょう。ただし、法的に有効な条件を備えていない遺言は逆に相続争いの原因になってしまうこともあります。
- ☑ 日ごろから相続人同士でコミュニケーションを持ちましょう。お互いの気心が通じていれば、譲り合いの気持ちや相手の立場への理解も生まれやすく、泥沼化することは少なくなります。

関連ページ　●遺産を相続する割合………44ページ　●遺産分割……………46ページ

9

必読 あるある！トラブル事例 **相続が"争族"に!?**

ケース② 先妻と後妻にそれぞれ子どもがいます。遺産相続で揉めないか、とても不安です。

東京都 80代男性

1 会社を経営しています。事業をスムーズに承継するためにも遺産相続で揉めることは避けたいです。

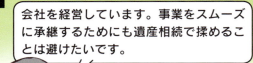

2 わかったわ。ここにハンコを押せばいいのね。
先妻の娘には相続を放棄するように十分なお金を渡しています。

3 私が生きているうちは娘も納得しているようですが、相続では一定割合の金銭を請求できる「遺留分」があると聞きました。

4 しかし、経営の権限を分散させないためにも遺産の多くは、息子に相続させたいと考えています。

会社を経営する男性

よくあるお悩みケース

会社社長のBさんは2度結婚しており、先妻との間に娘が1人、後妻の間に息子が1人います。会社は息子が継ぎます。Bさんの資産の多くは自社株が占めており、経営の権限を息子に集中させるためにも、子どもたちが遺産相続で揉めることは避けたいと考えています。Bさんは、娘にお金を5000万円贈与することで納得しているようですが、やはり不安が残ります。

遺産相続のお悩みに専門家が答えます！

専門家がアドバイス

堀招子弁護士

「遺留分」は生前放棄できます

相続分の生前放棄は法律上認められていません。そのため、娘さんが「相続を放棄する旨の書面」に署名、押印していたことは、基本的に紳士協定といった意味にすぎず、法的な拘束力を有するものではありません。

ただし、**「遺留分」**に関して生前放棄することは法律上、認められています。遺留分の放棄には、家庭裁判所の許可が必要で、遺留分を放棄する者は**「遺留分放棄の許可の審判」**を申し立てることになります。

相続争いが起きることが多いパターンの1つがBさんのような、先妻の子と、後妻（およびその子）が相続人というケースです。

ケース②の場合、先妻の子に遺留分の放棄をしてもらうとともに、長男に相続させたい財産について、税金を考慮した上で生前贈与や遺言をすることは相続争いの防止策になり得ます。

遺産相続の鉄則　相続人の間で遺留分についてきちんと決めておく

遺留分の放棄は家庭裁判所の許可が必要！

遺留分の放棄が認められるケース

確認しよう

- ☐ 放棄が本人の自由意思にもとづくものであること。
- ☐ 放棄の理由に合理性と必要性があること。
- ☐ 代償性があること（特別受益分があること、放棄と引き換えに現金をもらうことなどの代償があるなど）。

※ただし、親が強要したと考えられる場合や一方的に不利益な場合には認められません。遺留分放棄の代償として贈与する場合は、すでにそのための贈与が行われているか、もしくは放棄と引き換えとして同時に行われるときに認められているようです。

関連ページ　●遺留分②……………58ページ　●相続時精算課税…………240ページ

あるある！トラブル事例　相続が"争族"に!?

よくあるお悩みケース

Cさん夫婦には子どもがいません。Cさんが先に死んだときは、妻にすべての財産を相続させたいと考えています。Cさんの財産は、親から相続した土地などが多くを占めています。Cさんには兄が2人いて、Cさんの死亡後、きっと兄たちが遺産の相続を主導するのではないかと心配しています。妻は交渉事が苦手なので、あまり苦労させたくないと考えているのですが……。

遺産相続のお悩みに専門家が答えます！

専門家がアドバイス

堀招子 弁護士

遺族らが揉める要因に「家」の意識

このケースの被相続人、被相続人の兄弟・姉妹は、ちょうど明治民法にもとづく家督相続制度（家を守る者に全財産を相続させる）の教育の影響を少なからず受けていますので、現在の民法（家よりも個人を重視する）の認識において、相続人間で認識のずれが生じることがあります。

相続人が、妻と兄である場合は、兄には遺留分がありませんので、「妻に全財産を相続させる」と**遺言書**を書けば、その通りに相続させることができます。

もし、**遺言書**が残されていないときは、妻とCさんの兄との間で遺産分割の協議を行う必要があります。妻として亡き夫の兄と遺産分割を行うことは、精神的、物理的に相当な負担がかかるものと思われます。ぜひCさんが元気なうちに、**遺言書**を作成しておくことをお勧めします。

遺産相続の鉄則　被相続人が生前に遺言書を作っておく！

- ☐ 公正証書遺言にしておけば、内容が明確で形式不備で無効となるリスクがなく、安全・確実です。遺言書原本を公証人が保管するため偽造や変造、隠匿の危険がありません。
- ☐ 遺言書の内容は、遺産を相続させる予定の人（受遺者）が先に死亡することもあります。補完的に次に相続させる人を指定しておくことも必要です。たとえば、夫が妻にすべての財産を相続させるとする遺言書を作成したケースで、妻が先に死亡している場合に備えて、その場合には「○○に相続させる」、「○○財団に遺贈する」といった記載をしておきましょう。

関連ページ　●遺言を残す意味………… 210ページ　●遺言の種類……………… 212ページ

あるある！トラブル事例　相続が"争族"に!?

ケース④ 介護してくれる三男の嫁に財産を残してあげたい。

大阪府80代女性

介護をしてくれる「息子の嫁」

よくあるお悩みケース

Dさんは現在、介護が必要な状況にあります。Dさんには3人の息子がいますが、長男と二男は遠く離れたところで仕事をしているため、ひんぱんに帰省することはできません。そこで、日頃Dさんの身の回りの世話をしているのは近くに住む三男の妻。Dさんは三男の妻にとても感謝しており、その苦労に報いるために財産をいくらか渡したいと考えています。

遺産相続のお悩みに専門家が答えます！

専門家がアドバイス

養子縁組する方法も……ただし慎重さも必要

堀招子 弁護士

被相続人に対する療養看護などについてはそれを寄与分として相続分に加算する制度があります。しかし、この寄与分が認められるのは相続人に限られます。被相続人の相続人以外の親族（息子の嫁など）は、一定の要件のもとで、被相続人に対する寄与に応じた額の金銭（特別寄与料）の支払を請求することができます。しかし、一般的には、寄与が認められたとしても、療養看護等に係る寄与料は少額です。

そこで、被相続人の面倒を最後まで見てくれる息子の妻と**養子縁組**をするケースもあります。

養子縁組することで息子の妻は、法定相続人として相続することができます。人数の制限がありますが、養子縁組は、相続税を計算する際の基礎控除額が増えるというメリットがあります。

しかし、他の実子（Dさんのケースでは長男や二男）にとっては自分の相続分が減ると思うことも考えられますので、後々相続争いの原因にならないよう、被相続人が他の相続人に説明しておくことが大事です。

なお、2019年7月1日以降に開始した相続については、相続人以外の親族が、被相続人の療養看護等を行った場合、一定の要件のもとで、相続人に対して金銭の支払の請求をすることができるようになりました。

遺産相続の鉄則　養子縁組は相続税対策としてもよく使われる方法

お義母さん、私のことを考えてくれていたんだ……。

ありがとう。感謝していますよ。

確認しよう

相続人以外に財産を残す方法は？

- ☐ 遺言（遺贈）によって相続人以外の人に財産を残すことができます。
- ☐ 確実に渡したいのであれば、生前に贈与してしまうのも1つの手。
- ☑ 長男の嫁など相続人以外でも特別寄与料を請求できます。

関連ページ
- ●寄与分　…………………………… 62ページ
- ●孫養子　…………………………… 244ページ
- ●暦年課税①　……………………… 236ページ

遺産相続 基本のき

「遺産相続」ってナニ!? どんなことをするの?

スムーズな相続を成功させる3つのポイント

遺産相続は、人生で何度も経験するものではありません。愛する家族の死を受けとめながら、遺族たちは慣れないたくさんの手続きに追われます。死亡届の提出、生命保険の請求、不動産の登記申請、そして相続税の支払い——。さらには、仲良し家族のはずが不毛な言い争いを始めたり、思いもよらない〝新たな相続人〟が登場したり……。遺産相続をスムーズに進めるための勘所を紹介しましょう。

その1 遺産分割対策

遺産をめぐる遺族間の争いは、ばく大な資産を持つ富裕層に限ったことではありません。むしろ、一般家庭の相続の方がトラブルは多いといわれます。その理由は、富裕層の場合、それぞれの相続人がそれなりに納得できる財産を取得できるのに対し、一般家庭では財産が限られているだけに、相続人間の不公平感が強くなるためといわれます。

これが大事!

被相続人が意思を明確にしておく
- 遺言を残す意味……210ページ
- 遺贈……54ページ

相続人間で極端な差をつけない
- 遺留分……56ページ
- 特別受益……60ページ
- 寄与分……62ページ

その2 相続税対策

遺産相続が発生すると、遺族は本当にたくさんの手続きを処理していかなければなりません。なかでも最も重要な手続きといえるのが、相続税の申告・納付です。相続発生から10ヵ月以内に行わなければならず、その間に、相続人の確定や遺産分割協議を行って申告書を作成しなければなりません。また、相続財産よりも借金の方が多いことが判明した場合は、速やかに相続放棄を決断しなければなりません。

これが大事！

納税資金を準備する
- 相続時精算課税 ……………… 240ページ
- 財産評価の引き下げ ………… 242ページ
- 生命保険の活用 ……………… 248ページ

相続するか否かを見極める
- 相続放棄と限定承認 ………… 50ページ

その3 生前対策

遺族が遺産相続をスムーズに進められるかどうかは、実は相続が発生してからでは「時すでに遅し」というケースも少なくありません。遺産分割の面でも、相続税の節税の面でも、相続が実際に起きてしまった後では、やれることは非常に限られてきます。被相続人が生きているうちに、残される家族のことを考えて準備しておくことが、最大の相続対策になります。

これが大事！

法的に有効な遺言書を作っておく
- 遺言の種類 …………………… 212ページ
- 自筆証書遺言 ………………… 214ページ

生前贈与によって相続税を軽減する
- 贈与税の基本知識 …………… 232ページ
- 孫養子 ………………………… 244ページ

こんなにたくさんある！遺産相続で行う手続き
相続開始から相続税の

※この表は、遺産相続の諸手続きについて全体的な流れを把握するためのものです。
特に期限の定められていない手続きも記載しています。

申告・納付まで

相続は、被相続人の死亡によって開始します。遺産相続で遺族が行わなければならない最初の相続手続きは、被相続人の死亡届の提出。続いて、遺言書の確認、相続人の確定などやるべきことはたくさんあります。

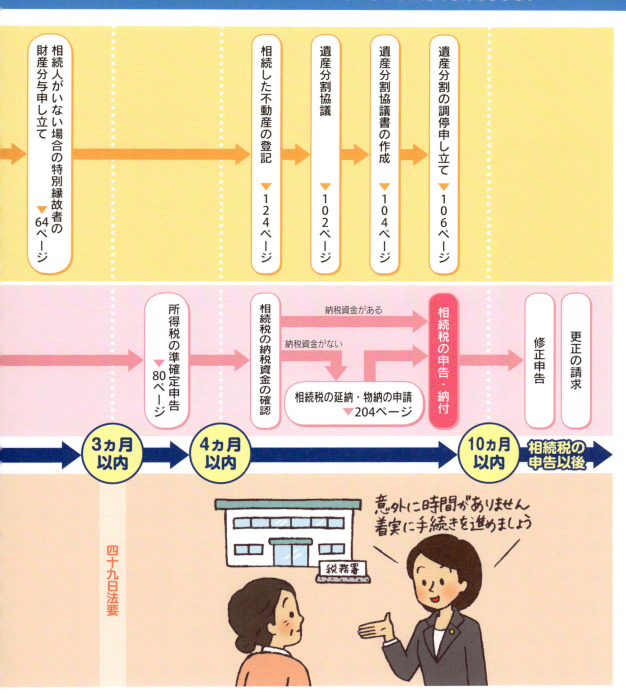

遺産相続 基本のき やっぱり大事！お葬式とお墓のキホン

お葬式の形式と流れ

お葬式の形式によって通夜から火葬までの流れ、参列者の規模等が異なります。最近では、家族や親族のみで見送る家族葬も増えています。

		死亡当日	2日目	3日目	
一般的なお葬式 家族、親族、仕事関係者や知人、友人が参列する。	（流れ）	仮通夜	本通夜	葬儀・告別式	火葬
	（参列者）	家族	家族、親族、関係者	家族、親族、関係者	家族、親族
	（場所）	自宅	自宅、斎場	斎場	火葬場
家族葬 家族、親族のみが執り行い、仕事関係者などは参列しない。	（流れ）	仮通夜	本通夜	葬儀・告別式	火葬
	（参列者）	家族	家族、親族	家族、親族	家族、親族
	（場所）	自宅	自宅、斎場	斎場	火葬場
直葬 通夜、告別式といった宗教的な儀式を行わない。	（流れ）	安置	お別れの時間	➡	火葬
	（参列者）		家族、親族	➡	家族、親族
	（場所）	葬儀社	葬儀社	➡	火葬場

その他の形式は？

密葬
家族や近しい親族のみで通夜から火葬まで行い、後日、関係者を招待して「お別れ会」、「偲ぶ会」など宗教色を抜いた形式で行う。

生前葬
本人が生きているうちに葬儀を行う。実際に死を迎えた後に家族らで密葬を行うこともあります。

ここ数年、「終活」（人生の終わりのための活動）といった言葉を耳にすることも増えていますが、お葬式の形式や規模、喪主、墓地の確保や供養の方法などについて、被相続人が生前のうちに考えたり、決めたりしておくと残された家族たちの負担を減らすことになります。「人生の最期をどうしたいのか」──。自分の望みをじっくり考えておきたいものです。

お墓選びのポイント

先祖代々のお墓があって入ることが決まっている場合を除き、自分でお墓を立てる場所を決めます。お墓参りしやすい交通の便、管理費の負担など家族の負担も考慮したいところです。

その❶ 自分らしいお墓
- 宗教、宗派の制限
- 墓石のデザイン

その❷ お墓参りの環境は？
- アクセス
- バリアフリー設備の有無
- 洪水や土砂崩れの危険性

その❸ 維持していくための負担は？
- 区画使用料や管理費
- 寄付や奉仕活動の有無

墓地を確保するには？

人気の高い霊園などはすぐに決まってしまう傾向があります。また、都心部の墓地は不足傾向にあります。早めに考えて決めておきましょう。

墓地の種類	購入の条件	使用料、管理料	特徴
自治体が運営する**公営墓地**	・運営する自治体の住民であることが資格になる場合も	比較的安い	・経営体制、管理が安定している ・宗教不問 ・人気が高いので、空きが少ない ・募集期間が限られている
公益法人、企業が運営する**民営墓地**	・誰でも購入できる	公営に比べて高め	・販売数が多く、確保しやすい ・運営主体によって管理の質に差がある ・運営主体が永続するとは限らない ・墓石業者を指定されることがある
お寺の墓地	・檀家に限定 ・檀家になることを条件に販売	高い	・宗教、宗派が制限される ・お寺との関係が密になり、代々手厚い管理が受けられる ・寺院、住職との相性に左右されることも ・墓石業者を指定されることがある

カンタン！すぐわかる！「書き込み式」簡単チェック

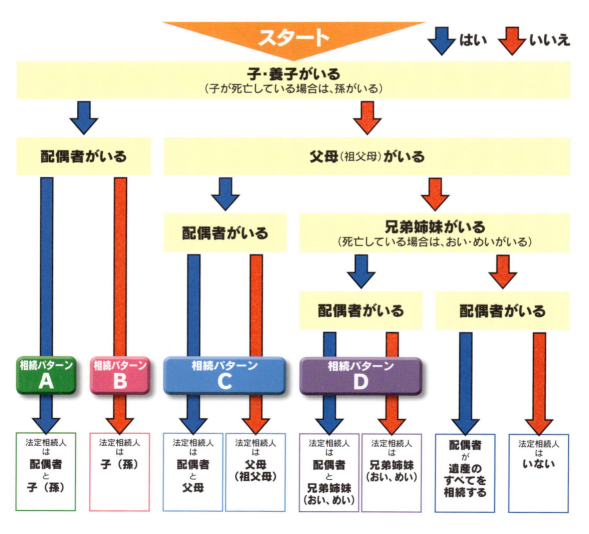

被相続人の立場から法定相続人の判定ができます。左ページのフローチャートを使って、あてはまる相続パターンを確認しましょう。２３ページ以降、それぞれの相続パターンの「法定相続人」と「相続人ごとの遺産額」が一覧できます。子の数などの名前欄は多めに設けてありますので、該当する人がいないところは、大きく×を付けてしまった方が、よりシンプルでわかりやすくなります。

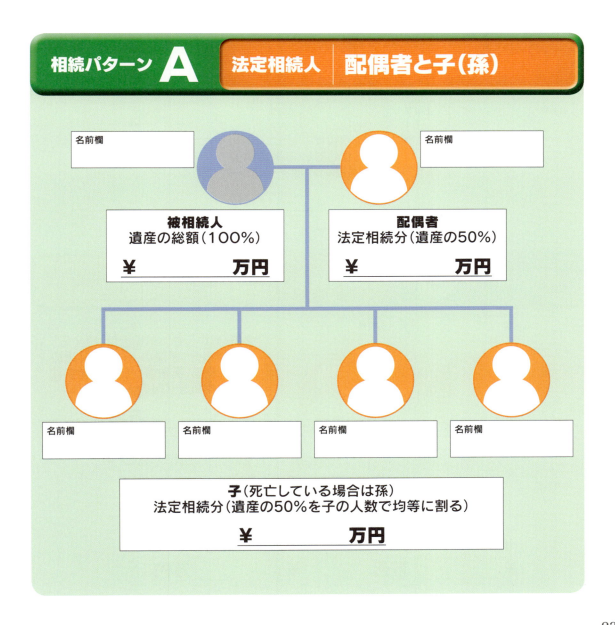

カンタン！すぐわかる！「書き込み式」簡単チェック

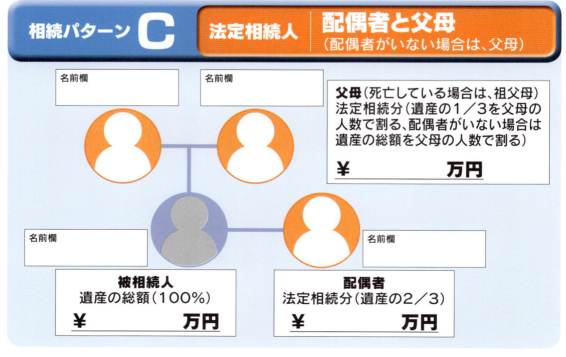

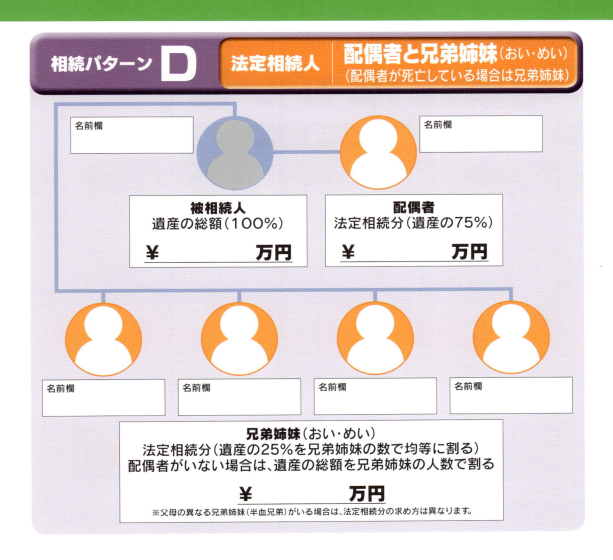

まとめ 相続人になる人、ならない人

	配偶者	子 （およびその直系卑属）	直系尊属	兄弟姉妹 （およびその子）
相続人になる人	法律上、婚姻関係にある妻や夫	実子（嫡出子、非嫡出子、他家に普通養子に出た子、胎児）、養子 ※子がすでに死亡している場合は孫が代襲相続する。再代襲あり。	実父母、養父母、祖父母、曾祖父母	全血兄弟、半血兄弟 ※兄弟姉妹が死亡しているときはおい、めい。それ以上の再代襲はない。
相続人にならない人	内縁の妻や夫	義理の子（むこ、嫁）、配偶者の連れ子、他家に特別養子に出た子	義理の父母（しゅうと、しゅうとめ）	義理の兄弟姉妹

● カンタン！ すぐわかる！「書き込み式」簡単チェック

あなたの遺産相続
「相続税」はかかる？ かか

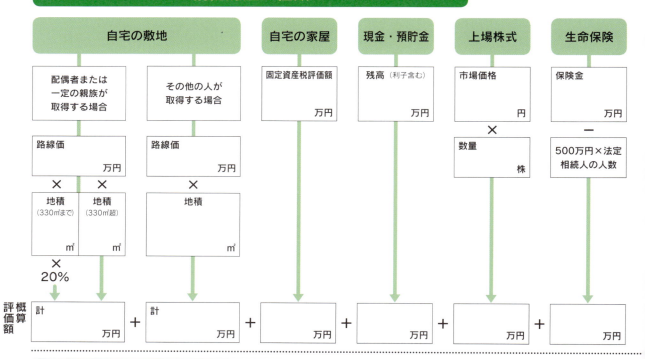

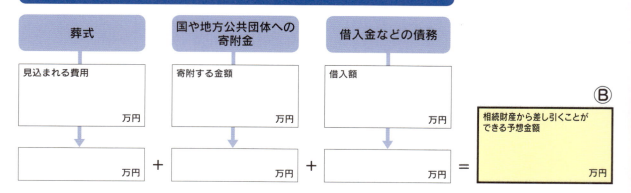

※自社株・非上場株式（取引相場のない株式）については、目安として純資産価額方式を簡略にした評価額としています。より正確な求め方は164ページをご参照ください。
※農地等がある場合は、農地区分等により評価額は大きく変わります。市街地農地等を保有している場合は、財産額を大きく引き上げますので考慮する必要があります（生産緑地にかかる納税猶予の特例を受けている場合を除く）。
※自宅の敷地にかかる評価額は、市街地にある宅地の評価方法として路線価を前提としていますが、路線価のない地域は倍率方式で求めます（→144ページ）。

らない？

あなたの遺産相続では、相続税はかかるのか、それともかからないのか。相続税の申告・納付が発生するか否かで、遺産相続でやらなければならない手続きはずいぶん変わります。あくまでも概算ですが、自宅や預貯金、上場株式等、財産の合計額を計算してみましょう。

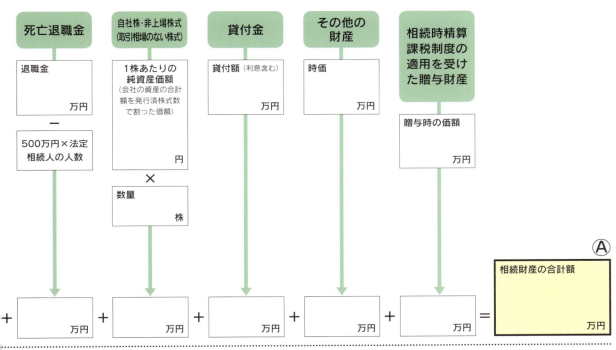

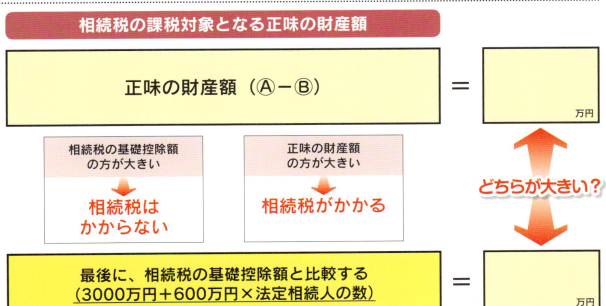

これ一冊で安心
相続の諸手続き・届出・税金のすべて
21-22年版

もくじ

知っておきたい インフォメーション／イマドキの相続事情 　2

■ **あるある！　トラブル事例　相続が"争族"に!?**
- ケース① 「遺産は親の自宅しかありません。分割することができずに困っています。」 　8
- ケース② 「先妻と後妻にそれぞれ子どもがいます。遺産相続で揉めないか、とても不安です。」 　10
- ケース③ 「私の死後、遺産相続に2人の兄が口を挟んできそうで心配です。」 　12
- ケース④ 「介護してくれる三男の嫁に財産を残してあげたい。」 　14

■ **遺産相続　基本のき**
- スムーズな相続を成功させる3つのポイント 　16
- 相続開始から相続税の申告・納付まで 　18
- お葬式とお墓のキホン 　20

■ **カンタン！　すぐわかる！　「書き込み式」簡単チェック**
- 「法定相続人」判定フローチャート 　22
- 「相続税」はかかる？　かからない？ 　26

はじめに 　33
本書の特長と使い方 　34
別冊 「相続財産　整理ノート」の使い方 　36

第1部　相続手続き編

1章　遺産相続の基本を知ろう

遺産相続の基本
人が死亡すると、「相続」が発生する 　38

法定相続人
相続人になれる人、なれない人 　40

代襲相続
子がいないときは、孫が相続する 　42

遺産を相続する割合
遺言による相続分と法律に定められた相続分 　44

遺産分割
遺産の分け方には3つの方法がある 　46

持分
遺産分割するまでは相続人の共有財産 　48

相続放棄と限定承認
遺産を相続しないことも選択できる 50

相続欠格、相続廃除
相続権は失われることがある 52

遺贈
遺言による他人への譲渡もできる 54

遺留分①
配偶者や子には財産をもらう権利がある 56

遺留分②
遺留分は放棄することもできる 58

特別受益
相続前に受けた経済的利益は生前贈与と同じ 60

寄与分
被相続人への貢献度も相続分に影響する 62

相続財産法人
相続人が誰もいない場合は？ 64

COLUMN❶ 専門家が教える"遺産相続の現場"
被相続人を看護した人は遺産分割で有利？ 66

2章　相続の手続き

死亡届
被相続人が亡くなって最初の手続き 68

被相続人の社会保険にかかる手続き①
被相続人の健康保険証は返還する 72

被相続人の社会保険にかかる手続き②
被相続人の年金支給を止める 74

財産目録の作成
どんな遺産があるのか明らかにする 78

所得税の準確定申告
被相続人の所得税を支払う 80

生命保険金
被相続人の生命保険金を請求する 82

遺言書の検認
遺言書の内容を公的に証明する 84

遺言執行者
遺言に書かれた内容をすみやかに実行する 88

相続人の確定
相続人は誰なのかをはっきりさせる 92

相続放棄の手続き
相続を放棄するか否か、「熟慮期間」がある 94

限定承認の手続き
相続人全員が共同で行う 96

相続放棄・限定承認の期間伸長
熟慮期間を延ばせる場合もある 100

遺産分割
誰がどのように相続するかを決める 102

遺産分割協議書の作成
協議の内容を記録して、後のトラブルを防ぐ 104

調停
分割協議がまとまらない場合は裁判所へ 106

不在者財産管理人
所在不明の相続人に代わって分割協議に参加 108

成年後見人
判断能力が不十分な相続人のために 112

未成年者の特別代理人
未成年者の法律判断を代理する 116

遺留分侵害額請求権
侵害された遺留分を取り戻す 120

不動産の相続登記
所有権が相続人へ移転したことを明らかにする 124

預貯金・株式等の名義変更
被相続人が死亡すると預金口座は凍結される 126

COLUMN❷ 専門家が教える"遺産相続の現場"
これだけは絶対譲れない！ 「お墓がほしい」 128

第2部 相続税編

3章　　相続税の基礎知識

相続税のしくみ
相続税とはどのような税金か？ 130

相続税の基本ルール①
相続税のかかる人、かからない人 132

相続税の基本ルール②
相続税が課税される財産、課税されない財産 134

相続税の基本ルール③
相続税は4つのステップで計算する 136

相続税の申告と納付
申告期限は必ずやってくる！ 138

COLUMN❸ 専門家が教える"遺産相続の現場"
「あなたの申告について……」税務署から調査の通知がきた 140

4章　　相続財産の評価方法

相続財産の評価
相続財産には「税務上の価額」がある 142

宅地の評価方法
路線価方式と倍率方式、2つの方法がある 144

小規模宅地等の特例	
居住用、事業用の宅地は相続税が軽減される	**148**

家屋の評価	
固定資産税の評価額と同じく評価	**150**

農地・山林の評価	
種類によって様々な評価方法がある	**152**

借地権の評価	
借地権割合をかけて計算する	**154**

貸宅地、貸家建付地の評価	
自用地より評価額は低くなる	**156**

生命保険、定期金の評価	
契約形態、給付期間によって評価が変わる	**158**

上場株式など	
市場価格をもとに評価する	**160**

取引相場のない株式	
同族株主とそれ以外の株主で評価方法が異なる	**162**

公社債	
利払いの方法により評価方法は変わる	**166**

ゴルフ会員権、書画・骨とう品	
取引相場の有無で評価方法が変わる	**168**

その他の財産	
金融資産は基本的に額面どおりで評価	**170**

COLUMN❹ 専門家が教える"遺産相続の現場"	
相続税申告での不動産評価の難しさ	**172**

5章　相続税の計算、申告・納付

相続税の計算の流れ	
相続税は4つの段階を経て求めていく	**174**

相続税の計算①	
正味の遺産額から課税遺産総額を計算する	**176**

相続税の計算②	
遺産相続に伴う相続税の総額を求める	**178**

相続税の計算③	
各人の納付税額を求める	**180**

これなら簡単！　相続税額早わかり！	
段階別「相続税額」計算ノート	**184**

相続税の申告書	
作成のリミットは10ヵ月以内！	**188**

相続税の延納と物納	
金銭納付が原則だが例外的な方法もある	**204**

修正申告、更正の請求	
申告書の間違いは訂正できる	**206**

COLUMN❺ 専門家が教える"遺産相続の現場"	
「小規模宅地等の特例」の上手な使い方	**208**

31

第3部　生前対策編

6章　遺言

遺言を残す意味
遺された人たちの無用なトラブルを避ける　210

遺言の種類
自筆証書、公正証書、秘密証書がある　212

自筆証書遺言
あいまいな表現を避け、具体的に、明確に　214

公正証書遺言
法律上、不備のない遺言を作成する　220

秘密証書遺言
「遺言の存在」のみを明らかにする遺言　224

COLUMN❻ 専門家が教える〝遺産相続の現場〟
遺言書が法的な有効性を備えるために　228

7章　節税対策

相続税の節税
「相続発生前」から行うことが基本　230

贈与税の基本知識
暦年課税と相続時精算課税の2つがある　232

暦年課税①
基礎控除額110万円を使いこなす　236

暦年課税②
長年連れ添った夫婦に配偶者控除の特典あり　238

相続時精算課税
早めの生前贈与で大きな節税効果　240

財産評価の引き下げ
現金や預金を不動産に換えて評価額を低くする　242

孫養子
遺産相続の手続きを〝1世代〟省略する　244

事業承継税制
自社株式にかかる相続税の猶予・免除　246

生命保険の活用
非課税限度額を使わない理由はない　248

相続税の税務調査
軽く考えていると恐ろしい追徴課税　250

さくいん　252

別冊　きちんと伝えたい　〝お金のこと〟
「相続財産 整理ノート」〜家族が困らないために〜

はじめに

　人の死によって、遺産相続は発生します。遺族は、大切な人を失った悲しみを抱えつつ、葬儀や法要をとりおこないながら、遺産相続に伴うたくさんの手続きに追われます。

　遺産相続の諸手続きは、被相続人の死亡届を提出することから始まります。続いて、金融機関への届出、公的年金・生命保険金にかかる手続き、さらには、相続人を確定した上で、相続人による遺産分割を行い、それぞれの相続人は取得した財産の名義変更、不動産の相続登記を済ませなければなりません。

　そして、「相続税の申告・納付」を無事完了できれば、遺産相続の諸手続きについて一応ゴールすることができたといえます。

　しかし、この遺産相続の一連の手続きは、なかなか思い通りに進まないことがあります。相続は、「争族」と皮肉られることもあるほどに、遺産の分割をめぐって相続人の間で激しい対立が起きることが珍しくありません。

　なんとか遺産分割の決着をつけて、相続税の申告書の提出までこぎつけることができても、その後、税務署から相続財産の取得状況に関する調査が入ることもあります。特に、2013年度には、相続税に関係する法律上の大きな改正が行われ、国では相続税の課税を強化している状況にあります。

　本書は、相続の定義、法定相続人、遺留分といった遺産相続の基本的な知識から、遺言書の書き方・取り扱い、遺産分割協議のやり方、死亡届の提出、健康保険証の返還など法律上の手続き、そして、相続税の申告書の作成から納付について詳しく解説しています。

　さらに、遺産相続をスムーズにするための心得や勘所、いわば〝遺産相続のコツ〟といえるようなものを、できる限り盛り込みました。

　ぜひ本書を、遺産相続の諸手続きを行う相続人のみなさんに手に取っていただきたいと思いますが、それ以上に、将来、被相続人として遺産を相続させる方にこそ読んでいただきたいと考えています。

　なぜならば、遺産相続で起きるトラブルは、被相続人が遺言書を準備していたり、あるいは財産の生前贈与を進めていたりすることで、その大部分が解消するといっても過言ではないからです。

　本書がみなさんの遺産相続のサポート役を果たせることができるよう、心より願っております。

本書の特長と使い方

遺産相続では、通常なじみのない法律上の専門用語や、内容が少し難解に感じられるテーマもあります。そこで本書では、みなさんが必要とする情報に応じた読み方ができるように、重要な事柄を簡単にまとめたり、より詳しい話や実例については別の記事に分けて解説を行ったりしています。

相続税を決める2つの要素

被相続人の死亡によって相続が発生したとき、相続財産が課税されると、相続税が課税される人は、まず基礎控除額を差し引きます。

基礎控除額については、**相続税の基礎控除額＝3000万円＋（600万円×法定相続人の数）** で求められます。法定相続人が1人ならば基礎控除額は3600万円ですから、相続財産が3600万円以下の場合は、相続税はかからないということです。法定相続人が2人ならば基礎控除額は4200万円です。

つまり、**相続税が課税されるか否かは、「課税遺産の総額」と「法定相続人の数」、この2つの要素によって決まります。**

相続財産は税務上の評価方法がある

相続財産の評価は、原則として、相続開始時の時価によります。現金や預金は金額が明確ですが、マイホームや土地などについては税務上の評価方法があります。特に、一定の自宅の敷地の場合、評価額から一定の面積について80％軽減される特例があります（小規模宅地等の特例）。

たとえば、夫の死亡によって、妻が評価額5000万円の自宅敷地（330平方メートルまで）を相続する場合は、「5000万円－（5000万円×80％）＝5000万円－4000万円＝1000万円」として評価されます。特例の詳細については、148ページを参照してください。

相続財産の評価

Q 上場株式は、市場価額が常に変わるけれど、どの時点で評価するの？

A 相続財産の価額は「相続開始日の時価」で評価します。相続開始日とは、被相続人（死亡した人）の死亡日です。時価の評価は、国税庁が「相続税財産評価基本通達」などによって具体的な評価方法を定めています。

国税：税金は支払う相手や負担の仕方などによっていくつかの分け方がありますが、国に支払う税金を国税といいます。国税には、相続税や贈与税、所得税や法人税などがあります。

132

注目!!
そのページの要点がざっくりつかめる「まとめ」のコーナーです。ここだけ確認するといった読み方もできます。

Keyword
専門的な用語、わかりにくい用語について説明しています。

もっと知りたいQ&A、実務のポイントなど
素朴な疑問や、具体的な事例を取り上げて、手続きを行う上で注意が必要な点などを紹介しています。

手続きパネル

手続きをしなければならない期限や人についてアイコンなどで表示しています。ページによっては、要点を視覚的に示している場合もあります。

Plus α

そのページに関する補足的な説明を取り上げています。

さらに……

本書が色分けされている理由は？

遺産相続の状況に応じて3つの部に分けて構成してあります。

相続が開始した人は？
 第1部 相続手続き編
（1章と2章）をチェック！

↓

相続税申告が必要な人は？
← 第2部 相続税編
（3章から5章）をチェック！

↓

まだ遺産相続が発生していない人は？
← 第3部 生前対策編
（6章と7章）をチェック！

↓

相続開始前、相続開始後といった遺産相続の状況に合わせて必要なところだけ読むこともできます。

35

別冊 きちんと伝えたい "お金のこと"
「相続財産 整理ノート」～家族が困らないために～ の使い方

■ このノートは、あなたの相続がスムーズに進むことを目的としています。
■ これまであなたが築いてきた財産のこと、そして財産をこれからをどうするのか──。
　将来、家族が困らないようにきちんと伝えておきましょう。
■ ノートに記入していくことで、相続に対するあなたの考えが整理できます。

記入のしかた

難しく考える必要はありません。記入できそうなところから進めていきましょう。

財産の状況は変わりますので、記入した内容を定期的にチェックして最新の内容に更新しましょう。

書ききれない場合は、MEMOや余白なども自由に使ってかまいません。銀行口座の数、保険契約の数が多い場合は、コピーしてください。

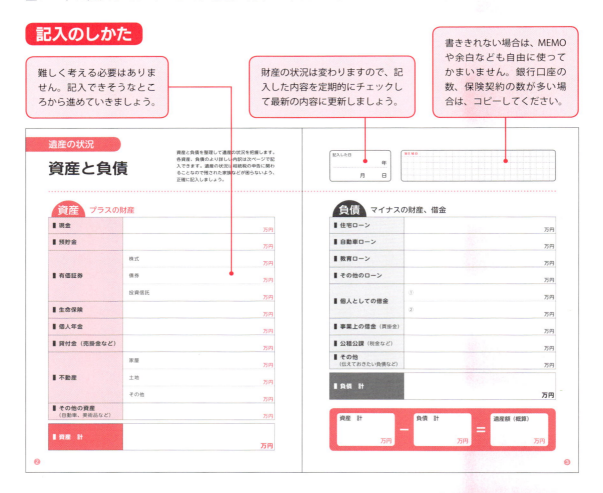

注意！
ノートは、家族など「あなたの相続に直接関係する人」が必要に応じて確認するためのものです。無関係の人に見せる必要はありません。ノートの保管には十分気をつけましょう。

〔免責事項〕このノートの利用によって発生するいかなる損害および問題に対しても、弊社では一切の責任を負いかねますのでご了承ください。

第1部　相続手続き編

1章
遺産相続の基本を知ろう

遺産相続が始まると、
遺族は様々な
手続きを行わなければなりません。

この章では、遺産相続に関して知っておきたい
基本的な事柄を取り上げます。
「そもそも相続とは何か」、「どのような手続きを行うのか」、
「相続人の範囲」、「遺産分割」などを丁寧に解説します。
「遺贈」、「贈与」といった遺産相続のキーワードも
わかりやすく説明します。

遺産相続の基本

人が死亡すると、「相続」が発生する

注目!!
- 亡くなった人を**被相続人**、財産を受け継ぐ人を**相続人**という。
- **相続**とは、原則として亡くなった人のすべての権利や義務、財産を受け継ぐことである。

相続関係

相続させる人＝被相続人
財産などを受け継ぐ人＝相続人

相続とは、亡くなった人の財産の承継

「相続」とは、人が亡くなったとき、原則その人のすべての権利や義務、財産を、ある一定の親族関係にある人が受け継ぐことをいいます。**相続させる人を「被相続人」、財産や権利・義務を受け継ぐ人を「相続人」と呼びます。**

すべての財産とは、土地や建物、現金などのプラスの財産はもちろん、借金などのマイナスの財産も含まれます。プラスの財産のみ、または特定の財産のみを受け継ぐことはできません。

相続に関するルールは、民法の第5編「相続」で**「相続は死亡によって開始する」**と定められています。つまり、何の手続きもなく、人が死亡すると、相続が開始するのです。

相続にまつわる問題は、相続税だけではありません。一番の問題は、残された財産を誰がどのように受け継いでいくのか、ということです。この問題は資産家に限らず、誰にでも起こりうることです。**相続を"争族"にしないためにも、きちんとした準備が必要なのです。**

遺贈とは、遺言による財産の譲渡

遺贈とは、遺言によって遺言者の財産などを譲渡することをいいます。**遺贈する人を「遺贈者」、遺贈により財産などを受け継ぐ人を「受遺者」といいます。**遺贈は、一般的に、相続人以外の人に財産を譲渡する場合に行われますが、相続人に対しても行うことができます。

死因贈与には、お互いの合意が必要

死因贈与※も含め贈与とは、自分の財産を他の人に無償で与えることをいいます。この場合、贈与する側、受け取る側の双方の合意が必要となります。受け取る側が知らないなど、一方だけの意思表示では、贈与とはいえないのです。

※「死因贈与」とは、贈与者と受贈者との間で生前に交わした贈与契約で、贈与者の死亡により効力が発生するものをいいます。

> **ここに注意!**
> 人が亡くなると、相続が起こります。相続とは、亡くなった人の財産を受け継ぐこと。資産の額にかかわらず、これは、誰にでも起こりうることなのです。

Keyword [遺産相続] 人の死亡により、その人が所有していた財産を家族などが受け継ぐこと。遺産は、家や土地、預貯金といった形のある財産だけではなく、様々な権利・義務も含まれます。

相続は、プラスの財産もマイナスの財産もすべて相続人に受け継がれる

第1部 相続手続き編

第1章 遺産相続の基本を知ろう

具体例で確認！ 夫が死亡して、妻と息子1人が遺産を相続する場合

被相続人・夫

あとは頼んだぞ

残された財産
- 自宅建物　500万円
- 自宅土地　2000万円
- 現金　500万円
- 株式　500万円
- 借入金　1000万円

相続人・妻、息子の場合

受け継ぐ財産
- 自宅建物　500万円
- 自宅土地　2000万円
- 現金　500万円
- 株式　500万円
- 借入金　1000万円

重要
- 相続では、プラスの財産もマイナスの財産もすべて受け継がれる。
- 現金だけ、あるいは株式だけといった特定の財産のみを相続することはできない。
- 借金などマイナスの財産を相続したくない場合には相続放棄（→50ページ）、限定的に相続を行う場合には限定承認（→50ページ）を行う。

Plusα　相続が開始したら、プラスの財産だけではなく、借入などマイナスの財産についても、必ず確認しましょう。

法定相続人 — 相続人になれる人、なれない人

注目!!
- 民法では、相続人の範囲と順番を定めている。
- 内縁の夫婦や離婚後の元配偶者は、相続人にはなれない。

相続の順位
- 第1順位　子
- 第2順位　直系尊属
- 第3順位　兄弟姉妹

相続人の範囲と順番は法律で規定

民法では、相続人となる人の順番とその範囲を定めています。これを「**法定相続人**」といいます。

まず、被相続人の**配偶者は、常に相続人となります**。内縁の夫や妻は相続人にはなれません。離婚した場合の元配偶者も相続人ではなくなります。一方、長年別居していても、婚姻関係が続いていれば、相続人となります。

配偶者以外に親族がいる場合は、配偶者とともに①子、②直系尊属（父母や祖父母）、③兄弟姉妹の順に相続人となります。先順位の相続人がいない場合のみ、後順位の者が相続人となります。

①第1順位　子

被相続人の子は、年齢に関係なく相続人となります。子は実子、養子を問いません。被相続人が亡くなったとき、胎児だった子は、無事生まれれば相続することができます。

非摘出子も相続することができます。非摘出子の相続分は、以前は摘出子の1／2と定められていましたが、2013年9月5日以後の相続については、同等となりました。

②第2順位　直系尊属

被相続人に子がいない場合は、次の順位である直系尊属が相続人となります。子がいても欠格や廃除（→52ページ）により相続権を失い、さらに代襲相続（→42ページ）が生じない場合は、第2順位である直系尊属が相続人となります。

③第3順位　兄弟姉妹

子も直系尊属もいない場合は、兄弟姉妹が相続人となります。また、いたとしても相続権を失い、そのうえ代襲相続が生じない場合は、第3順位の兄弟姉妹が相続人となります。

相続順位

 母と祖母がともに存命の場合は誰が相続人になるの？

 直系尊属が複数いる場合は、亡くなった人により近い世代（この場合は母）が相続人となります。

Keyword　非摘出子　非摘出子とは法律上の婚姻関係のない男女の間に生まれた子をいいます。婚姻関係のある夫婦の子は摘出子といいます。

第1部 相続手続き編

被相続人にどのような親族がいるかで、相続人が決まる

第1章 遺産相続の基本を知ろう

【法定相続人の範囲】

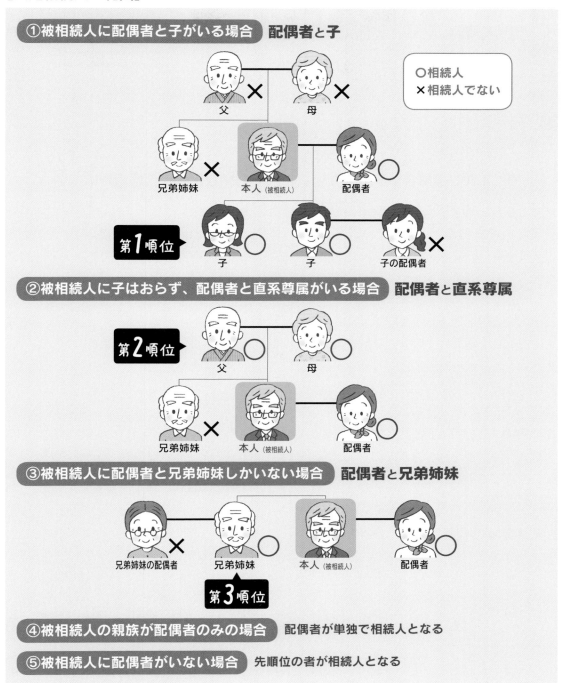

① 被相続人に配偶者と子がいる場合　**配偶者と子**

② 被相続人に子はおらず、配偶者と直系尊属がいる場合　**配偶者と直系尊属**

③ 被相続人に配偶者と兄弟姉妹しかいない場合　**配偶者と兄弟姉妹**

④ 被相続人の親族が配偶者のみの場合　配偶者が単独で相続人となる

⑤ 被相続人に配偶者がいない場合　先順位の者が相続人となる

Plus α　本人からみて子や孫は、直系卑属といいます。

41

代襲相続

子がいないときは、孫が相続する

注目!!
- 被相続人の子が死亡している場合は孫が相続する。
- 相続人となる兄弟姉妹が死亡している場合は、その子（姪、甥）が相続する。

代襲相続が生じる相続人
子＝再代襲あり
兄弟姉妹＝再代襲なし

子が死亡している場合は孫が相続人に

父よりも先に子が亡くなってしまった場合など、本来、相続人となる人が、被相続人よりも先に亡くなっていた場合はどうなるのでしょうか？

このような場合は、亡くなった相続人（子）に子（被相続人にとっては孫）がいれば、その者が相続します。これを「**代襲相続**」といいます。もし、孫も亡くなっている場合は、孫に子（被相続人にとってはひ孫）がいれば、その者が相続します。これを「**再代襲相続**」といいます。

直系卑属（子・孫・ひ孫など）に関しては、相続できる者にたどりつくまで、次々に代襲相続が認められています。

兄弟姉妹の代襲相続は、一代限り

兄弟姉妹が相続人になる場合でも、代襲相続は認められています。ただし、兄弟姉妹の代襲相続は、その子（被相続人にとっては姪、甥）までの一代限りとなります。甥が先に亡くなっている場合は、甥の子への再代襲相続は認められていません。

相続放棄には代襲相続はない

代襲相続は、相続人が相続以前に亡くなったときだけでなく、相続欠格や相続廃除（→52ページ）により相続権を失った場合も認められています。

それに対し、相続人が相続放棄（→50ページ）をした場合は、代襲相続は認められません。

ここに注意!
代襲相続において、養子縁組の場合は注意が必要です。
被相続人の養子に連れ子（養子縁組前の子）がいた場合、その連れ子は被相続人の直系卑属ではありません。よって、そのままでは、代襲相続は認められません。
養子が先に亡くなった場合、連れ子に代襲相続をさせるには、連れ子との養子縁組が必要となります。

Keyword [**代襲相続**] 被相続人の子または兄弟姉妹が相続開始以前に死亡、あるいはその他の事由により相続権を失ったために、その者の子が代わって相続人になることをいいます。

第1部 相続手続き編

相続人が先に亡くなっている場合は、その子が相続人となる

【代襲相続】

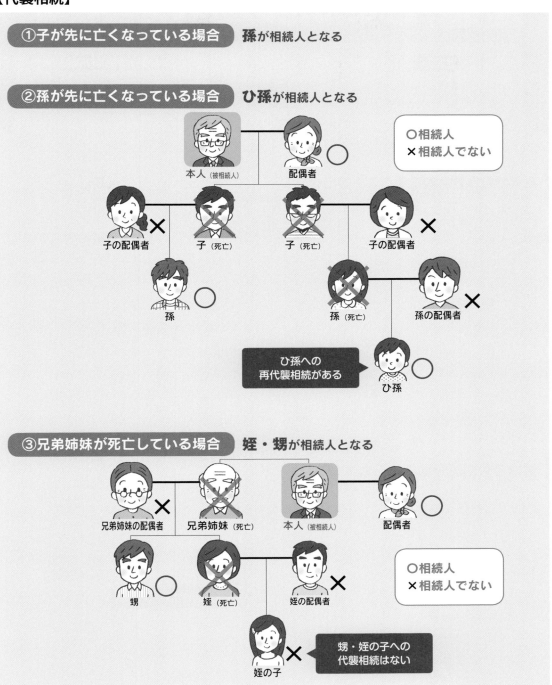

養子の子は、「ここに注意！」（→42ページ）にもあるとおり、必ずしも代襲できるとは限りません。ただし、養子縁組した後に生まれた子は、直系卑属になるので代襲できます。

遺言による相続分と法律に定められた相続分

遺産を相続する割合

注目!!
- 遺言で指定された相続割合を**指定相続分**という。
- 民法で定められた相続割合を**法定相続分**という。

法定相続分（配偶者と子が相続人の場合）
配偶者　1／2
子　　　1／2（子の数で按分）

遺言で相続分を指定することができる

遺産を相続する割合（持分）のことを「**相続分**」といいます。

被相続人は、誰にどの割合で遺産を分けるのかを、遺言で指定することができます。それを「**指定相続分**」といいます。指定相続分は、民法で定められている法定相続分よりも優先されます。

被相続人は、指定相続分を自由に決めることができます。ただし、相続人が遺留分を侵害された場合は、侵害された者は侵害額請求をすることができます（→56ページ）。

法律でも相続分は決められている

被相続人が相続分を指定しなかった場合などは、法律で定められた相続分を基準とします。これを「**法定相続分**」といいます。

①相続人が配偶者と子の場合

法定相続分は、配偶者が1／2、子が1／2となります。子が複数いる場合は、1／2をそれぞれ按分します。

②相続人が配偶者と直系尊属の場合

法定相続分は、配偶者が2／3、直系尊属が1／3となります。直系尊属が複数いる場合（父と母など）は、1／3をそれぞれ按分します。

③相続人が配偶者と兄弟姉妹の場合

法定相続分は、配偶者が3／4、兄弟姉妹が1／4となります。兄弟姉妹が複数いる場合は、1／4をそれぞれ按分します。

④相続人が配偶者のみの場合

相続人が配偶者のみの場合は、配偶者がすべての遺産を受け継ぎます。

⑤被相続人に配偶者がいない場合

相続人が子のみ、直系尊属のみ、兄弟姉妹のみの場合、相続人となった者がすべての遺産を受け継ぎます。複数いる場合は人数で按分します。

手続きのポイント！

代襲相続の法定相続分は、本来の相続人の相続分と同じです。代襲者（代襲相続で相続人となる人）が複数いる場合は、その相続分を按分します。

Keyword　遺留分　民法により保障されている相続人に最低限認められている相続分のことです。

第1部 相続手続き編

法定相続分とは、民法で定められている相続分のこと

1章 遺産相続の基本を知ろう

【法定相続分の割合】

①相続人が配偶者と子の場合

配偶者 $\frac{1}{2}$　子 $\frac{1}{2}$

・実子と養子、非摘出子と摘出子の相続分は同じ割合となる。
・離婚後は、元妻は相続人ではなくなるが、子は相続人のまま。

②相続人が配偶者と直系尊属の場合

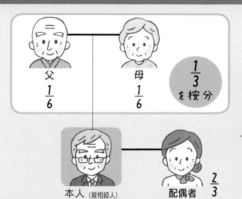

配偶者 $\frac{2}{3}$　直系尊属 $\frac{1}{3}$

・配偶者の相続分は2／3、残りの1／3が直系尊属の相続分となる。
・直系尊属が複数いる場合は、この1／3をそれぞれ按分する。

③相続人が配偶者と兄弟姉妹の場合

配偶者 $\frac{3}{4}$

兄弟姉妹 $\frac{1}{4}$

父母の一方が被相続人と異なる兄弟姉妹の相続分は、父母ともに同じ兄弟姉妹の1／2となる。

Plus α プラスの財産は協議により自由に分割・相続できますが、マイナスの財産は法定相続分に応じて当然に分割されます。当事者間で特定の相続人が債務を相続する旨の合意をしても、その内容は債権者に主張できません。

遺産分割

遺産の分け方には3つの方法がある

注目!!
- 遺産分割とは、遺産を具体的に相続人で分け合うこと。
- 分割の方法には、**現物分割、換価分割、代償分割**などがある。

遺産分割はいつまでに？
特に期限はない

遺産分割で相続人固有の財産に

相続人が複数いる場合は、まず、遺産を相続人で共同相続します。遺産を共有の状態から、**それぞれの相続人に具体的に遺産を分けていくことを「遺産分割」といいます**。遺産分割を行うことにより、分割後の遺産はそれぞれの相続人の固有の財産となります。

おもな3つの分割方法

遺産に現金などが豊富にある場合は、比較的スムーズに分けることができるでしょう。しかし、そういうケースばかりではありません。遺産分割では、いかに公平に遺産を分割できるかが重要となります。

遺産分割の方法にはおもに次のようなものがあります。

①現物分割

「妻には自宅の土地建物を、息子には株式、娘には預金を」というように、現物のまま分割する方法です。わかりやすい方法ですが、必ずしも公平になるとは限りません。

②換価分割

遺産の一部または全部を売却し、お金に換えて分割する方法です。公平な分割が可能ですが、時間や費用がかかります。

③代償分割

不動産や事業用資産などを、特定の相続人が相続分を超えて取得する代わりに、超過した分をお金で他の相続人に支払う方法です。現物資産を残すことができますが、超過分を取得する相続人に支払能力があることが前提となります。

その他、共有分割などの方法もあります。

手続きのポイント！

遺産分割には期限がありません。いつでも好きなときに相続人は遺産分割をすることができます。しかし、遺言により一定期間分割を禁止しているような場合は、その間は分割を行うことができません。

また、相続人が何らかの理由により遺産分割を行いたくない場合には、協議や家庭裁判所の調停、審判などにより、一定期間遺産分割を禁止することができます。

ともに、分割を禁止できる期間は、相続発生時から5年までです。

Keyword [**共同相続**] 相続人が複数の場合はまず共同相続を行います。相続人が1人の場合は単独相続となります。

第1部 相続手続き編

遺産を個々の財産にするには遺産分割が必要

【遺産分割の方法】

①現物分割 現物のまま、相続人に分割する

②換価分割 遺産の一部または全部を売却し、お金に換えて相続人に分割する

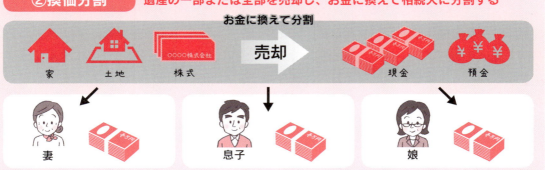

③代償分割 特定の相続人が遺産を現物で取得し、取得した人はお金で他の相続人に相続分を支払う

1章 遺産相続の基本を知ろう

Plusα 共有分割とは、分割が難しい場合などに、複数の相続人が遺産を共有する方法です。ただし、将来的に権利関係が複雑になる可能性があるため、あまりお勧めはできません。

遺産分割するまでは相続人の共有財産

持分

注目!!
- 遺産分割前は、遺産分割の対象となる相続財産は各相続人に法定相続分に応じて帰属する。
- 遺産分割前の現金などは、勝手に使うことはできない。

遺産分割前の持分は？
法定相続分に応じる

相続財産の管理には3つの方法がある

相続人が複数おり共同相続した場合、遺産分割されるまでは、すべての遺産は相続人で共有していることになります。相続人のそれぞれの所有権は、相続分に従って「持分（もちぶん）」として各相続人に帰属します。

遺産分割までの相続財産の管理には、①共同で管理する方法、②相続人間の合意の上、相続人の1人を管理者とする方法、③家庭裁判所により相続人以外の第三者を選任し管理する方法などがあります。

たとえば、妻が死亡し相続人が3人（長男、長女、二女）の場合、相続財産の持分はそれぞれ1／3ずつとなります。

では、もし長男が、遺産分割前に、他の相続人の合意がなく、勝手に相続財産である不動産を処分してしまった場合はどうなるのでしょうか？

不動産は共同相続人の共有の財産であるため、相続人が勝手に譲渡することはできません。不動産に対する長男の持分は1／3であり、他の2／3の持分に対しては権利がありません。譲渡を受けた第三者が移転登記をしたとしても、その登記は保護されず、2／3の持分に対しては、登記の抹消請求を行うことができます。

相続財産に現金や預金がある場合

先の例で、相続財産に900万円の現金があり、それを長男が管理しているとします。この場合、共有の状態である限り、長女が300万円を請求したとしても、遺産分割までは個別に受け取ることができません。

普通預金債権、通常貯金債権および定期貯金債権は、最高裁判所の判例変更によりいずれも相続開始と同時に当然に相続分に応じて分割されることはなく、遺産分割の対象となることになりました。

なお、2019年7月1日以降、各共同相続人は、遺産に属する預貯金債権のうち一定の範囲について家庭裁判所の判断を経なくても金融機関の窓口において単独での払戻しが認められるようになりました。また、仮払いの必要性があると認められる場合には他の共同相続人の利益を害しない限り、家庭裁判所の判断での仮払いが認められるようになりました。

Keyword [持分] 遺産を共有するものが、その遺産について有する割合的な権利、または権利の割合のこと。

第1部 相続手続き編

コレが基本！ 遺産分割前の相続財産は、相続分に応じた所有権（持分）を有する

1章 遺産相続の基本を知ろう

遺産分割前の持分

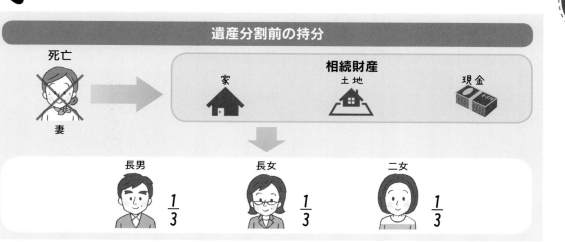

遺産分割前に長男が勝手に不動産を売却した場合

- 長男の不動産持分は1/3であり、残りの2/3に対する所有権はない
- 移転登記されたとしても、2/3の持分に対しては、登記の抹消請求が可能

相続財産に現金、株式、預金がある場合

遺産分割までは個別に請求できない
ただし、2019年7月1日以降、預貯金債権については一定割合の払い戻しや家庭裁判所の判断による仮払いが可能です。

もっと知りたい Q&A　相続財産の管理

 Q 遺産分割前に、兄が勝手に遺産の骨とう品を処分した場合はどうなるの？

A 骨とう品などの動産の場合、譲り受けた者が兄の所有物と過失なく信じて購入し、引渡しを受けた場合は、取り戻すことはできなくなります。なお、2019年7月1日以降に開始した相続については、相続開始後に共同相続人の一人が遺産に属する財産を処分した場合、その財産を遺産に組み戻すことについて処分者以外の相続人の同意があれば、その財産を遺産分割の対象に含めて計算することができるようになりました。

Plusα 遺産分割前でも、自分の持分については、第三者に譲渡したり、抵当権などを設定したりすることはできます。

相続放棄と限定承認 — 遺産を相続しないことも選択できる

注目!!
- マイナスの財産が多い場合は、**相続放棄**をすることができる。
- 3ヵ月以内に手続きしなければ、**単純承認**となる。

相続放棄と限定承認の期限

3ヵ月以内
自己のために相続の開始があったことを知ったとき

借金が多ければ、放棄するという方法も

相続の形態には、次の3つがあります。

①単純承認

被相続人の権利や義務をすべて相続する方法です。プラスの財産もマイナスの財産もすべて受け継ぐことになります。

借金などがある場合は注意が必要です。債務の負担割合は、相続人の間で自由に決めることができますが、その割合は第三者である債権者には主張できません。債権者は相続人間で決めた負担割合に関係なく、法定相続分を各相続人に請求できます。

②限定承認

プラスの財産の範囲内で、借金などの債務の弁済義務を負う方法です。被相続人に多額の借金などがあっても、相続人は自己の財産から支払う必要はありません。プラスの財産とマイナスの財産、どちらが多いかわからない場合などに有効な手段です。

ただし、限定承認は相続人全員が共同で行う必要があり、手続きも面倒なため、あまり行われていないのが現状です。

③相続放棄

プラスの財産もマイナスの財産もすべて受け継がない方法です。借金の方がプラスの財産よりも明らかに多い場合などに有効です。

相続を放棄すると、その者ははじめから相続人でなかったことになり、代襲相続も認められません。 なお、相続放棄は相続人1人でも行うことができます。

限定承認や相続放棄を行う場合は、**被相続人の死亡の事実を知り、かつこれにより自分が法律上、相続人になったことを知った日から3ヵ月以内**に、家庭裁判所にその旨を申し出なければなりません。期間内に申し出なかった場合は、単純承認をしたこととなります。

> **ここに注意!**
> 相続財産の一部または全部を処分した場合は、原則として限定承認や相続放棄をすることができません。また、限定承認や相続放棄を行った後でも、相続財産を故意に隠したり、消費したりしていたことがわかった場合なども、原則としては、単純承認として扱われます。

Plusα 相続では、被相続人の権利と義務の両方を受け継ぎます。借金だけはいらないというわけにはいきません。被相続人の債務のほうが多い場合は、相続放棄あるいは限定承認をするのが賢明です。

第1部 相続手続き編

マイナス財産が多い場合は、相続放棄することができる

①単純承認

すべての財産を受け継ぐこと

- 何も手続きをしなければ、自動的に単純承認に
- 相続財産を処分したり、隠したりした場合は原則として単純承認となる

プラスの財産の方が多いとき

②限定承認

プラスの財産の範囲内でマイナスの財産を受け継ぐこと

- 相続人全員の同意が必要
- 自己のために相続の開始があったことを知った時から3ヵ月以内の手続きが必要

プラスとマイナス、どちらの財産が多いかわからないとき

③相続放棄

プラスの財産もマイナスの財産も、一切の財産を受け継がないこと

- 相続人1人で行うことができる
- 自己のために相続の開始があったことを知った時から3ヵ月以内の手続きが必要

マイナスの財産の方が多いとき

相続放棄をするということは…?

はじめから相続人でなかったことになる

 重要

・他の相続人の相続分が増える
・同順位の相続人がいなくなった場合、次の順位の相続人に相続が移る
・原則、取り消しはできない
・代襲相続はできない

第1章 遺産相続の基本を知ろう

 相続の発生から3ヵ月以内に、相続の承認・放棄を決められない場合は、家庭裁判所に申し立てることにより、熟慮期間を伸長することができます。

相続欠格、相続廃除

相続権は失われることがある

注目!!
- 被相続人の意思とは関係なく、該当行為があった場合は、**相続欠格**となる。
- 被相続人の意思で相続権を奪うのが、**相続の廃除**。

相続廃除の対象者

配偶者・子・直系尊属

遺言を偽造すると相続権を失う

被相続人の配偶者や子などは、原則として被相続人の遺産を相続する権利があります。しかし、相続人らの不正な行為、あるいは被相続人の意思によって、相続人としての立場を喪失することがあります。

遺言を偽造した者や、被相続人を殺し、刑に処せられた者などは、被相続人の意思に関係なく相続権を失います。これを「**相続欠格**」といいます。

相続欠格となる事由は、被相続人などの殺人等に関する行為を行った場合と、遺言に関する行為の2つに大別されます。

殺人等に関する行為とは、たとえば、被相続人や相続人となるべき人を殺害したり、殺害しようとして刑を受けたりした場合などです。

また、遺言に関する行為とは、被相続人をだまして遺言を書かせたり、遺言書を破棄したり、偽造したりした場合などがあげられます。

該当する行為を行った相続人は、何の手続きもなく相続権を失います。

なお、相続欠格者は、相続できないのはもちろん、遺贈を受けることもできません。

廃除は、被相続人の意思を反映

被相続人への虐待や侮辱など、ひどい行為があった場合、被相続人の意思にもとづき、相続人の相続権を奪うことができます。これを「**相続の廃除**」といいます。

廃除の対象者は、遺留分を持つ推定相続人、すなわち配偶者や子（代襲者も含む）、直系尊属に限られ、兄弟姉妹は該当しません。

廃除の手続きには、被相続人が家庭裁判所に廃除請求を申し立てる方法と、遺言による方法とがあります。

失われた相続権の行き先

 相続人が欠格や廃除になった場合、その相続分はどうなるの？

 欠格や廃除になった相続人に子がいる場合は、代襲相続が認められます。子がいない場合は、他の相続人の相続分として配分されます。

Keyword [相続権] 相続財産の承継に関して相続人が有する権利のこと。被相続人に対する暴力や侮辱などによる廃除や相続欠格によって、相続権を失うこともあります。

第1部　相続手続き編

1章　遺産相続の基本を知ろう

相続権は失われることがある

相続欠格となる事由

❶ 故意に被相続人や先順位、同順位の相続人を殺害したまたは殺害しようとしたために、刑を受けた場合

❷ 被相続人が殺害されたことを知りながら、告発や告訴をしなかった場合（ただし、殺害した者の配偶者や直系血族等は除く）

❸ 詐欺や脅しにより、被相続人が遺言を作成したり、変更したり、取り消したりすることを妨げた場合

❹ 詐欺や脅しにより、被相続人に遺言の作成や変更、取り消しを強要した場合

❺ 被相続人の遺言書を偽造、変造、破棄、隠匿した場合

→ **手続きなく相続権を失う**

相続廃除となる事由

❶ 被相続人に対して著しい非行があった場合。重大な犯罪や長年にわたる不貞行為など

❷ 被相続人に対して重大な侮辱があった場合

❸ 被相続人に対して虐待があった場合

→ **手続きにより、相続権を奪うことが可能**

Plusα　相続人の廃除は、相続人に対する影響が大きいため、簡単には認められません。遺言で廃除の申し立てを行っても、遺言どおりに廃除されるかどうかは、審判によります。

53

遺贈 遺言による他人への譲渡もできる

注目!!
- **遺贈**とは、遺言で財産を与えること。
- **包括遺贈**は、プラスの財産もマイナスの財産も同じ割合で受け継ぐ必要がある。

遺贈・死因贈与を受けられる人
- 相続人
- 相続人でない人

遺贈により他人への財産譲渡も可能

自分の死後、相続人以外にも財産を分け与えたい場合は、遺言により行うことができます。これを**遺贈**といいます。

遺贈は、相続人にも、相続人以外にも行うことができます。

遺贈には次の2つの方法があります。

①包括遺贈

「財産の1／2を遺贈する」というように、割合を決めて遺贈する方法です。

この場合注意が必要なのは、同じ割合で、プラスの財産もマイナスの財産も受け継がなければならないということです。包括受遺者は相続人と同じ扱いとなり、遺産分割協議にも参加しなければなりません。放棄をすることもできますが、その場合も相続人と同じ手続きが必要です。

②特定遺贈

「X不動産を遺贈する」というように、資産を特定して遺贈する方法です。この場合、受遺者は、X不動産という特定の財産を受け継ぐだけで、マイナスの財産を負担することはありません。放棄する場合も、意思表示をするだけとなります。

死因贈与は双方の同意が必要

「私が死んだら○○を贈与する」というように、贈与者の死亡により効力が発生する贈与契約を「**死因贈与**」といいます。遺贈と似ていますが、遺贈は遺贈者の一方的な意思表示であるのに対して、死因贈与は贈与者と受贈者双方がその内容を承諾している必要があります。

なお、遺贈や死因贈与にかかる税金は、贈与税ではなく相続税となります。

わたしも相続できます！

もっと知りたいQ&A 遺贈の方法

Q 遺言書に「A土地を1/2、遺贈する」と書かれている場合は包括遺贈？特定遺贈？

A この場合はA土地と財産が特定されているので、特定遺贈になります。

Keyword 遺贈者と受遺者 遺贈する者を遺贈者、遺贈を受ける者を受遺者といいます。

第1部　相続手続き編

遺贈や死因贈与で、他人にも遺産を与えることができる

1章　遺産相続の基本を知ろう

【遺贈】
遺言により財産を与えること

❶包括遺贈
- 財産の全部、または、1/2など割合を指定して遺贈すること。
- 指定された割合に応じて、プラスの財産もマイナスの財産も受け継ぐ。

  「½を遺贈する」という遺言

遺贈者　預金　　　　　　　　　　　　　　　　預金　½　受遺者

❷特定遺贈
- 遺産のうち、X不動産、Z株式など、財産を指定して遺贈すること。
- 指定の財産以外のものを受け継ぐことはない。

   「不動産を遺贈する」という遺言

遺贈者　家　預金　不動産　　　　　　　　　不動産　受遺者

【死因贈与】
贈与者の死亡によって効力が発生する贈与契約のこと
贈与者と受贈者双方で合意することが必要

「私の死後、○○をあげます」

 契約

贈与者　「わかりました」　受贈者

Keyword　贈与者と受贈者　死因贈与で贈与する者を贈与者、贈与を受ける者を受贈者といいます。

55

遺留分 ❶ 配偶者や子には財産をもらう権利がある

注目!!
- 遺留分は、相続人が直系尊属のみの場合は、遺産の1／3、それ以外は1／2。
- 兄弟姉妹には遺留分はない。

遺留分がある者

配偶者・子・直系尊属

配偶者・子・親には遺留分がある

遺産は、遺言があればその遺言に従って、遺言がなければ法定相続分に従って配分されます。また、相続人の間の協議で同意ができれば、自由に相続分を決めることもできます。

しかし、たとえば、遺言で「○○にすべての財産を遺贈する」など、他人にすべての遺産を与えられてしまっては、残された遺族は生活に困ることになります。そこで**民法では、一定の相続人に最低限の遺産を受け取る権利を定めています。**これを「**遺留分**」といいます。

遺留分が認められるのは、被相続人の配偶者、子（代襲者も含む）、直系尊属です。兄弟姉妹には、遺留分はありません。

遺留分の割合は、相続人が直系尊属だけの場合は遺産の1／3、それ以外は1／2となり、これを各遺留分権利者（遺留分を受け取る権利のある相続人）の法定相続分で分け合います。

遺留分算定の基礎となる財産額には、一定の条件で生前贈与した財産の価額も含まれます。特別受益（ただし、相続開始前10年以内のもの。→60ページ）を受けていた場合も、同様です。ただし、2019年7月1日以降、婚姻期間が20年以上である配偶者に、その居住用不動産を遺贈または贈与した場合には、原則として、計算上遺産の先渡し（特別受益）を受けたものとして取り扱わなくてよいこととなりました。

遺留分は侵害されても取り戻せる

もし、遺留分を侵害されるような贈与や遺贈が行われた場合は、自分の遺留分を取り戻すための「**遺留分侵害額請求権**」を行使します。侵害額請求は、相手方に意思表示をすれば認められます。相手方が請求に応じなければ、家庭裁判所での調停などを利用することになります。

遺留分の範囲

兄弟姉妹に相続させたくない場合はどうすればいいの？

兄弟姉妹に相続させたくない場合は、遺言により、その旨を指示すれば実現できます。兄弟姉妹には遺留分がないため、相続することができなくなります。

Keyword 生前贈与 被相続人の生存中に、贈与者、受贈者双方の合意のもと、無償で贈与を行うことをいいます。

第1部　相続手続き編

配偶者・子・直系尊属には遺留分がある

【遺留分の割合】

相続人	①「直系尊属のみ」以外	②直系尊属のみ	③兄弟姉妹
遺留分	相続人全員で $\frac{1}{2}$	相続人全員で $\frac{1}{3}$	なし

・遺留分権利者が複数いる場合は、遺留分を法定相続分で配分する

遺留分の例

①相続人が配偶者と子

全体の遺留分 $\frac{1}{2}$

・配偶者： $\frac{1}{2} \times \frac{1}{2} = \frac{1}{4}$

・子　　： $\frac{1}{2} \times \frac{1}{2} \times \frac{1}{2} = \frac{1}{8}$

②相続人が直系尊属のみ

全体の遺留分 $\frac{1}{3}$

・父： $\frac{1}{3} \times \frac{1}{2} = \frac{1}{6}$

・母： $\frac{1}{3} \times \frac{1}{2} = \frac{1}{6}$

③相続人が配偶者と兄弟姉妹

全体の遺留分 $\frac{1}{2}$

・配偶者： $\frac{1}{2}$

・兄　　：なし

※2019年7月1日前に開始した相続に関しては、遺留分減殺請求（遺留分を保全するのに必要な限度での遺贈等の減殺の請求）ができます。

Plus α 遺留分の制度は、これに違反する遺贈や贈与が無効になるということではありません。遺贈等の効力を維持した上で、遺留分侵害額請求権の行使を認めるものです（→56ページ）。

第1章　遺産相続の基本を知ろう

遺留分 ❷ 遺留分は放棄することもできる

注目!!
- **遺留分放棄**があっても、他の相続人の遺留分は変わらない。
- 相続前の遺留分放棄は、家庭裁判所への申し立てが必要。

遺留分の時効

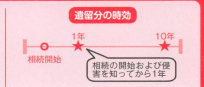

相続開始 — 1年 ★ — 10年 ★
相続の開始および侵害を知ってから1年

相続発生後の遺留分放棄

遺言により遺産が他人のものになってしまったとしても、遺留分を持つ相続人が「遺産はいらない」という場合は、そのまま放っておけばよいことになります。

侵害額請求を行わなければ、その遺贈等はそのまま認められます。**侵害額請求権の時効は、相続の開始および遺留分の侵害を知った日から1年、または、相続開始時から10年です。**これらの期間を過ぎると、侵害額請求権は消滅します。

また、相続開始後に相続人の一人が遺留分を放棄したとしても、他の遺留分権利者の遺留分が増えることはありません。

生前に遺留分を放棄する場合

ただし、**生前に遺留分を放棄する場合は、家庭裁判所の許可が必要になります。**遺留分を持つ推定相続人は、被相続人の住所地を管轄する家庭裁判所に対して、相続発生前までに、遺留分放棄の許可の審判を申し立てる必要があります。

遺留分放棄の許可の審判がなされると、放棄許可審判の取消がない限り、自己の相続分が遺留分に満たない場合でも、侵害額請求権はなく、文句をいうことができなくなります。

遺留分を放棄しても相続はできる

相続前に遺留分を放棄したとしても、相続することはできます。**遺留分の放棄は、遺留分侵害額請求権を有しないというだけで、相続を放棄したわけではないからです。**

相続発生前に相続人の一人が遺留分を放棄したとしても、他の遺留分権利者の遺留分が増えることはありません。

また、遺留分を放棄した相続人が死亡した場合の代襲相続人には、遺留分は存在せず、侵害額請求権も生じないことになります。

※2019年7月1日前に開始した相続に関しては、遺留分減殺請求(遺留分を保全するのに必要な限度での遺贈等の減殺の請求)ができます。

💡 **手続きのポイント!**

相続放棄の場合は、他の相続人の相続分は増加しますが、遺留分放棄の場合には、他の相続人の遺留分は変わりません。被相続人が自由に処分できる財産割合が増えることになります。

Keyword　推定相続人　被相続人が生きている時点で、現状のまま相続が発生した場合に、相続人になるべき人のことをいいます。

第1部 相続手続き編

相続前の遺留分放棄には家庭裁判所の許可が必要

1章 遺産相続の基本を知ろう

相続後の遺留分放棄
- 手続きは不要。
- 遺留分侵害額請求権の時効は、相続の開始および遺留分の侵害を知った日から1年、または、相続開始時から10年。

相続前の遺留分放棄
- 家庭裁判所への申し立て、許可が必要。
- 遺留分を放棄しても、相続することができる。

①どんなときに行われるの？

たとえば、被相続人が「長男にすべての遺産を相続させたい」と考え、他の推定相続人が同意している場合などが考えられるでしょう。

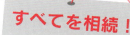

すべてを相続！

長男

②遺留分を放棄しても相続できるとはどういう意味？

たとえば、①のケースの場合で、被相続人が遺言を書かずに亡くなってしまった場合には、法定相続分に従って相続することも可能です。相続前に遺留分を放棄した者でも、通常どおり相続人になれますし、遺産分割協議の当事者にもなります。

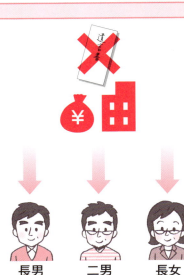

長男　二男　長女

相続自体は、放棄していない！

Plus α 被相続人が特定の相続人に不当に安く不動産を売った場合は、生前贈与した財産とみなされることがあります。遺留分の対象となる財産額を計算する際には気をつけましょう。

59

特別受益 相続前に受けた経済的利益は生前贈与と同じ

注目!!
- 生前に受けた特別な贈与や遺贈は、**特別受益**となる。
- 特別受益分は、相続時に調整される。

特別受益の対象者
相続人

生前贈与は相続の前倒し

「結婚したときに親から多額の持参金をもらった」「商売を始めたときに開業資金をもらった」「マイホーム資金を援助してもらった」など、被相続人の生前時に特別な経済的な利益を受けた場合、その利益を「**特別受益**」、利益を受けた相続人を「**特別受益者**」といいます。

特別受益の対象となるのは、婚姻、養子縁組のため、または生計の資本として受けた生前贈与、そして遺贈です。生計の資本とは、住宅資金や開業資金の援助などをいいます。なお、通常の学費援助や生活のための仕送りなどは、特別受益には含まれません。

生前贈与は、それが特別受益かどうかは、被相続人の資産や収入、社会的地位などを考慮し個別に判断されますが、遺贈はすべて特別受益となります。

特別受益分は相続時に減額される

公平性を保つため、特別受益分は相続時に調整されます。具体的には次のような方法で計算します。

❶相続開始時に相続財産に特別受益分(相続開始前10年以内のもの)を加算(持ち戻し)します。これを「みなし相続財産」といいます。

❷❶のみなし相続財産を加えた相続財産を、指定相続分または法定相続分で配分し、各相続人の相続分を求めます。

❸特別受益者については、❷で配分された分から特別受益分を差し引き、本来の相続分を求めます。

この計算の結果、特別受益者の相続分がゼロ、またはマイナスとなった場合は、受け取る遺産はありません。マイナスの場合は、遺産のもらいすぎという意味ですが、遺留分を侵害しない限り、もらいすぎ分を返す必要はありません。

ただし、2019年7月1日以降、婚姻期間が20年以上である配偶者に、その居住用不動産(居住用建物およびその敷地)を遺贈または贈与した場合には、原則として、計算上遺産の先渡しを受けたもの(特別受益)として取り扱わなくてよいこととなりました。

Keyword **特別受益** 被相続人からの生前贈与が対象となります。「遺産の先渡し」という意味合いがあります。

第1部 相続手続き編

特別受益があれば、相続時に調整される

特別受益の例

●婚姻時の持参金

●開業資金の援助

●住宅資金の援助

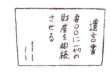
●遺贈

第1章 遺産相続の基本を知ろう

具体例で確認！ 特別受益者の相続分の計算方法

- 遺産は9000万円
- 配偶者：1000万円の預金の遺贈を受けた
- 長男：相続開始の5年前に2000万円の開業資金の贈与を受けた

①相続開始時の遺産総額に特別受益分を加算する（＝みなし相続財産）

9000万円＋1000万円＋2000万円＝**1億2000万円**

②みなし相続財産を、指定相続分、または法定相続分で配分する

配偶者：1億2000万円×1/2＝**6000万円**
長男　：1億2000万円×1/4＝**3000万円**
長女　：1億2000万円×1/4＝**3000万円**

③特別受益者について、特別受益分を差し引く

各人の相続分 ＝
配偶者：6000万円－1000万円＝**5000万円**
長男　：3000万円－2000万円＝**1000万円**
長女　：**3000万円**

手続きのポイント！

被相続人が遺言で、「生前贈与や遺贈を特別受益として扱わない」との意思表示をしている場合は、その意思が尊重されます。つまり、特別受益の持ち戻しは免除され、特別受益分を除いた遺産で相続分が配分されることになります。なお、2019年7月1日以降、婚姻期間が20年以上である配偶者に、居住用不動産を遺贈または贈与した場合には、この免除の意思表示があったものと推定されます。

Plusα 被相続人が贈与や遺贈について「特別受益として取り扱わない」ことを意思表示していた場合は、特別受益とみなしません。被相続人の意思を尊重するためです。

61

| 寄与分 | # 被相続人への貢献度も相続分に影響する |

注目!!
- 寄与が認められれば、相続分が増える。
- **寄与分**が認められるのは相続人だけ。

寄与分が認められる者

相続人

寄与分が認められるのは相続人のみ

　父の事業を、ほぼ無償で手伝っていた兄と、会社員で全く実家に寄り付かなかった弟。この2人に同じ相続分で父の遺産を配分したら、公平とはいえないでしょう。そこで、相続人間の公平性を保つために、被相続人の財産形成に特別な寄与があった相続人に対し、その分を相続分に加算する制度があります。これを「**寄与分**（きよぶん）」といいます。

　寄与分が認められる代表的な例は、次のとおりです。
①被相続人の事業に関する労務の提供
②被相続人の事業に関する財産上の給付
③被相続人の療養看護

　なお、寄与分が認められるのは、相続人のみで、相続人以外の者が被相続人の財産形成に寄与したとしても、遺産から寄与分を受け取ることはできません。ただし、相続人以外の被相続人の親族が、無償で被相続人の療養看護等を行った場合には、一定の要件の下で、相続人に対して金銭請求をすることができます。

　また、親子間、夫婦間の通常の範囲内の療養看護は、特別な寄与とはいえないため、寄与分の対象にはなりません。

寄与分は相続人全員の協議で決める

　寄与者の相続分は次のとおりです。
①相続開始時に相続財産から寄与分の額を差し引き、みなし相続財産を求めます。
②①のみなし相続財産を、指定相続分または法定相続分で配分し、各相続人の相続分を求めます。
③寄与者には、②の相続分に寄与分を加算します。

　寄与分の額は、相続人全員の協議で決められます。協議が成立しない場合は、家庭裁判所に調停や審判を申し立てることになります。

「長男の妻」として

義父の看護を献身的に続けてきた長男の妻には、寄与分は認められるの？

寄与分は相続人に限られます。相続人でない長男の妻が義父を看護していたとしても、その者自身に対する寄与分は認められません。ただし、一定の要件の下で、相続人に対して金銭請求をすることができます。

Keyword [寄与分] 寄与とは「贈り与える」の意味から、被相続人のためにどれだけ役に立ったか、貢献したか、ということです。寄与分が認められた相続人は、相続分が付加されることがあります。

財産形成に貢献した場合は、寄与分が認められる

第1部 相続手続き編

1章 遺産相続の基本を知ろう

寄与分の例

●事業に関する労務の提供

●事業に関する財産上の給付

●療養看護

寄与した人の相続分の計算方法

被相続人 ― 配偶者
　　│
　├ 長男（事業出資）
　└ 長女（看護）

- 遺産は1億円
- 長男：被相続人の事業に1000万円を出資
- 長女：被相続人に通常の看護を行った

寄与分は相続人全員の話し合いや家庭裁判所の調停・審判で決まる

①相続開始時の遺産総額から寄与分を差し引く（＝みなし相続財産）

1億円−1000万円＝**9000万円**

②みなし相続財産を、指定相続分、または法定相続分で配分する

配偶者：9000万円×1/2＝**4500万円**
長　男：9000万円×1/4＝**2250万円**
長　女：9000万円×1/4＝**2250万円**

③寄与者について、寄与分を加算する

配偶者：**4500万円**
長　男：2250万円＋1000万円＝**3250万円**
長　女：**2250万円**（親子間の通常の看護は寄与分とは認められない）

Plus α 寄与分は争いの原因になりやすいといわれています。寄与分を確実に相続人に与えたい場合は、遺言で指定相続分を多めに定めておくとよいでしょう。

相続財産法人 相続人が誰もいない場合は？

注目!!
- 相続人のいない遺産は法人として管理する。
- 相続人がいない場合は、特別縁故者が財産分与することもある。

特別縁故者の財産分与申し立て期限
3ヵ月以内

相続人不存在の確定

相続人のいない遺産は法人となる

被相続人に誰も相続人がいない場合、またはすべての相続人が相続放棄をした場合などは、遺産は行き場がなくなります。このような場合は、特別な手続きを経ることなしに、遺産は法人という形を取り、管理処分されます。これを「**相続財産法人**」といいます。

法人の管理は、債権者や受遺者などの利害関係者や検察官の申し立てにより、家庭裁判所が選任する「**相続財産管理人**」によって行われます。

相続財産管理人は、借金の返済や遺贈の履行など、遺産の清算処理や相続人の捜索などを行います。

特別縁故者への財産分与

債務を返済し、相続人が見つからず、しかも相続財産が残っている場合は、長年内縁関係にある者や療養看護に努めていた者など、被相続人と特別な縁故があった者に対して、遺産が分与されることがあります。これを「**特別縁故者への財産分与**」といいます。

この制度を利用するには、家庭裁判所に申し立てをし、請求が認められることが必要です。申し立て期限は、相続人がいないことが確定（相続人不存在の確定）してから3ヵ月以内です。

特別縁故者は次のような者となります。
① 被相続人と生計を同じくしていた者
② 被相続人の療養看護に努めた者
③ その他被相続人と特別の縁故があった者

なお、清算処理も終わり、相続人も特別縁故者もいない場合で、まだ残余財産がある場合は、その財産は国庫へ帰属し、国のものとなります。

後になって相続人が見つかった

Q 相続人が後から見つかった場合はどうなるの？

Answer 相続人捜索の公告期間満了前に、相続人が見つかり、相続を承認したときは相続財産法人はなかったものとされます。ただし、相続財産管理人がすでに行った行為は有効とされ、相続人が相続を承認したときに相続財産管理人の代理権は消滅します。

Keyword [国庫] 国庫とは「財産権の主体としてとらえた場合の国」のこと、簡単にいえば国が所有する資産です。ちなみに最高裁によると、2019年度に相続人不存在により国庫に帰属した金額は、約603億円でした。

相続人がいない遺産は、最終的に国のものとなる

第1部 相続手続き編

第1章 遺産相続の基本を知ろう

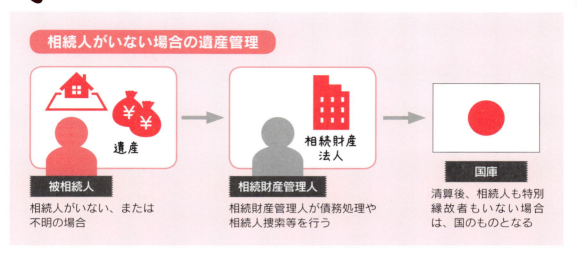

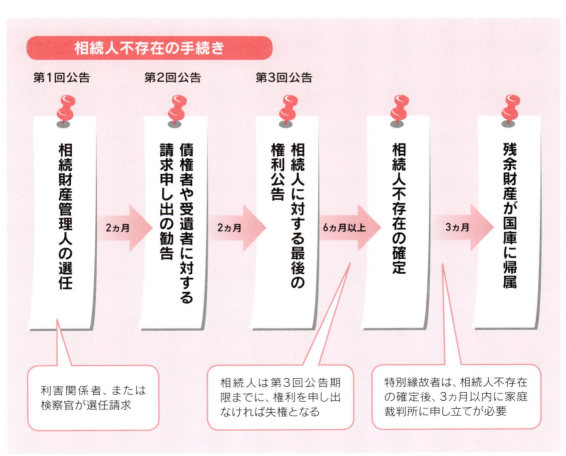

Plusα　相続財産管理人となるには、特に資格は必要ありません。被相続人との関係から適任と判断された人を裁判所が選任します。ただし通常は、弁護士や司法書士がなることが多くなっています。

65

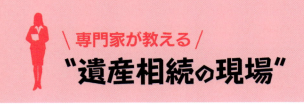

\ 専門家が教える /
"遺産相続の現場"

COLUMN ❶

被相続人を看護した人は遺産分割で有利？

　「お父さん（被相続人）のことは、私が1人で看護したから、その分、他の兄弟よりも多く相続して当然」、「お母さん（被相続人）を何度も旅行に連れていったし、たまに会ったときはお小遣いを渡していた。だから、私は他の相続人より多く遺産をもらえるはずだ」

　遺産分割の際に、このような主張をする相続人がいます。他の相続人が、「そのとおりだ」と、被相続人に対する貢献、いわゆる「寄与」を認めて、寄与を主張する相続人により多くの遺産を分配することに納得すれば問題ありませんが、遺産分割の協議では、そのようにスムーズに行かないことも多いようです。看護などの被相続人に対する寄与について法律面ではどのような取り扱いがなされるのでしょうか。

　寄与分の制度とは、「共同相続人間の公平を図るため、共同相続人のなかに、被相続人の財産の維持または増加について特別の寄与をした者があるときは、寄与分を加えた額をその者の相続分とする」という制度です。寄与分として認められることがあるのは、「長年家業に従事した」、「療養看護に努めた」、「財産を給付した」という場合です。

　ただし、民法上は、夫婦間・親族間には、「扶助義務」が定められています。そこで、療養看護等のすべてについて寄与分が認められるわけではなく、「特別の寄与」、すなわち夫婦・親族間の扶助として多くの人が通常行うと期待される程度を超える場合に、寄与として認められます。たとえば、寄与が認められるためには、被相続人が高齢というだけでは認められず、加えて、「疾病などで看護を要する状態であった」という状況が必要です。

　一般的には、同居やそれに伴う家事の分担だけの場合や、仕事のかたわら、通って看護した程度のものは、親族としての協力の範囲内であるとして特別の寄与とは認められません。また、入院や施設に入所中の期間についても寄与分は認められません。

　遺産分割の際に、裁判所が認めない寄与分にこだわると、分割協議がいたずらに長引いてしまうことがあることも念頭においておくとよいでしょう。金銭的な評価がなされなかったとしても「亡くなった被相続人のために療養看護に努めた」という事実は、大きな価値のあることだと思います。

（弁護士　堀招子）

第1部 相続手続き編

2章 相続の手続き

遺産相続に伴う手続きには、
○日以内、○ヵ月以内といったように
期限が設けられているものも
少なくありません。

この章では、遺産相続の全体的な流れに沿って
被相続人の死亡後に発生する一連の手続きを解説します。
被相続人の死亡届、健康保険や年金に関する
届出の提出方法、生命保険金の請求、
遺言書を取り扱う上での注意点などを説明します。
被相続人の生前の所得にかかる
「準確定申告」についてもお忘れなく！

死亡届
被相続人が亡くなって最初の手続き

注目!!
- 医師の診断書と一緒に**死亡届**を提出する。
- 市区町村長の許可がなければ、火葬も埋葬もできない。

期限 親族／同居人など
7日以内
死亡を知った日

死亡後の手続きには期限がある

手続きの期限には、大きく分けて、死後7日、3ヵ月、4ヵ月、10ヵ月の4つがあります。そして、手続きには、被相続人の相続に関係するものと関係しないものがあります。相続に関係しないものには、役所への死亡届の提出や公的年金、健康保険等への届け出、公共料金の名義変更などがあります。期限は死亡から7日〜14日以内となっています。相続に関係するものには、おもに死後3ヵ月以内の相続放棄・限定承認、4ヵ月以内の準確定申告、10ヵ月以内の相続税の申告・納付。特に、3ヵ月以内に行う相続放棄はとても重要です。相続手続きのゴールは、相続税がある場合は、相続税の申告・納付まで、ない場合は、遺産の名義変更までです。

死亡届は死亡後7日以内に提出

被相続人が亡くなったら、まず、「**死亡届**」を提出しなければなりません。期限は、**死亡を知った日を含めて7日以内**です。

死亡届と一緒に、医師が作成した「**死亡診断書**」または「**死体検案書**」を添付します。通常は、死亡届の右半分の死亡診断書（死体検案書）に医師が記入したものを病院から渡されます。左半分は届出人が作成します。役所では、死亡届の提出と同時に「**死体埋火葬許可証**」の交付を受けます。自治体によっては、「**死体埋火葬許可申請書**」を提出して、許可証の交付を受ける場合もあります。世帯主が死亡した場合は、死亡から14日以内に「**世帯主変更届**」（住民異動届）を提出します。

世帯主とは、世帯を構成する者のうち、主として世帯の生計を維持し、その世帯を代表する者をいいます。この届け出により、住民票上の世帯主を変更することができます。届け出ができる者は、新たに世帯主となる者、またはその同一世帯の者で、これ以外の者は、委任状などが必要です。

Keyword [還骨回向（かんこつえこう）] 火葬後、自宅に戻った遺骨を後飾り祭壇に安置して営む法要のこと。最近では、初七日をくりあげて、一緒に行うことが増えています。

第1部 相続手続き編

死亡届を提出しないと、火葬も埋葬もできない

被相続人の死亡から初七日まで ※宗教等により異なる場合がある

第2章 相続の手続き

- 死亡 — 医師から死亡診断書をもらう。
- 死亡届と埋火葬許可証 — 7日以内に死亡届を役所に提出し、埋火葬許可証の交付を受ける。提出先は、被相続人の死亡地、本籍地、届出人の所在地のいずれかの市区町村役場です。
- 納棺
- 通夜
- 葬儀・告別式
- 出棺・火葬 — ①埋火葬許可証を火葬場に提出。②収骨後、「火葬済」が証明された埋火葬許可証を受け取り、墓地や納骨堂に提出する。③埋火葬許可証は5年間保管する。
- 還骨回向
- 初七日法要
- 世帯主変更届
  ※死亡から14日以内

Plus α 相続手続きでは、死亡診断書が様々な場面で必要となります。コピーで済む場合もあるので、役所に提出する前にコピーを取っておくとよいでしょう。

死亡届と世帯変更届（住民異動届）

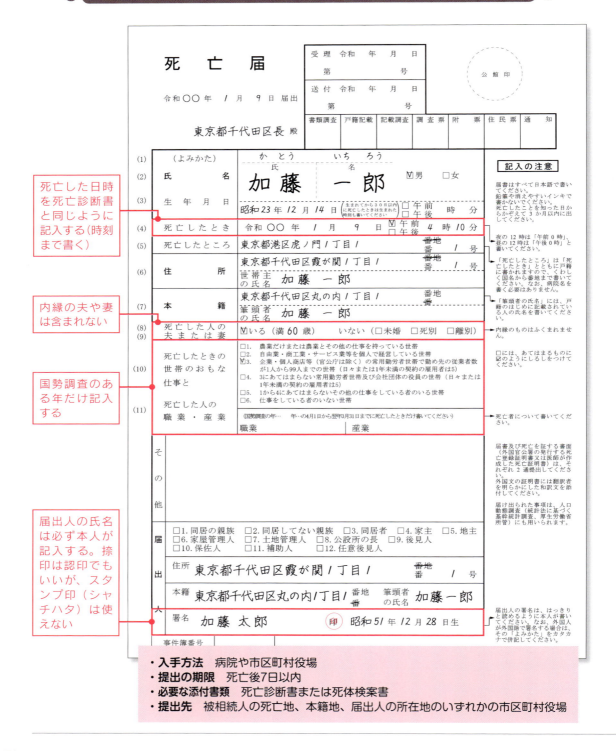

- **入手方法** 病院や市区町村役場
- **提出の期限** 死亡後7日以内
- **必要な添付書類** 死亡診断書または死体検案書
- **提出先** 被相続人の死亡地、本籍地、届出人の所在地のいずれかの市区町村役場

第1部 相続手続き編

死亡届と世帯変更届（住民異動届）

第2章 相続の手続き

- **入手方法** 市区町村役場
- **提出の期限** 死亡後14日以内
- **届出者** 新たに世帯主となる者、またはその同一世帯の者

71

被相続人の社会保険にかかる手続き ❶

被相続人の健康保険証は返還する

注目!!
- 被相続人が会社員なら勤め先へ、自営業なら役所に返還する。
- 被扶養者だった人は、新たに国民健康保険への加入手続きが必要となる。

期限 被保険者の扶養者など
14日以内
死亡後 ——— ★（国民健康保険の場合）

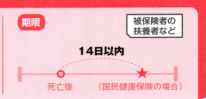

健康保険証は返還を

　公的な医療保険では、職種や年齢などにより、加入する健康保険の種類が異なります。会社員は健康保険、公務員は共済組合、自営業者などは国民健康保険、75歳以上の者は後期高齢者医療制度に加入しています。

　被相続人が亡くなった場合は、保険証を返還し、脱退手続きをしなければなりません。会社員や公務員の場合は勤め先に、自営業者や高齢者の場合は死亡から14日以内に市区町村役場に返還が必要です。

　健康保険証の他に、介護保険被保険者証や高齢受給者証など、他の資格証がある場合もすべての返還が必要です。

　また、被相続人に扶養されていた人は、国民健康保険などに別途加入する必要があります。対象者は被相続人の脱退届と同時に、忘れずに手続きをしましょう。

葬祭費の請求も忘れずに

　国民健康保険などの被保険者が死亡すると、自治体から「**葬祭費**」や「**埋葬料**」が支給されます。支給額は地域によって異なりますが、5万円前後のようです。支給を受けるには、**葬儀の日などから2年以内の請求が必要です。**2年を超えると権利は消滅するので、早めに手続きをしましょう。

　また、会社員が加入する健康保険などでは、埋葬料の他に、被扶養者が亡くなった場合の「**家族埋葬料**」を支給しています。

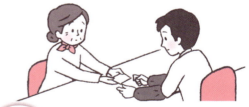

もっと知りたいQ&A 被扶養者の健康保険

Q 扶養者が亡くなり、被扶養者だった者が国民健康保険などに入り忘れるとどうなるの？

Answer 死亡から14日以内に手続きをしなかった場合は、扶養をはずれた日から届け出の前日までの間にかかった医療費は全額自己負担となり、原則、返却もされません。大きな経済的負担となることもあるので、注意が必要です。

Keyword　健康保険　常時5人以上の従業員を使用する事業所・法人に適用される公的医療保険のことで、保険料は事業主と被保険者で折半します。自営業者などは国民健康保険に加入します。

第1部　相続手続き編

健康保険から、葬祭費や埋葬料が支給される

公的医療保険の種類と死亡時の給付内容

公的医療保険の種類	被保険者	死亡時に支給されるもの	
		被保険者死亡時	被扶養者死亡時
国民健康保険	自営業者・年金生活者・非正規雇用者など	葬祭費5万円前後	
後期高齢者医療制度	75歳以上		
健康保険　協会けんぽ	中小企業の会社員など	埋葬料5万円	家族埋葬料5万円
健康保険組合	大企業の会社員など	埋葬料5万～10万円程度	家族埋葬料5万円程度
共済組合	国家公務員、地方公務員、学校職員など	公立学校職員の場合、埋葬料5万円+埋葬料附加金2.5万円	公立学校職員の場合、家族埋葬料5万円+家族埋葬料附加金2.5万円

○ 被保険者が以前加入していた健康保険から、給付がある場合も！

気になる場合は、保険組合に問い合わせてみよう。

- 資格喪失後（会社を辞めてから）3ヵ月以内に死亡した場合
- 資格喪失後の傷病手当金、または出産手当金の継続給付を受けている間に亡くなった場合
- 傷病手当金や出産手当金の継続給付を受けなくなってから、3ヵ月以内に亡くなった場合

請求できる期限があります。早めに手続きをしましょう。

第2章　相続の手続き

Plusα　健康保険証の他にも交付されていた資格証などは原則すべて返還します。何度もやり取りすることがないように、カード類、書面などはまとめておきましょう。

73

被相続人の年金支給を止める

被相続人の社会保険にかかる手続き❷

注目!!
- 遺族は未支給年金を受け取ることができる。
- 一定範囲の遺族は、**遺族年金**がもらえる。

期限 相続人など
厚生年金は10日以内
国民年金は14日以内

被相続人の死亡

住民票コード登録者は手続き省略も

　被相続人が年金受給者だった場合は、「**年金受給権者死亡届**」を提出し、年金の支給を止めなければなりません。ただし、2011年7月以降、日本年金機構に住民票コードを登録している人は、原則、この手続きが省略できるようになりました。

　提出期限は、**老齢基礎年金受給者は死亡から14日以内、老齢厚生年金受給者は10日以内**です。提出先は、最寄りの年金事務所、または年金相談センターです。

　また、亡くなった被相続人がまだ受け取っていない年金や、亡くなった月分までの年金については、未支給年金として遺族が受け取ることができます。受給できる者は、生計を同じくしていた①配偶者、②子、③父母、④孫、⑤祖父母、⑥兄弟姉妹、⑦①〜⑥以外の3親等内の親族です。先順位の者がいる場合は、後順位の者は受け取れません。未支給年金を受け取るには「**未支給年金請求書**」の提出が必要です。

　被相続人が障害基礎年金や遺族基礎年金のみを受給していた場合は、市区町村役場に死亡届を提出します。

　いずれも、届け出が遅れ、過払い年金が発生すると、さかのぼって返さなければならなくなるので、注意が必要です。

年金加入者の遺族には遺族年金が支給

　被相続人が一定の条件を満たした公的年金加入者の場合、一定範囲の遺族に対して遺族年金が支給されます。

①国民年金の被保険者が死亡した場合

　被相続人に生計を維持されていた子のある配偶者、または子に支給されます。子の対象は、18歳になって最初の3月31日までです（障害のある子は20歳まで）。子がいない場合は、遺族基礎年金の支給はありません。なお、国民年金には、寡婦（かふ）年金や死亡一時金という制度もあります。

②厚生年金の被保険者が死亡した場合

　被相続人に生計を維持されていた①配偶者と子、②父母、③孫、④祖父母には遺族厚生年金が支給されます。先順位の者がいる場合は後順位の者は受け取れません。76、77ページを参考にしてください。

Keyword **日本年金機構** 国からの委託を受け、公的年金にかかる一連の運営業務を担う特殊法人。2010年1月の社会保険庁の廃止によって設立されました。

第1部　相続手続き編

未支給（年金・保険給付）請求書

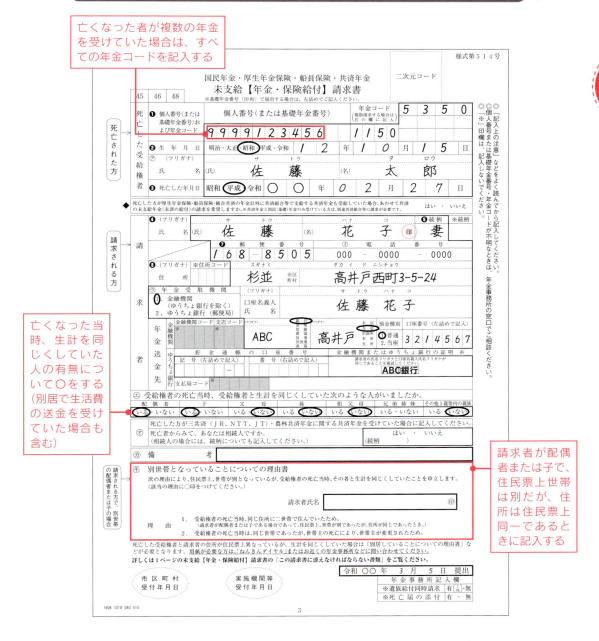

- **入手方法**　年金事務所、または日本年金機構ホームページからダウンロード
- **用紙の構成**　1枚目が「未支給（年金・保険給付）請求書」、2枚目が「年金受給者死亡届（報告書）（副）」となっている。未支給の年金・保険給付を請求しない場合は、死亡届（報告書）のみを記入する

Plusα　年金受給にかかる死亡届を提出しない場合、年金の支給がストップされないために、もらい過ぎ（過払い）になることがあります。過払い分は後で返さなければなりません。

75

遺族年金の受給対象者と年金の種類

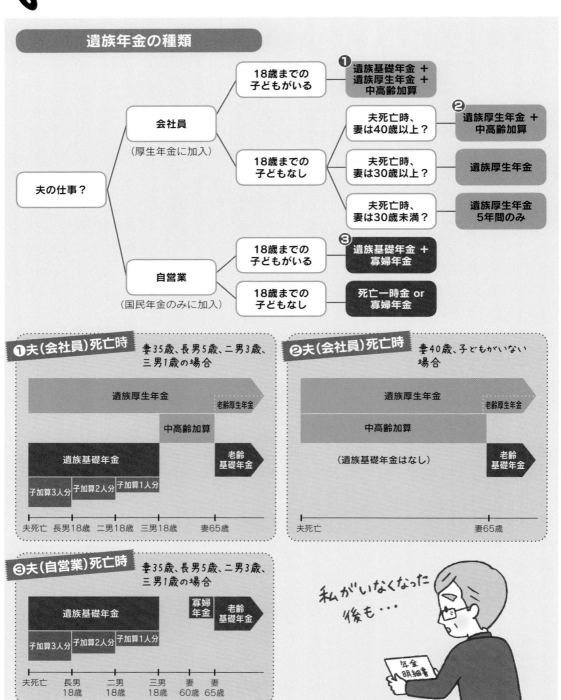

Keyword [第1号被保険者] 国民年金では加入者を3種類に分けています。そのうち、20歳以上60歳未満の自営業者、学生、無職の者などを第1号被保険者といいます。

第1部　相続手続き編

遺族基礎年金と遺族厚生年金の支給要件

	遺族基礎年金	遺族厚生年金	共通する要件
死亡者の要件	①国民年金の被保険者 ②老齢基礎年金の資格期間を満たした者	①厚生年金の被保険者 ②厚生年金の被保険者期間中の傷病がもとで、初診日から5年以内に死亡した者 ③老齢厚生年金の資格期間を満たした者 ④1級・2級の障害厚生年金を受けられる者	●保険料納付済期間が国民年金加入期間の2/3以上あること ●死亡月を含む月の前々月までの1年間に滞納がないこと
対象者の要件	子のある配偶者、または子	①妻、子、55歳以上の夫 ②55歳以上の父母 ③孫 ④55歳以上の祖父母 先順位の者がいる場合は、後順位の者は受け取れない。	●死亡した者により生計を維持されていた者であること ●子・孫とは、 ・死亡時に18歳未満、または18歳になって最初の3月31日までの者で、未婚の者 ・20歳未満で1級、2級の障害があり、未婚の者 ●55歳以上の要件がある者は、支給開始は60歳から
支給額	78万900円（2021年4月現在）＋子の加算分	加入期間をもとに計算した年金額の3／4	――――

2章 相続の手続き

寡婦年金と死亡一時金の支給要件

寡婦年金
第1号被保険者として保険料を納付した期間が25年以上ある夫が亡くなったとき、10年以上継続して婚姻関係にあり、生計を維持されていた妻に対して、60歳から65歳になるまでの間支給される。

死亡一時金
第1号被保険者として保険料を納付した月数が36月以上ある者が、老齢・障害基礎年金を受けずに亡くなった場合、生計を同じくしていた遺族に支給される（ただし、遺族基礎年金対象となる者がいない場合）。

Plusα　公務員などを対象とする共済年金、船員を対象とする船員保険についても同様の手続きが必要です。

財産目録の作成

どんな遺産があるのか明らかにする

注目!!
- 相続が発生したら、早めに**財産目録**を作ろう。
- 大切なものの保管場所を決めておこう。

財産の調べ方
預貯金＝残高証明書
不動産＝納税通知書
借金＝日本信用情報機構など

相続人

財産目録の一覧を作ろう

　何の遺産がどのくらいあるのかを明らかにしなければ、遺産分割も相続税の計算もできません。相続発生からなるべく早い時期に財産目録を作成し、スムーズな相続を進めましょう。

　財産目録には、被相続人が所有していた土地や建物などの不動産の内容、預貯金や株式などの金融資産の種類や金額、自動車や骨とう品などの動産の内容について記載していきます。財産目録には決まった形式はありません。ただし、遺産分割協議の基本資料となるので、プラス・マイナスの財産を区別し財産内容を分けて、わかりやすく一覧にするとよいでしょう。

納税通知書で不動産の調査ができる

　預貯金の調査は、各金融機関で残高証明書を発行してもらうとよいでしょう。漏れのないように1つずつ調べていくことが大切です。株式などの有価証券は、銘柄、株数、株の種類などを確認しましょう。

　不動産の調査は、固定資産税の納税通知書や権利書、登記識別情報などを参考にします。納税通知書からは、だいたいの不動産の価格がわかります。また、その住所地の役場の名寄帳（不動産を所有者ごとに一覧にしたもの）からは、被相続人が所有していた不動産の一覧を確認できます。不動産の権利関係などを調べるには、法務局で登記事項証明書を取得するとよいでしょう。なお、不動産の財産調査を行う場合は、被相続人と続柄がわかる戸籍謄本や身分証明証が必要となります。

借金を正確に把握する

　借金を調べるには、契約書やクレジットカード明細、通帳などが参考になります。郵便物で催促状が届いているかもしれません。必要であれば、貸付けやクレジット情報などを管理する「**日本信用情報機構（JICC）**」、「**シー・アイ・シー**」などに情報開示を依頼することもできます。配偶者や2親等以内の血族である法定相続人が相続のための調査である旨を伝えれば、情報開示に応じてくれます。

Keyword　[財産目録]　遺産についてプラスの財産、マイナスの財産、すべて洗い出すためのリストです。特に、借入金などの債務は、相続放棄の選択に関わりますので、正確に把握しましょう。

第1部　相続手続き編

財産の種類ごとに財産目録を作成しよう

●資産

	種別	金融機関名	口座番号	金額	備考
預貯金	普通預金	A銀行・A支店	098765	123,123円	
	定期預金	B銀行・B支店	123456	5,003,456円	1年定期
				円	

	種別	金融機関名	名称	金額	備考
有価証券	株式	C証券	X社	552,000円	普通株　100株
	投資信託	D証券	Aファンド	1,250,000円	10,000口

→ 種類・株数も記入する

	種類	保険会社名	証券番号	保障内容	備考
保険	生命保険	E保険	234-567	50,000,000円	終身、受取人：妻
	養老保険	F保険	321A345	5,000,000円	65歳満期
				円	

→ 地目も記入する

	種類	所在地	面積	評価額	備考
不動産	土地	中央区○町○丁目○番○号	255.58㎡	73,520,130円	自宅・本人名義宅地
	建物	中央区○町○丁目○番○号	120.54㎡	14,500,050円	木造2階建て・本人名義
				円	
				円	

→ 登記簿で確認し正確に記入する
→ 構造なども記入する

| 資産合計 | | | | | 149,948,759円 |

●負債

	種類	債権者の氏名・住所等	金額	備考
借入金	住宅ローン	A銀行・A支店	25,750,000円	団信あり・月10万円・ボーナスなし
	借入金	債権者：金子○雄	1,000,000円	返済日：○○○○年○月○日
			円	

| 負債合計 | | | | 26,750,000円 |

●その他

その他	種類	内容
財産	車	2013年新車で購入　T車の○○

Plus α　被相続人の財産調査は、同居している家族でも大変な作業です。皆が元気なうちに、家族で大切な書類の保管場所などを確認しておきましょう。

第2章　相続の手続き

79

所得税の準確定申告
被相続人の所得税を支払う

注目!!
- 被相続人が死亡した年の所得は、相続人が申告・納税する。
- すべての相続人の連署で**準確定申告**をする。

期限 **相続人など**
4ヵ月以内
相続開始　★

自営業の場合は準確定申告が必要

　被相続人が亡くなった場合は、相続人がその年分の所得について申告し、納税を行なわなければなりません。これを「**準確定申告**」といいます。**被相続人の亡くなった年の1月1日から死亡日までの所得について申告します。**

　なお、1月1日から3月15日の間に、前年分の確定申告をしないまま亡くなった場合は、その分も合わせて申告します。ともに申告期限は、**相続開始を知った日の翌日から4ヵ月以内で、提出先は、被相続人の納税地（通常は住所地）の税務署長です。**

　準確定申告が必要となるケースは、被相続人が確定申告をしなければならなかった者、たとえば、自営業者や給与の年間収入金額が2000万円超の会社員であった場合などです。なお、毎年勤務先で年末調整を受けていた会社員の場合は、勤務先で処理をするので申告は不要です。ただし、医療費控除などの還付を受けたい場合は、申告が必要になります。

申告にはすべての相続人の連署が必要

　準確定申告では、申告書と付表を作成します。付表には、すべての相続人、および包括受遺者が連署し、それぞれの相続分なども記載します。一緒に申告できない相続人がいる場合は、その者も同じ内容の申告書と付表を作成し、別途提出します。申告書の作成方法は、基本的に通常の確定申告と変わりません。書類も通常の確定申告書を使いますが、**申告書には手書きで「準」と記入します。**

　配偶者控除や扶養控除などは、死亡日時点での状況で判断します。控除が認められれば、通常の控除額がそのまま適用されます。控除額を月数で按分する必要はありません。

　また、医療費や社会保険料、生命保険料などを控除する場合は、死亡日までに支払った額が対象となります。たとえ被相続人のための治療費や入院費であっても、死亡日後に支払ったものは対象にはなりませんので注意しましょう。

Keyword　**［所得税の準確定申告］**　年の中途で死亡した被相続人の、その年にかかる所得税について相続人が代わって申告することをいいます。

第1部　相続手続き編

準確定申告の確定申告書と付表

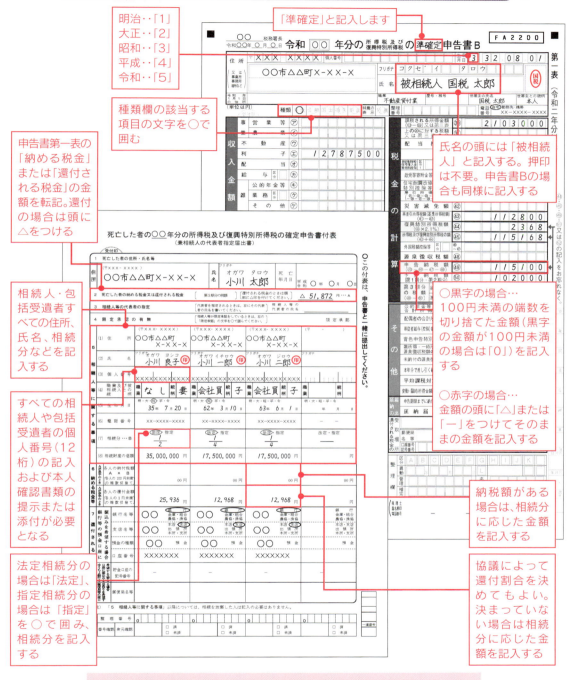

- 入手方法　税務署の窓口、または国税庁ホームページからダウンロード
- 相続人が4人を超える場合　2枚に分けて記入する

 2010年2月以降、日本年金機構では、年金受給者が亡くなった場合、死亡届提出者宛に自動的にその年分の年金にかかる源泉徴収票を交付しています。

生命保険金 — 被相続人の生命保険金を請求する

注目!!
- 保険証券で保障内容を確認する。
- 保険金の請求には時効がある。

期限 / **保険金受取人**
原則3年以内

被相続人の死亡

契約内容により、名義変更・解約または保険金請求が必要

被相続人が関係する保険の手続きには、2種類あります。

1つは、被相続人が契約者で被保険者でない場合です。被相続人が契約者とは、保険料の支払いを被相続人自身が行っていた保険のことです。被相続人が被保険者でないとは、被相続人自身ではなく、配偶者や子が病気や死亡したときに保険金が支給される保険のことです。このような保険に加入していた場合は、保険契約を継続するなら名義変更を、やめるなら解約の手続きが必要となります。

もう1つは、被相続人が被保険者の場合です。この場合には、免責事由に該当しない限り保険金が支払われます。保険金を受け取るには、受取人が保険金請求の手続きを行います。

死亡保険金の請求期限は、3年（民営化以前の簡保生命保険は5年）です。 時効は保険事故（この場合は被相続人の死亡）が起こったときから起算されるので、早めに手続きをしましょう。

保険金には税金がかかる

死亡保険金を受け取ると、契約形態により種類の異なる税金がかかってきます。**①契約者と被保険者が同じ場合は相続税、②契約者と受取人が同じ場合は所得税と住民税、③契約者、被保険者、受取人の3者が異なる場合は贈与税**です。通常、③のケースが一番税金は高くなります。①のケースで受取人が相続人の場合は、非課税枠（→248ページ）を適用することができます。

手続きのポイント!

保険金請求の時効が過ぎてしまった場合でも、あきらめずに保険会社に連絡をしてみましょう。場合によっては、保険会社が誠実に対応してくれるかもしれません。まずは連絡を…。

Keyword **[免責事由]** 免責事由とは、保険金が支払われない事由のことです。契約から1～3年以内に被保険者が自殺した、契約者や保険金受取人が故意に保険事故を起こした、などがあります。

第1部　相続手続き編

死亡保険金の請求期限は3年！早めの手続きを！

保険金の請求手続き

保険事故が発生（被保険者の死亡）
↓
保険金受取人が保険会社に連絡
↓
保険会社から必要書類が届く
↓
必要書類を記入し提出 ┐
↓　　　　　　　　　　│
保険会社が書類を受理 │ 5日程度
↓　　　　　　　　　　│
保険会社による支払可否判断 ┘
↓
保険金の支払い

保険金請求に必要な書類
- 支払請求書
- 保険証券
- 死亡診断書
- 被保険者の住民票
- 受取人の戸籍謄本
- 受取人の印鑑証明　など

2章　相続の手続き

死亡保険金にかかる税金

	契約者	被保険者	受取人	課税の種類	備考
❶	被相続人（夫）	被相続人（夫）	被相続人以外の人（妻）	相続税	受取人が相続人の場合には非課税枠がある（※）
❷	被相続人以外の人（妻）	被相続人（夫）	被相続人以外の人（妻）	所得税＋住民税	一時金での受け取りは一時所得　年金形式での受け取りは雑所得
❸	被相続人以外の人（妻）	被相続人（夫）	契約者、被保険者以外の人（子）	贈与税	（※）

※❶、❸の場合で年金形式で受け取ると、毎年受け取る年金にかかる所得税、住民税は、年金支給初年は全額非課税、2年目以降は課税部分が階段状に増加する

Plus α　相続放棄をした者が受取人となっている場合でも、保険金の受け取りは可能です。保険金を受け取る権利は、相続財産とは関係のない、その人固有の権利だからです。

83

遺言書の検認

遺言書の内容を公的に証明する

注目!!
●公正証書遺言および遺言書保管所に保管されている遺言書以外の遺言書は、家庭裁判所の検認が必要。

期限
遺言書の保管者
遺言書を発見した相続人
遅滞なく

遺言書は勝手に開封してはいけない

遺言書の有無により、遺産分割の方法は異なります。まずは、被相続人が遺言書をどこかに保管していないかをよく確認しましょう。なお、2020年7月10日から、自筆証書遺言を遺言書保管所（法務大臣の指定する法務局）に保管申請し、保管してもらうことができるようになりました。その場合、相続開始後に、自己が相続人、受遺者等になっている遺言書が保管所に保管されているかどうかを証明した書面の交付を請求することができます。遺言書が見つかったら、法律で決められた手順に従い、すみやかに手続きを開始します。

公正証書遺言（→220ページ）**および遺言書保管所に保管されている遺言書**以外の遺言書が見つかった場合は、家庭裁判所に提出し、「**検認**」を申し出なければなりません（2020年7月1日以降に法務局で保管されている自筆証書遺言については、検認は不要）。封印がある場合は、勝手に開封してはいけません。相続人の立ち会いのもと、家庭裁判所で開封することになります。

検認とは、**相続人に対し遺言の存在や内容を知らせるとともに、遺言書の形状、加除訂正の状態、日付、署名など、検認日現在の遺言書の状態を確認し、遺言書の偽造・変造を防止するために原状を保全する手続きです。**

検認の申し立ては、遺言者の最後の住所地の家庭裁判所に行います。申立人は、遺言書を保管していた者、または遺言書を発見した相続人です。申立人以外の相続人が検認日に出席するかどうかは任意です。そのため、すべての相続人が裁判所に出頭する必要はありません。当日立ち会わなかった相続人には、検認終了の通知が後日郵送されます。

検認終了後、「**検認済証明書**」を申請します。遺言の執行を行うには、遺言書に検認済証明書が付いていることが必要です。

検認は遺言書の効力を決める手続きではない

遺言書の検認は、遺言書の原状を証明するための手続きであり、遺言書の内容が有効か無効かを決める手続きではありません。遺言書の無効を確認するためには、別途、「**遺言無効確認訴訟提起等**」が必要です。

Keyword [**検認**] 家庭裁判所が遺言書の存在および内容を確認するために、遺言書を調査する手続きのことです。公正証書遺言および遺言書保管所に保管されている遺言書の場合はこの手続きを要しません。

コレが基本！

第1部　相続手続き編

遺言書検認の申し立て

申立人
- 遺言書の保管者
- 遺言書を発見した相続人

申立先
遺言者の最後の住所地の家庭裁判所

費用
- 遺言書1通につき収入印紙 800円分（検認）＋150円分（検認済証明書の申請）
- 連絡用の郵便切手

必要書類
- 遺言書
- 遺言書検認の申立書
- 遺言者のすべての戸籍謄本
- 相続人全員の戸籍謄本
- 遺言者の子（および代襲者）で死亡者がいる場合は、その子（および代襲者）のすべての戸籍謄本
- 申立人の印鑑　など

2章　相続の手続き

●遺言書の発見から執行まで

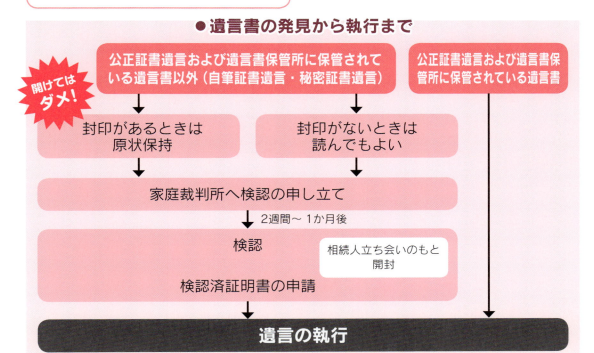

開けてはダメ！

公正証書遺言および遺言書保管所に保管されている遺言書以外（自筆証書遺言・秘密証書遺言）
→ 封印があるときは原状保持
→ 家庭裁判所へ検認の申し立て
↓ 2週間〜1か月後
検認（相続人立ち会いのもと開封）
↓
検認済証明書の申請

封印がないときは読んでもよい

公正証書遺言および遺言書保管所に保管されている遺言書

→ 遺言の執行

手続きのポイント！
遺言書を勝手に開封しても、遺言書の効力には影響ありません。誤って開封してしまった場合には、裁判所で事情を申述し、すみやかに検認を受けましょう。
ただし、開封した者には過料（罰金）が科せられます。

Plus α　遺言書を開封し、自分に不利な内容だからといって隠したり、偽造・変造した場合には、無条件で相続欠格となり、相続権がなくなります。

85

遺言書の検認申立書①

● **申立書**

| 受付印 | 家事審判申立書　事件名（ 遺言の検認 ） | 「遺言書の検認」と記入する |

収入印紙800円分を貼る。押印はしないこと

	本　籍（国　籍）	○○ 都道府県 ○○市○○町○丁目○番地
申立人	住　所	〒○○○-○○○○　電話○○○（○○○）○○○○　○○県○○市○○町○丁目○号（　　方）
	連絡先	〒　-　　電話　（　）　（　方）
	フリガナ 氏　名	ヤマダ　イチロウ　山田　一郎
	職　業	会社員

上記住所で確実に連絡が取れる場合は「連絡先」は記入しない

遺言者	本　籍（国　籍）	○○ 都道府県 ○○市○○町○丁目○○番地
	住　所	申立人の住所と同じ
	連絡先	
	フリガナ 氏　名	ヤマダ　タロウ　山田　太郎
	職　業	無職

「遺言者」と記入する

遺言保管者または、遺言を発見した相続人の名前を記入する

・**入手方法**　家庭裁判所の窓口、または裁判所ホームページからダウンロード

第1部　相続手続き編

遺言書の検認申立書②

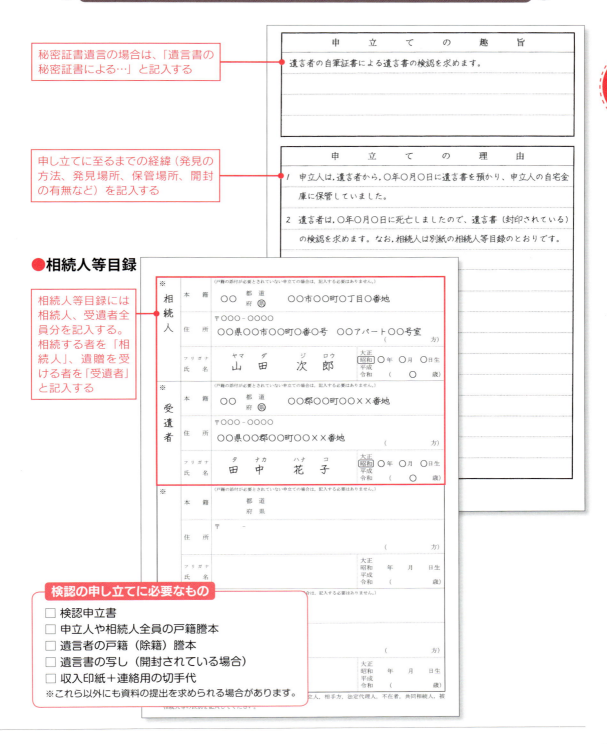

- 秘密証書遺言の場合は、「遺言書の秘密証書による…」と記入する
- 申し立てに至るまでの経緯（発見の方法、発見場所、保管場所、開封の有無など）を記入する

●**相続人等目録**

相続人等目録には相続人、受遺者全員分を記入する。相続する者を「相続人」、遺贈を受ける者を「受遺者」と記入する

検認の申し立てに必要なもの

- ☐ 検認申立書
- ☐ 申立人や相続人全員の戸籍謄本
- ☐ 遺言者の戸籍（除籍）謄本
- ☐ 遺言書の写し（開封されている場合）
- ☐ 収入印紙＋連絡用の切手代

※これら以外にも資料の提出を求められる場合があります。

2章　相続の手続き

87

遺言執行者
遺言に書かれた内容をすみやかに実行する

注目!!
- 遺言執行者は遺言執行の一切の権限を持つ。
- 認知や相続人の廃除・取り消しは、遺言執行者にしかできない。

期限 すみやかに

遺言執行者

遺言執行者にしかできない任務がある

「遺言の執行」とは、遺言書に書かれている内容を執行することをいいます。

遺言書に「遺言執行者」が指定してある場合は、すみやかに連絡を取りましょう。遺言執行者とは、相続財産の管理や遺言の執行に必要な一切の権限を有し、それを遂行する者をいいます。

遺言の執行が必要なものには、遺言執行者のみが執行できるものと、相続人でも執行できるものがあります。

○遺言執行者のみが執行できるもの
　①子の認知
　②推定相続人の廃除・取り消し
○遺言執行者、および相続人が執行できるもの
　①遺贈
　②遺産分割方法の指定
　③寄附行為

ただし、相続人が執行できるものでも、遺言執行者が指定されている場合は、遺言執行者が執行することになります。

遺言者が遺言執行者を指定するメリットとしては、「遺言執行者しか行えない事項を実現できる」、「遺言を執行する上で、相続人間の争いを最小限に抑えることができる」などが考えられるでしょう。

遺言執行者の選任申し立て

遺言執行者が必要な場合において、遺言書で指定されていないとき、または、指定されていた遺言執行者が亡くなっているときなどは、家庭裁判所に遺言執行者の選任を申し立てることができます。

遺言執行者の申し立てができるのは、相続人や遺言者の債権者、遺贈を受けた者などの利害関係者で、申し立て先は遺言者の最後の住所地の家庭裁判所です。

遺言執行者は、未成年者および破産者以外の者であれば、誰でもなることはできます。相続人でもなることは可能ですが、遺言の執行には様々な利害がからむため、相続に利害をもたない第三者の方が好ましいでしょう。なお、法人でも遺言執行者になることはできます。

Keyword　遺言執行者　遺言の執行に必要な一切の権限を有し、相続財産は遺言執行者が相続人などに交付するかたちになります。

第1部 相続手続き編

遺言執行者の選任の申し立て

申立人

- 利害関係者
  （相続人・受遺者・遺言者の債権者など）

申立先

遺言者の最後の住所地の家庭裁判所

費用

- 遺言書1通につき収入印紙800円分
- 連絡用の郵便切手

必要書類
- 遺言執行者選任の申立書
- 遺言者の戸籍謄本（除籍、改製原戸籍も含む）
- 遺言執行者候補者の住民票または戸籍附票
- 遺言書の写しまたは遺言書の検認調書謄本の写し
- 利害関係を証する資料　など

法律上または事実上、遺言執行者が必要なケース
- 子の認知
- 相続の廃除
- 相続廃除の取り消し
- 相続人全員の協力が得られないとき

遺言執行者の任務
- 相続人・受遺者に、遺言執行者の就任を通知する
- 相続財産目録を作成し、相続人・受遺者に交付する
- 遺言を執行する
  - 受遺者に対して、遺贈を受けるか、意思を確認する
  - 認知がある場合は、市区町村役場に認知の届け出をする
  - 相続人廃除の遺言がある場合は、家庭裁判所に廃除の申し立てをする
  - 不動産がある場合は、所有権移転登記の申請手続きをする
  - 金融資産等の名義変更手続きをする
  - 相続財産の管理、その他一切の遺言執行に必要な手続きを行う
- 遺言の執行終了後、相続人・受遺者に経過および結果を報告する

えー、〇〇さんの遺言書には…

遺言を確実に実現させるためには、遺言執行者を指定しておくとよいでしょう。せっかく遺言を残しても、相続人間での対立などで相続が円滑に進まないこともあるためです。

第2章 相続の手続き

遺言執行者選任の申立書①

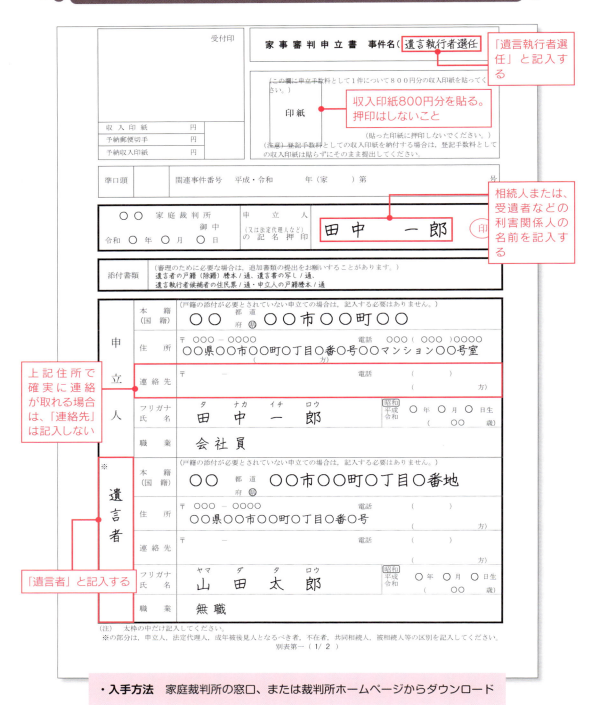

遺言執行者選任の申立書②

第1部　相続手続き編

申　立　て　の　趣　旨

遺言者の〇年〇月〇日にした遺言につき，遺言執行者を選任するとの審判を求めます。

> 遺言作成日を示して、どの遺言書について遺言執行者の選任を求めるのかを明確にする

申　立　て　の　理　由

1　申立人は，遺言者から別添の遺言書の写しのとおり，遺言者所有の不動産の遺贈を受けた者です。

2　この遺言書は，〇年〇月〇日に御庁においてその検認を受けました（〇年（家）第〇〇〇〇号）が，遺言執行者の指定がないので，その選任を求めます。

　　なお，遺言執行者として，弁護士である次の者を選任することを希望します。

　　　　住所　　〇〇県〇〇市〇〇町〇〇丁目〇番〇号

　　　　連絡先　〇〇県〇〇市〇〇町〇丁目〇番〇号〇〇ビル〇階　〇〇法律事務所

　　　　　　　（電話番号　〇〇〇-〇〇〇-〇〇〇〇）

　　　　氏名　　鈴木松雄（昭和〇年〇月〇日生）

> 理由には次のようなことを記入する
> ・遺言に関して、どのような利害関係を持つ者なのか
> ・遺言執行者の有無とその理由
> ・遺言執行者の選任において希望する者がいれば、その氏名・連絡先など

別表第一（　／　）

相続人の確定

相続人は誰なのかをはっきりさせる

注目!!
● 被相続人の出生から死亡までのすべての戸籍から、相続人を調査する。

期限
すみやかに

相続人など

相続人が決まらないと遺産分割はできない

遺産分割をするには、相続人が誰なのかを証明し、確定しなければなりません。もしかしたら、認知した子がいるかもしれません。知らないうちに養子縁組をしているかもしれません。**相続人が1人でも欠けていた場合は、せっかく遺産分割協議をしても、それまでの内容はすべて無効となります。**相続人を確定するには、被相続人のすべての戸籍を調べる必要があります。

「戸籍を調べる」とは？

戸籍には、どこで生まれ、誰が親で、兄弟はいるのか、いつどこで死亡したのかなど、人の出生から死亡に至るまでの重要な身分事項が記載されています。夫婦を一単位として、その子までを同一戸籍とし、市区町村単位で管理されます。

戸籍には、「**戸籍謄本**」、「**除籍謄本**」、「**改製原戸籍謄本**」などがあります。

戸籍謄本とは、戸籍内のすべての者の記録を書面の形で発行してもらったものをいいます。

戸籍に記載されている者が死亡した場合や、結婚により他の戸籍に移った場合などは、名前が×で抹消されます。これを除籍といいます。戸籍内のすべての者が除籍した場合や本籍を他の市区町村に移した場合（転籍）は、その戸籍自体を除籍といい、その写しを除籍謄本といいます。

また、法改正により戸籍は何度か改製（作り直し）されており、改製前の戸籍を改製原戸籍といいます。おもな改正としては、1957年と1994年に戸籍の改製があります。

戸籍の調査は、まず、被相続人の最後の本籍地の役場で戸籍謄本を取ることから始まります。遠隔地の場合は、郵送でも請求できます。本籍地がわからなければ、本籍地入りの住民票除票（住民登録が抹消された住民票）を取り寄せればわかります。

婚姻、転籍、改製などにより、新しい戸籍が編製されるとき、すでに除籍されたものは記載されません。そのため、**すべての相続人を確認するには、ひとつひとつ戸籍をさかのぼって追跡していかなければならないのです。**

Keyword [**戸籍謄本と戸籍抄本**] 戸籍謄本（戸籍全部事項証明書）とは、戸籍に記載されている全部を写したものであり、戸籍抄本（戸籍個人事項証明書）とは、戸籍の一部を写したものです。

被相続人の出生時から死亡時までの戸籍調査の方法

> **例** まずは、被相続人の最後の本籍地の戸籍謄本を入手し、以下の手順で戸籍を調査する。

(図1)

除　籍		全部事項証明
本　籍	○○○○○○	
氏　名	山田　太郎	
戸籍事項		
戸籍改製	平成11年1月17日	
戸籍消除	令和　○年○月○日	
戸籍に記録されている者		
除籍	【名】太郎	
身分事項		
出　生	昭和24年6月1日	
婚　姻	昭和46年7月20日	
死　亡	令和　○年○月○日	

❶ 山田太郎さんの死亡事実記載の戸籍（図1）を入手する。

❷ 図1の戸籍事項欄を見て、戸籍の作成日を確認する。
→平成11年1月17日に改製されている。

❸ 改製前の戸籍（改製原戸籍、図2）を入手する。

❹ 2つの戸籍を見比べ、改製日と消除日が同じか確認する。
→改製日も消除日も平成11年1月17日なので、図1と図2の戸籍は連続していることが確認できた。

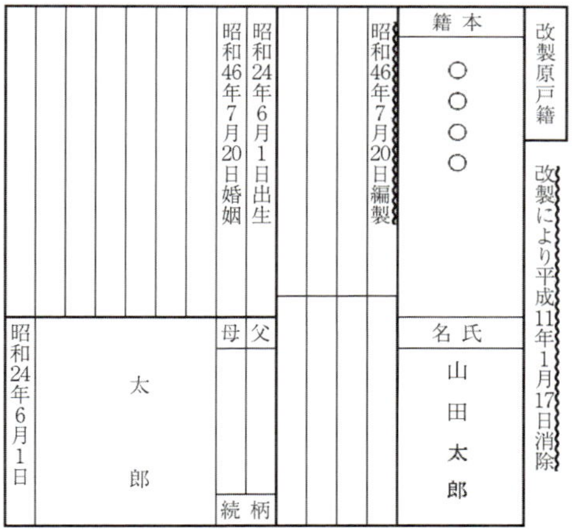

❺ 図2の戸籍事項欄を見て、戸籍の作成日を確認する。
→昭和46年7月20日に戸籍が編製されている。

❻ 編製前の戸籍（ここでは除籍謄本、図3）を入手し、太郎さんの身分事項欄を見る。

❼ 2つの戸籍を見比べ編製日と除籍日が同じかを確認する。
→編製日も除籍日も昭和46年7月20日で同じである。

(図2)

改製原戸籍／籍本 ○○○○／改製により平成11年1月17日消除／昭和46年7月20日婚姻／昭和24年6月1日出生／昭和46年7月20日編製／氏名 山田太郎／昭和24年6月1日／太郎／父 母 続柄

(図3)

除籍／籍本 ○○○○／昭和23年9月13日編製／新戸籍編製につき除籍／昭和46年7月20日婚姻により除籍／昭和24年6月1日出生／氏名 山田○○／昭和24年6月1日／太郎／父 山田×／母 ×／続柄

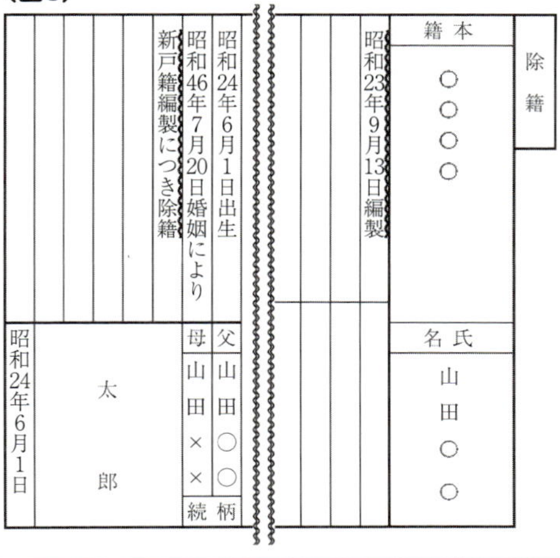

❽ 図3の戸籍事項欄を見て、戸籍の作成日を確認する。
→昭和23年9月13日に戸籍が編製されている。

❾ 太郎さんは昭和24年6月1日生まれで、昭和23年9月13日の戸籍編製後に生まれている。よってこれより前の戸籍をたどっても、太郎さんの名前は出てこない。
以上で、太郎さんの出生から死亡までの戸籍はそろったことになる。

※戸籍の連続性を説明するためにわかりやすく図示しているため、実際のものとは異なります。

Plus α 除籍謄本には保存期間があり、以前は80年でしたが、改正により2010年6月以降は150年に延長されています。

相続放棄の手続き
相続を放棄するか否か、「熟慮期間」がある

注目!!
● **相続放棄**は家庭裁判所への申述が必要。
● 未成年者や成年被後見人は法定代理人が必要。

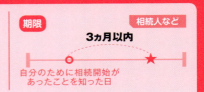

相続放棄は3ヵ月以内に

遺産相続の1つの大きな山場が、相続を承認するのか、放棄するかを決断することです。相続放棄は、自分のために相続の開始があったことを知った日から3ヵ月以内に行わなければなりません。この検討のための期間を、「**熟慮期間**」といいます。

相続放棄は、家庭裁判所にその意思を伝えることにより行います。申述先は、被相続人の最後の住所地を管轄する家庭裁判所になります。

未成年者の放棄と特別代理人

相続放棄をする場合は、他の相続人の合意は必要なく、相続人1人から行うことができます。

相続人のなかに未成年者や成年被後見人（→112ページ）がいる場合は、法定代理人が代理して申述します。未成年者の場合は、通常、親が法定代理人となります。

未成年の子と法定代理人の親がともに相続人である場合は注意が必要です。親と子全員が相続放棄をする場合は、子の相続放棄を親が行うことはできますが、親は相続するのに、子のみが相続放棄をする場合などは、利益相反が生じるため、親が子の相続放棄の手続きを行うことはできません。裁判所が利益相反のない特別代理人を選任し、同人が代理して相続放棄の申述をすることになります。

複数の未成年の子の一部につき相続放棄をする場合や、成年被後見人の法定代理人が相続人の場合なども、特別代理人の選任が必要となります。

相続放棄の申述手続き

申述人	放棄する相続人（未成年者または成年被後見人の場合は法定代理人）
申述先	被相続人の最後の住所地の家庭裁判所
必要書類	・相続放棄申述書 ・申述人の戸籍謄本 ・被相続人のすべての戸籍謄本 ・被相続人の住民票除票または戸籍附票　など
費用	申述人1人につき　収入印紙800円分＋切手代

Keyword **[法定代理人]** 法律の規定により定められた代理人のことです。未成年者や成年被後見人などは単独では法律行為ができないため、法定代理人が代理でそれらの行為を行います。

94

相続放棄申述書

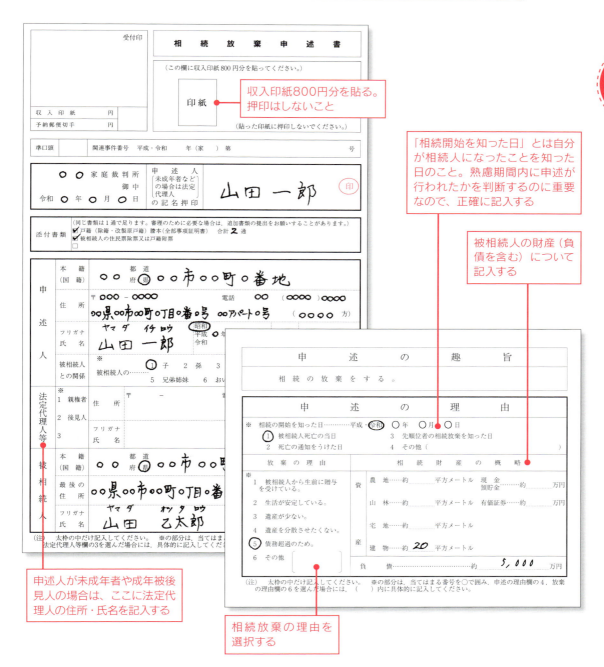

- **入手方法** 家庭裁判所の窓口、または裁判所ホームページからダウンロード
- **提出の期限** 自分のために相続のあったことを知った日から3ヵ月以内

Plusα 第1順位の相続人が相続放棄をすると、相続権は第2順位の者に移ります。相続放棄をした場合、相続権は法定相続人の範囲内で移っていきます。

限定承認の手続き
相続人全員が共同で行う

注目!!
- 限定承認は家庭裁判所への申述が必要。
- 限定承認は相続人全員の合意が必要。

資産と債務、どちらが多いかわからない

「**限定承認**」とは、相続人が相続した資産の範囲内で債務の負担を受け継ぐという方法です。被相続人の資産と債務のどちらが多いかわからないような場合に有効です。

限定承認をするには、**相続放棄と同様に、相続人になったことを知った日から3ヵ月以内**に、裁判所に申述をしなければなりません。申述先は、被相続人の最後の住所地を管轄する家庭裁判所です。

1人でも反対すれば限定承認はない

限定承認が相続放棄の手続きと大きく異なる点は、相続人が複数いる場合、**限定承認はすべての相続人が共同で手続きを行わなければならない**というところです。相続人のなかに1人でも反対者がいる場合は、限定承認はできません。

限定承認に反対する相続人がいる場合は、まずその相続人に相続放棄をしてもらい、その後、残りの相続人で限定承認を行うという方法があります。

なお、複数の相続人で限定承認を行う場合は、相続財産管理人を選任する必要があります。

未成年者などは法定代理人が必要

限定承認を行おうとする場合に、相続人のなかに未成年者や成年被後見人がいるときは、相続放棄と同様に、法定代理人が代理で裁判所に申述をします。また、特別代理人が必要な場合なども、相続放棄と同様です。

限定承認の申述手続き

申述人	相続人全員（未成年者または成年被後見人の場合は法定代理人）
申述先	被相続人の最後の住所地の家庭裁判所
必要書類	・限定承認の申述書 ・被相続人のすべての戸籍謄本 ・被相続人の住民票除票または戸籍附票 ・申述人全員の戸籍謄本 ・被相続人の子（代襲者）で死亡者がいる場合、その子（代襲者）のすべての戸籍謄本 ・遺産目録（申述書に記入）など
費用	収入印紙800円分＋切手代

Keyword [**限定承認**] 相続人が相続した財産の範囲内で、被相続人の債務を弁済する相続の方法です。ただし、相続財産の全部あるいは一部についてすでに売却などをしている場合、限定承認や相続放棄はできなく

相続の限定承認申述書①

● **申述書**

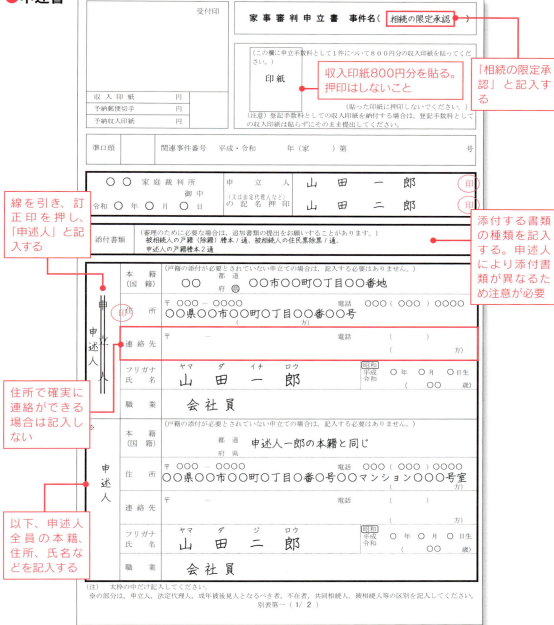

- **入手方法** 家庭裁判所の窓口、または裁判所ホームページからダウンロード
- **提出の期限** 自分のために相続のあったことを知った日から3ヵ月以内

なるので、注意してください。なお、腐敗しやすい財産などを売却したケースなど、相続財産の保存を目的とする処分については認められています。

97

相続の限定承認申述書②

申述書（左側ページ）

※ 被相続人

本籍	（戸籍の添付が必要とされていない申立ての場合は、記入する必要はありません。） 都道府県　申述人山田一郎の本籍と同じ
住所	〒　－　　申述人山田一郎の住所と同じ　　（　　　方）
フリガナ 氏名	ヤマダ　タロウ　山田 太郎　　大正・昭和・平成・令和　〇年〇月〇日生（〇〇歳）

- 「被相続人」と記入する
- 被相続人の本籍、住所、氏名などを記入する

※（以下、相続人欄が続く）

本籍／住所／フリガナ・氏名 欄が複数

（注）太枠の中だけ記入してください。※の部分は、相続人等の区別を記入してください。

申述書（右側ページ）

申立ての趣旨

被相続人の相続につき、限定承認します。

申立ての理由

1. 申述人らは、被相続人の子であり、相続人は申述人らだけです。
2. 被相続人は、〇年〇月〇日死亡してその相続が開始し、申述人らはいずれも被相続人の死亡当日に相続の開始を知りました。
3. 被相続人には別添の遺産目録記載の遺産がありますが、相当の負債もあり、申述人らはいずれも相続によって得た限度で債務を弁済したいと考えますので、限定承認をすることを申述します。
4. なお、相続財産管理人には、申述人の山田一郎を選任して頂くよう希望します。

別表第一（1／2）

- いつ、相続の開始を知ったかを正確に記入すること。熟慮期間内に申述が行われたかを判断するのに重要となる
- 複数の相続人で限定承認する場合は、相続財産管理人が選任される。相続財産管理人として希望する者の名前を記入する

相続の限定承認申述書③

●遺産目録

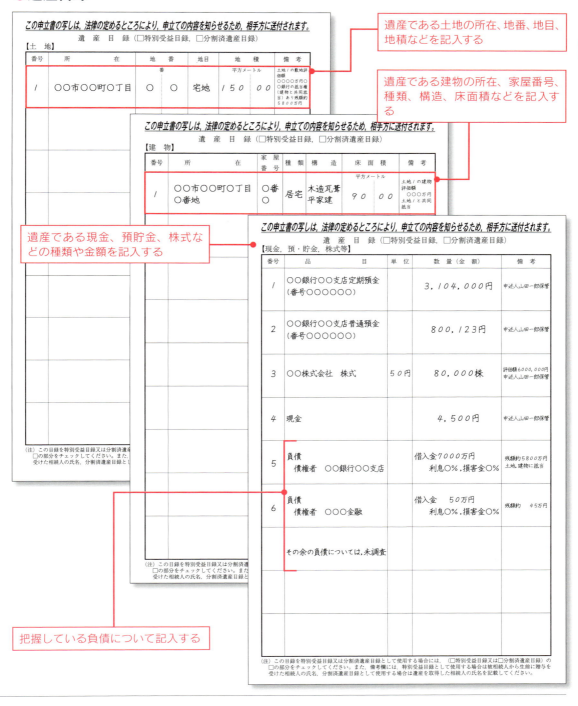

相続放棄・限定承認の期間伸長

熟慮期間を延ばせる場合もある

注目!!
- 相続の承認・放棄・限定承認は、一度行うと取り消しはできない。
- 相続放棄・限定承認は期限を延ばすことができる。

期限

3ヵ月の熟慮期間は伸長できる

相続人は自分のために相続の開始があったことを知った日から3ヵ月以内に相続の承認・放棄・限定承認を決めなければなりません。3ヵ月以内に何もしなければ単純承認となり、すべての遺産を受け継ぐことになります。

相続放棄をした後に、それを撤回し相続権の主張をしたり、一度限定承認をした後に、それを撤回し放棄を申述したりすることはできません。一度行った承認・放棄は、撤回することはできないのです。従って、相続の方法を決めるときは、相続人は慎重に決断する必要があります。

そうはいっても、被相続人の遺産の内容がよくわからない、相続人と連絡が取れないなど、どうしても3ヵ月以内の決断が難しい場合もあるでしょう。そのような場合には、**相続の承認または放棄の期間伸長**を求める審判を申し立てることができます。

期間伸長の申し立てができるのは、相続人や受遺者、債権者などの利害関係者や検察官です。

期間伸長ができる期間については、裁判所が認めた期間となります。たとえば6ヵ月間期間伸長したい場合は、それに見合うだけの理由が必要となります。

なお、相続人が複数いる場合は、自分のために相続の開始があったことを知った日が異なる場合があります。そのため、**期間伸長の申し立ては相続人ごとに行います**。

相続の承認・放棄の期間伸長申し立て

申立人	相続人、その他利害関係者、検察官
申立先	被相続人の最後の住所地の家庭裁判所
必要書類	・相続の承認または放棄の期間伸長申立書 ・申立人（相続人）の戸籍謄本 ・利害関係者からの申し立ての場合は、利害関係を証する資料 ・被相続人のすべての戸籍謄本 ・被相続人の住民票除票または戸籍附票　など
費用	被相続人1人につき　収入印紙800円分＋切手代

 限定承認、相続放棄のいずれにも反対する人がいる場合で、被相続人の債務を相続しないようにするには、自分が相続放棄するしかありません。

第1部　相続手続き編

相続の承認・放棄の期間伸長申立書

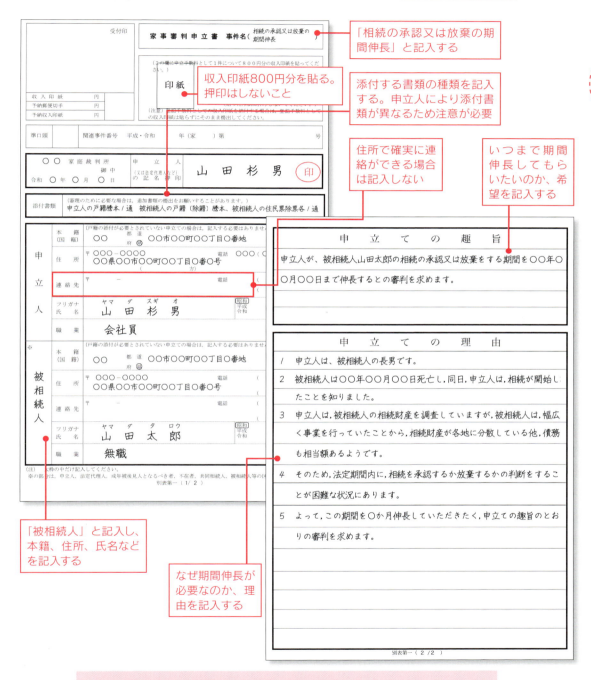

- 入手方法　家庭裁判所の窓口、または裁判所ホームページからダウンロード
- 提出の期限　自分のために相続のあったことを知った日から3ヵ月以内

Plusα　原則、一度した承認・放棄の撤回は認められませんが、詐欺や脅迫によって相続の承認・放棄が行われた場合などは、裁判所に申述することにより取り消すことができます。

遺産分割

誰がどのように相続するかを決める

注目!!
- 遺産分割手続きには、遺言による**指定・協議・調停・審判**の4つがある。
- **調停分割**は裁判所における話し合いによる合意、**審判分割**は裁判である。

遺産分割の期限　**相続人**

期限はない

遺産分割手続きは早めに行おう

　相続人が確定し、遺産の内容が確認でき、遺産を受け継ぐと決めたら、いよいよ遺産分割です。複数の相続人がいる場合は、具体的に誰がどのように遺産を受け継ぐかを決めていきます。

　遺産分割はいつまでに行わなければならないといった決まりはありません。相続人全員が納得すれば、いつ遺産分割を行っても構いません。

　しかし、亡くなった人のままの名義で財産を管理していると、何かと支障が出てきます。また、**相続税を納める場合は、軽減措置を受けるための期限などもあります**。後々のトラブルを防ぐためにも、早めに遺産分割を行いましょう。

遺産分割手続きには4種類ある

①遺言による分割

　被相続人が遺言で相続分を定めていた場合は、指定相続分に従い遺産を分割します。これを「**指定分割**」といいます。遺言書のなかで、遺言執行者が指定されている場合は、その者が遺言執行におけるすべての権限をもち、遺言を執行します。

②協議による分割

　相続人全員による話し合いで遺産分割を行う方法です。これを「**協議分割**」といいます。遺言がない場合や、遺言ですべての財産について指定がない場合などに行われます。相続人全員の合意があれば、法定相続分に縛られず、自由に相続分を決めることができます。

③調停による分割

　協議がまとまらない場合などは、家庭裁判所に調停を申し立てることができます。これを「**調停分割**」といいます。調停分割では、調停委員などが当事者の希望や意見を聞き、遺産調査の結果などを踏まえながら、合意に向けて話し合いを進めていきます。

④審判による分割

　調停でもまとまらない場合は、家庭裁判所による審判に移行します。これを「**審判分割**」といいます。審判分割では、裁判官が調査や証拠にもとづき分割の審判を下します。

Keyword 　**[調停分割と審判分割]**　協議がまとまらない場合は、通常まず家庭裁判所に調停を申し立てます。いきなり審判の申し立てをしても、裁判所の判断で審判から調停に付されることになるのが通常でしょう。

第1部　相続手続き編

コレが基本！ 遺産分割手続きの4つの形態と一般的な流れ

❶ 指定分割
遺言の内容に従う遺産分割

被相続人

遺言は遺族間の無用の争いを防ぐためにも大切！

→ 遺言による指定分割がない

❷ 協議分割
相続人全員の話し合いによる遺産分割

あーでもない　こーでもない

↓ 協議では決まらない

❸ 調停分割
家庭裁判所の調停による遺産分割

みなさん、落ち着いて…

調停委員会
・家事審判官
・調停委員

← 調停でも合意できない

❹ 審判分割
家庭裁判所の審判による遺産分割

えー、次のように分割いたします！

家事審判官

2章　相続の手続き

Plusα 調停分割はあくまでも話し合いによる合意ですが、審判分割は非公開の裁判です。審決には法的効力があり、相続人はそれに従わなければなりません。また、調停分割は確定した審判と同一の効力があります。

103

遺産分割協議書の作成
協議の内容を記録して、後のトラブルを防ぐ

注目!!
- 後のトラブルを防ぐためにも、**遺産分割協議書**を作成しよう。
- 相続人全員の実印で署名捺印をする。

協議書が完成したら…… 〔相続人〕
相続人全員が実印で署名捺印する

遺産分割協議書は名義変更でも必要

遺産分割の合意ができたら、**遺産分割協議書**を作成しましょう。遺産分割協議書は、作成が義務付けられているわけではありませんが、遺産分割の内容を証明する大切な書類です。

遺産分割協議書のおもな目的には、次のようなものが考えられます。
①相続人全員が遺産分割の内容を確認することができる。
②記録を残すことで、後々のトラブルを防ぐことができる。
③相続税の申告のときに必要となる。
④預貯金の名義変更や不動産の相続登記に必要となる。

相続税を申告する場合は、申告期限（相続開始があったことを知った日の翌日から10ヵ月以内）までには作成する必要があります。**たとえ相続税の申告が必要ない場合でも、すみやかに作成することをお勧めします。**そして、書面は相続人全員分を作成し、それぞれが厳重に保管しましょう。

遺産分割協議書作成のポイント

遺産分割協議書には特に決まった書式はありません。しかし、相続人の誰が見ても納得できるように、遺産内容、取得者などを漏れなく記載する必要があります。

たとえば、不動産は、登記簿のとおりに記載するとよいでしょう。預貯金は、金融機関名、支店名、口座番号、残高などを明記します。債務がある場合は、その内容や分割方法などを、代償分割がある場合は、代償金額や支払期限なども記載します。

協議書が完成したら、内容を確認し、財産を取得しなかった相続人も含め、相続人全員が署名押印をします。印鑑は実印を使用し、住所は印鑑証明書のとおりに記載することが有益です。

💡 手続きのポイント！

協議書には必ず実印で押印をしましょう。相続登記の手続きなどでは、各相続人の実印が押されていることと、印鑑証明書の提出が必要となります。

104　**Plusα**　遺産分割協議書は、公正証書（→220ページ）のかたちで作成することも有効です。公正証書ならば、公証人が作成する公文書となりますので、証拠としてより価値があります。

第1部 相続手続き編

遺産分割協議書

遺産分割協議書

令和○年○月○日死亡した被相続人 山田太郎（東京都中央区○町○丁目○番○号）の相続について、共同相続人である山田花子、山田一郎、鈴木雪子3名は、本日、協議の結果、次のとおり分割することに同意した。

1. 山田花子は、次の遺産を相続する。
   （1）土地
       所在　東京都中央区○町○丁目
       地番　○番○号
       地目　宅地
       地積　240平方メートル
   （2）建物
       所在　同町同番地
       家屋番号　○番
       種類　居宅
       構造　木造瓦葺弐階建
       床面積　1階100平方メートル、2階80平方メートル
   （3）A銀行A支店の被相続人山田太郎名義の定期預金
       口座番号　0123456　1,500,000円

   ※ 不動産については登記簿のとおりに記載する

2. 山田一郎は、次の遺産を相続する。
   （1）株式会社○○会社の株式　普通株式　30,000株

   ※ 財産は内容を特定できるように記載する

3. 山田一郎は第2項に記載する遺産を取得する代償として、鈴木雪子に対し令和○年○月末日までに、金3,000,000円を下記の口座に振り込むこととする。
       C銀行C支店　普通　口座番号　9876543　口座名　スズキ　ユキコ

   ※ 代償分割がある場合は、内容・条件を明記する

4. 上記以外の財産および本協議後に新たに発見された財産は、相続人山田花子が相続するものとする。

   ※ 現在判明していない財産ができてきた場合の処理方法を明記する

以上のとおり、遺産分割協議が成立したので、これを証するため、本協議書3通を作成して、相続人全員が署名押印し、各自その1通を所持するものとする。

※ 遺産分割協議が成立した日を明記する

令和○年○月○日
東京都中央区○町○丁目○番○号
　　　相続人　山田　花子　㊞
東京都港区○町○丁目○番○号
　　　相続人　山田　一郎　㊞
東京都中野区○町○丁目○番○号
　　　相続人　鈴木　雪子　㊞

※ 相続人全員が署名し、実印で押印する

PlusΑ　遺産分割協議書は1通だけでなく、相続人の人数分を作成し、それぞれが厳重に保管しましょう。

調停 分割協議がまとまらない場合は裁判所へ

注目!!
- 協議で合意できない場合は、**調停**を申し立てる。
- 調停が不成立の場合は、自動的に**審判**へ移行する。

期限 共同相続人／包括受遺者／相続分譲受人
10ヵ月以内

相続開始 ★（これ以降も申し立て可能）

強制力はないが、合意形成を目指す

遺産分割協議で話がまとまらない、相続人の1人が話し合いに参加しない、などの場合は、家庭裁判所の**調停**を利用することができます。調停の申し立ては、相続人のうち1人、または何人かが他の相続人全員を相手方として行います。

遺産分割調停では、裁判官と調停委員で組織された調停委員会が、中立的な立場で話を進めていきます。申立人、相手方それぞれの意見や希望を聞き、遺産の調査の結果などを踏まえて、双方が合意できるような助言や提案を行います。**調停委員会では、遺産分割の方法を強制することはありません**。調停ではあくまでも話し合いで合意に導いていきます。

調停での合意には法的効力がある

話し合いが合意に至ったら、その合意内容を記した調停調書が作成されます。**調停での合意には、判決や審判と同じ法的効力があり**、これにもとづいて遺産の分割を進めていくことになります。

調停でも解決が困難となり、調停の不成立となった場合は、審判手続きに移行することになります。審判では法律に従い、裁判所が遺産分割について審判を行います。なお、この審判に不服の場合は、2週間以内に即時抗告の申し立てを行うことができます。

遺産分割調停の申し立て手続き

申立人	共同相続人、包括受遺者、相続分譲受人
申立先	相手方のうちの1人の住所地の家庭裁判所または当時者が合意で定める家庭裁判所
必要書類	・遺産分割調停の申立書 ・被相続人のすべての戸籍謄本 ・相続人全員の戸籍謄本 ・相続人全員の住民票または戸籍附票 ・被相続人の子（代襲者）で死亡者がいる場合、その子（代襲者）のすべての戸籍謄本 ・遺産目録、遺産に関する証明書（不動産登記事項証明書など）など
費用	被相続人1人につき　収入印紙1200円分＋切手代

Keyword [**相続分譲受人**] 相続人から相続分を譲り受けた者です。相続人に借金などがあり、その返済として相続分を譲り受けた債権者などをいいます。遺産分割協議にも参加する権利があります。

第1部　相続手続き編

遺産分割調停申立書

この申立書の写しは，法律の定めるところにより，申立ての内容を知らせるため，相手方に送付されます。

「調停」を選ぶ

| 受付印 | 遺産分割 | ☑ 調停　□ 審判 | 申立書 |

（この欄に申立て1件あたり収入印紙1，２００円分を貼ってください。）

印紙

収入印紙1200円分を貼る。押印はしないこと

（貼った印紙に押印しないでください。）

| 収入印紙　　　円 |
| 予納郵便切手　　　円 |

| ○　○　家庭裁判所　御中　令和○年○月○日 | 申　立　人（又は法定代理人など）の記名押印 | 中野　春子　㊞ |

| 添付書類 | （審理のために必要な場合は，追加書類の提出をお願いすることがあります。）
☑ 戸籍（除籍・改製原戸籍）謄本（全部事項証明書）合計 **3** 通
□ 住民票又は戸籍附票　合計　　　通　　□ 不動産登記事項証明書　合計　　　通
☑ 固定資産評価証明書　合計 **2** 通　　☑ 預貯金通帳写し又は残高証明書　合計 **4** 通
□ 有価証券写し　合計　　　通　　　□ | 準口頭 |

添付する書類の種類を選択し、数も記入する

当　事　者	別紙当事者目録記載のとおり		
被相続人	最後の住所	○　○ 都道府県	○○市○○町○号
	フリガナ氏　名	タナカ　　タロウ 田中　太郎	平成／令和 ○年 7月 1日死亡

申　立　て　の　趣　旨

「調停」を選ぶ

□ 被相続人の遺産の全部の分割の（☑ 調停／□ 審判）を求める。

□ 被相続人の遺産のうち，別紙遺産目録記載の次の遺産の分割の（☑ 調停／□ 審判）を求める。※1
【土地】＿＿＿＿＿＿＿＿＿＿＿【建物】＿＿＿＿＿＿＿＿＿＿
【現金，預・貯金，株式等】＿＿＿＿＿＿＿＿＿＿＿＿＿＿

申　立　て　の　理　由

遺産の種類及び内容	別紙遺産目録記載のとおり		
特　別　受　益 ※2	☑ 有	□ 無	□ 不明
事前の遺産の一部分割 ※3	☑ 有	□ 無	□ 不明
事前の預貯金債権の行使 ※4	□ 有	□ 無	☑ 不明
申　立　て　の　動　機	☑ 分割の方法が決まらない。 □ 相続人の資格に争いがある。 □ 遺産の範囲に争いがある。 □ その他（　　　　　　　　　　　　　　　）		

「有・無・不明」のいずれかを選択する

申し立ての動機を選択する

（注）太枠の中だけ記入してください。□の部分は該当するものにチェックしてください。
※1　一部の分割を求める場合は，分割の対象とする各遺産目録記載の遺産の番号を記入してください。
※2　被相続人から生前に贈与を受けている等特別な利益を受けている者の有無を選択してください。「有」を選択した場合には，遺産目録のほかに，特別受益目録を作成の上，別紙として添付してください。
※3　この申立てまでにした被相続人の遺産の一部の分割の有無を選択してください。「有」を選択した場合には，遺産目録のほかに，分割済遺産目録を作成の上，別紙として添付してください。
※4　相続開始時からこの申立てまでに各共同相続人が民法９０９条の2に基づいて単独でした預貯金債権の行使の有無を選択してください。「有」を選択した場合には，遺産目録【現金，預・貯金，株式等】に記載されている当該預貯金債権の欄の備考欄に権利行使の内容を記入してください。

遺産（1/　）

- **入手方法**　家庭裁判所の窓口、または裁判所ホームページからダウンロード
- **他に作成する書類**　当事者目録、遺産目録など

Plusα　寄与分（→62ページ）は通常、遺産分割協議の中で決められますが、寄与分にかかる合意が得られない場合は、調停や審判を別に申し立てることもできます。

不在者財産管理人
所在不明の相続人に代わって分割協議に参加

注目!!
- 相続人に所在不明者がいる場合は、3種類の手続方法がある。
- 不在者に財産管理人がいなければ、不在者財産管理人を選任する。

期限
利害関係者（不在者の配偶者、相続人となる者、債権者）
検察官
協議分割まで

相続人のなかに行方不明者がいる場合

遺産分割を行う際に、相続人のなかに「**不在者**」がいると、話を進めることができなくなります。この場合、不在者とは、従来の住所を去り、容易に戻る見込みのない者、つまり、長年連絡が取れず、生死も所在もわからない者などです。

相続人に不在者がいる場合、状況により次の3つの方法が考えられます。

①不在者の財産管理人が協議に参加

もし、不在者自身が親族などに財産管理人として財産管理を依頼している場合は、家庭裁判所から遺産分割協議に参加する許可をもらい、その者が遺産分割協議に参加します。

②不在者財産管理人を選任する

財産管理人がいない場合は、家庭裁判所に**不在者財産管理人**の選任を申し立てます。申し立てできるのは、不在者の配偶者や相続人にあたる者、債権者などです。さらに、選任された不在者財産管理人は、裁判所から許可をもらい、不在者に代わって遺産分割協議に参加します。

③失踪宣告をする

「**失踪宣告**」を行い、不在者が死亡したものとして、不在者の法定相続人が遺産分割協議に参加する方法もあります。しかし、失踪宣告は通常、生死不明となってから7年を経過していなければならず、手続きにも1年程度かかります。

不在者財産管理人選任の申し立て手続き

申立人	利害関係者（不在者の配偶者、相続人となる者、債権者）、検察官など
申立先	不在者の従来の住所地の家庭裁判所
必要書類	・不在者財産管理人選任の申立書 ・不在者の戸籍謄本、戸籍附票 ・財産管理人候補者の住民票または戸籍附票 ・不在の事実を証明する資料 ・不在者の財産に関する資料（不動産登記事項証明書など） ・申立人の利害関係を証する資料など
費用	収入印紙800円分＋切手代

Keyword
[**失踪宣告**] 生死不明の者に対し、法律上死亡したものとみなす制度です。生死が7年間明らかでないとき、震災などに遭遇し、危難の去った後、その生死が1年間明らかでないときなどに行います。

第1部 相続手続き編

不在者財産管理人選任申立書①

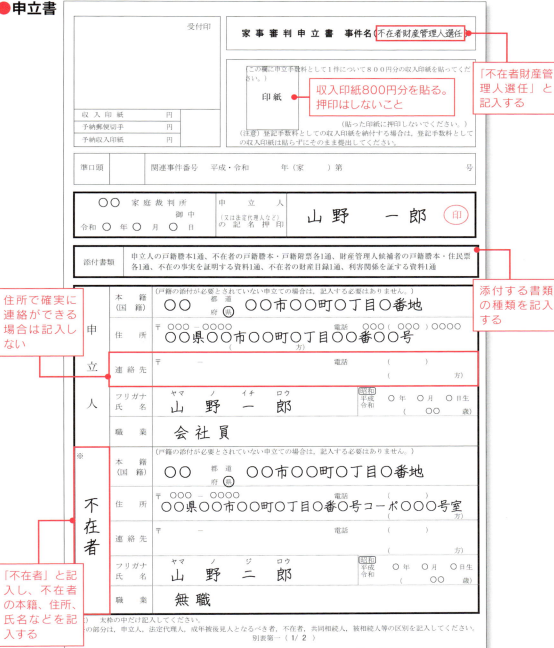

2章 相続の手続き

・**入手方法** 家庭裁判所の窓口、または裁判所ホームページからダウンロード

Plusα 不在者財産管理人を選任するだけでは、管理人は遺産分割協議には参加できません。さらに「不在者の財産管理人の権限外行為許可の申立書」を家裁に申し立てる必要があります。

109

不在者財産管理人選任申立書②

申立ての趣旨

不在者の財産管理人を選任するとの審判を求めます。

＊不在者の財産管理人を選任する審判を求める旨を記入する

申立ての理由

1 申立人は，不在者の兄です。

2 不在者は，○年○月○日職を求めて大阪方面へ出かけて以来音信が途絶えたため，親戚，友人等に照会をしてその行方を探しましたが，今日までその所在は判明しません。

3 ○年○月○日に不在者の父太郎が死亡し，別紙財産目録記載の不動産等につき不在者がその共有部分（6分の1）を取得しました。また，不在者に負債はなく，その他の財産は別紙目録のとおりです。

＊不在者が行方不明になった事情やその財産、また、当不在者のために遺産分割協議ができないことなどを記入する

4 このたび，七太郎の共同相続人間で遺産分割協議をすることになりましたが，不在者は財産管理人を置いていないため，分割協議ができないので，申立ての趣旨のとおりの審判を求めます。

なお，財産管理人として，不在者の叔父（七太郎の弟）である次の者を選任することを希望します。

住所　○○県○○市○○町○○丁目○○番○○号

（電話番号　○○○-○○○-○○○○）

氏名　山野五郎（昭和○年○月○日生　職業　会社員）

＊財産管理人候補者として希望する者の住所、連絡先、氏名を記入する

不在者財産管理人選任申立書③

●財産目録

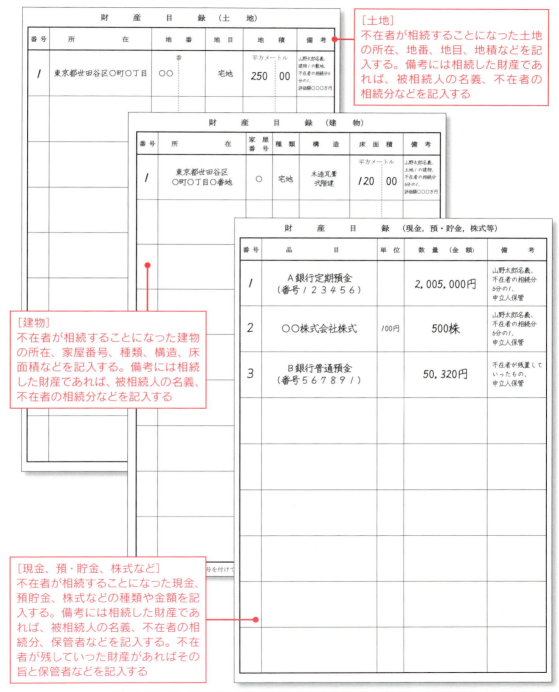

成年後見人 判断能力が不十分な相続人のために

注目!!
- 判断能力の不十分な相続人は**成年後見制度**を利用する。
- 成年後見人とは、本人に代わって、財産に関する管理や法律行為を行う者をいう。

期限 協議分割まで

本人／配偶者／4親等内の親族／検察官など

親族以外では弁護士などが務めることも

判断能力が不十分な人の場合、預貯金や不動産などの財産を管理したり、法律行為を行ったりすることが難しい場合があります。このような人が相続人の場合は、**成年後見人**をつけなければなりません。

成年後見人をつけるには、親族などが本人の住所地を管轄する家庭裁判所に「**後見開始の申し立て**」を行います。申し立てが認められると、裁判所が成年後見人を選任します。**選任された成年後見人は、本人に代わって財産の管理や法律行為を行い、遺産分割協議にも参加します。**

後見開始の申し立てができるのは、本人（一時的に判断能力を取り戻したような場合）、配偶者、4親等内の親族、本人居住地の市区町村長、検察官などです。

親族以外では弁護士などが後見

成年後見人になるには、特に資格は必要ありませんが、親族以外では、弁護士や司法書士、福祉の専門家などが選任されることが多いようです。

しかし、最近では市民後見人といって、ＮＰＯや後見について研修を受けた者が務めるケースもあります。

申告書で成年後見人候補者を希望することもできますが、選任されるか否かは裁判所の判断によります。

また、裁判所が必要と判断した場合には、後見人に対して、後見人を監督する後見監督人がつく場合もあります。

後見開始の申し立て手続き

申立人	本人、配偶者、4親等内の親族、検察官など
申立先	本人の住所地の家庭裁判所
必要書類	・後見開始申立書 ・本人の戸籍謄本 ・本人の住民票または戸籍附票 ・成年後見人候補者の住民票または戸籍附票 ・本人の診断書 ・本人の成年後見登記事項証明書 ・本人の財産に関する資料（不動産登記事項証明書など）
費　用	収入印紙800円分＋切手代
登記費用	収入印紙2600円分

（本人の判断能力を鑑定する費用が必要な場合もある）

Keyword　[成年後見制度] 2000年に、禁治産制度に代わり導入された制度。認知症や知的障害、精神障害などの理由で判断能力の不十分な人は、自分の財産を管理したり、遺産分割の協議をしたりする必要があっても、

判断能力がない相続人に代わって財産を管理

成年後見制度

成年後見制度には法定後見と任意後見の2つの制度がある

法定後見制度
本人や家族などの申し立てにより、家庭裁判所が適任と認める者を成年後見人等に選任する制度。
民法を基本とした制度。

任意後見制度
本人が判断能力のあるうちに、判断能力が不十分となったときの後見事務内容と後見となる人を、事前に契約により決めておく制度。

後見・保佐・補助

法定の成年後見制度には3種類がある

	後見	保佐	補助
対象となる人	判断能力が全くない人	判断能力が著しく不十分な人	判断能力が不十分な人
申し立てできる人	本人・配偶者・4親等内の親族など		
申し立てについての本人の同意	不要		必要
成年後見人等が同意、または取り消すことができる行為	日常の買い物などの生活に関する行為以外の行為	重要な財産関係の権利を得喪する行為等	申し立ての範囲内で裁判所が定める行為（本人の同意が必要）
成年後見人等に与えられる代理権	財産に関するすべての法律行為	申し立ての範囲内で裁判所が定める行為（本人の同意が必要）	

法定後見の審理の流れ

申し立てから審判までは1、2ヵ月程度かかる

申し立てから審判まで一般的に4ヵ月以内

申し立て → 審理 → 法定後見の開始の審判・成年後見人等の選任 → 審判の確定（法定後見の開始）

本人の陳述採取など
成年後見人等の候補者の
適格性の調査など

自分でこれらのことをするのが難しいです。介護サービスを受けるために、施設への入所契約を結ぶことも困難です。このような判断能力の不十分な人を保護し、支援するのが目的です。

後見開始申立書①

第1部　相続手続き編

後見開始申立書②

第2章 相続の手続き

成年後見人候補者として希望する者の住所、氏名等を記入する

成年後見人等候補者

- □ 家庭裁判所に一任　※　以下この欄の記載は不要
- □ 申立人　※　申立人のみが候補者の場合は、以下この欄の記載は不要
- ☑ 申立人以外の〔☑ 以下に記載の者　□ 別紙に記載の者〕

住所　〒　**申立人の住所と同じ**
電話　○○（○○○○）○○○○　携帯電話　○○○（○○○○）○○○○

ふりがな　やまの　なつお
氏名　**山野　夏男**
☑ 昭和　□ 平成　○年○月○日生（○○歳）

本人との関係
☑ 親族：□ 配偶者　□ 親　☑ 子　□ 孫　□ 兄弟姉妹　□ 甥姪　□ その他（関係：　　）
□ 親族外（職業：　　　　　）

手続費用の上申
□ 手続費用については、本人の負担とすることを希望する。
※ 手続費用は申立人の負担が原則です。ただし、申立手数料、送達・送付費用、後見登記手数料、鑑定費用については、この上申に基づき、これらの全部又は一部について、本人の負担とできる場合があり……記載した場合でも、必ずしも希望どおり認められるとは限りません。

同じ書面は本人1人につき1通で足ります。審理のために必要な場合は、追加書類の提出をお願いすることがあります。

個人番号（マイナンバー）が記載されている書類は提出しないようにご注意ください。
- ☑ 本人の戸籍謄本（全部事項証明書）
- ☑ 本人の住民票又は戸籍附票
- ☑ 成年後見人等候補者の住民票又は戸籍附票
  （成年後見人等候補者が法人の場合には、当該法人の商業登記簿謄本（登記事項証明書））
- ☑ 本人の診断書
- ☑ 本人情報シート写し
- ☑ 本人の健康状態に関する資料
- ☑ 本人の成年被後見人等の登記がされていないことの証明書
- ☑ 本人の財産に関する資料
- ☑ 本人の収支に関する資料
- □ （保佐又は補助開始の申立てにおいて同意権付与又は代理権付与を求める場合）同意権、代理権を要する行為に関する資料（契約書写しなど）

申立ての趣旨
※ 該当する部分の□にレ点（チェック）を付してください。

- ☑ 本人について**後見**を開始するとの審判を求める。
- □ 本人について**保佐**を開始するとの審判を求める。
  ※ 以下は、必要とする場合に限り、該当する部分の□にレ点（チェック）を付してください。なお、保佐開始申立ての場合、民法13条1項に規定されている行為については、同意権付与の申立ての必要はありません。
  - □ 本人のために別紙代理行為目録記載の行為について保佐人に代理権を付与するとの審判を求める。
  - □ 本人が民法13条1項に規定されている行為のほかに、下記の行為（日用品の購入その他日常生活に関する行為を除く。）をするにも、保佐人の同意を得なければならないとの審判を求める。

  記

  ＿＿＿＿＿＿＿＿＿＿＿＿＿＿＿＿＿＿＿＿＿＿＿＿＿＿＿＿

- □ 本人について**補助**を開始するとの審判を求める。
  ※ 以下は、少なくとも1つは、該当する部分の□にレ点（チェック）を付してください。
  - □ 本人のために別紙代理行為目録記載の行為について補助人に代理権を付与するとの審判を求める。
  - □ 本人が別紙同意行為目録記載の行為（日用品の購入その他日常生活に関する行為を除く。）をするには、補助人の同意を得なければならないとの審判を求める。

申立ての理由
※ 該当する部分の□にレ点（チェック）を付すとともに、具体的な事情を記載してください。

本人は、
- ☑ 預貯金等の管理・解約　□ 保険金受取　□ 不動産の管理・処分　☑ 相続手続
- □ 訴訟手続等　□ 介護保険契約　□ 身上監護（福祉施設入所契約等）
- □ その他（　　　　）

の必要があるが、
- ☑ 認知症　□ 統合失調症　□ 知的障害　□ 高次脳機能障害
- □ 遷延性意識障害　□ その他（　　　　　　　　）

により判断能力が欠けているのが通常の状態又は判断能力が（著しく）不十分である。

※ 具体的な事情を記載してください。書ききれない場合は別紙を利用してください。

本人は、〇年程前から認知症で〇〇病院に入院しているが、その症状は回復の見込みがなく、日常的に必要な買い物も一人でできない状態である。
令和〇年〇月に本人の弟である山野次郎が亡くなり遺産分割の必要が生じたことから本件を申し立てた。申立人も病気がちなので、成年後見人には、健康状態に問題のない長男の山野夏男を選任してもらいたい。

申し立てをするに至った経緯や事情をわかりやすく記入する

2

115

未成年者の法律判断を代理する

未成年者の特別代理人

注目!!
- 親と子がともに相続人の場合は、**特別代理人**が必要。
- 相続人でない親が代理をできるのは、子1人のみである。

期限 協議分割まで

親権者／利害関係者

相続人は特別代理人になれない

遺産分割協議をする際、親と未成年の子がともに相続人の場合には、未成年の子には**特別代理人**が必要となります。たとえば、父が死亡し、相続人が母と子2人（長男16歳、二男14歳）の場合、2人の子には、それぞれ特別代理人をつけなければなりません。

未成年者は、単独で法律上の判断を行うことはできません。法律上の判断を行うには法定代理人が必要となり、通常、親権者などが行います。上記の例では2人の子の法定代理人は母となります。

しかし、遺産分割協議は共同相続人の間で遺産をどのように分けるかを話し合う場であり、相続人の間で利害が対立します。もし相続人である母に相続人である子の代理を認めてしまうと、母の有利に遺産分割を決めてしまうこともできるわけです。

親が相続放棄をし、未成年の子のみが相続人の場合は、親は子の代理をすることができます。ただし、**未成年の子が複数いる場合は、親が代理をできるのは1人だけで、**他の子には特別代理人が必要となります。

特別代理人になるために資格は必要ありません。通常、未成年者との関係や利害関係の有無などを考慮して判断されます。未成年の子の叔父や叔母などの親族の他、弁護士、司法書士などが選任されることもあります。

特別代理人選任の申し立てができるのは、親権者と利害関係者で、申し立ては、子の住所地を管轄する家庭裁判所に行います。

特別代理人選任の申し立て手続き

申立人	親権者、利害関係者
申立先	子の住所地の家庭裁判所
必要書類	・特別代理人選任申立書 ・未成年者の戸籍謄本 ・親権者または未成年後見人の戸籍謄本 ・特別代理人候補者の住民票または戸籍附票 ・利益相反に関する資料（遺産分割協議案など）　など
費用	子1人につき　収入印紙800円分＋切手代

Keyword　特別代理人　未成年者が相続人の場合は、特別代理人が必要です。親権者と利益が相反する危険性があるため、子の代理権を持つ者として家庭裁判所が指定します。

未成年者の相続人に特別代理人が必要な場合

①父が死亡。相続人は母と未成年の子2人の場合

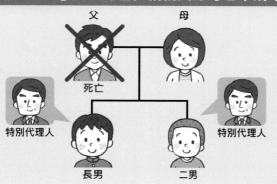

母と2人の未成年の子がともに相続人の場合は、利益相反が生じるため、母は子の代理はできない。子それぞれに特別代理人が必要となる。

②父が死亡。母は相続を放棄し、相続人は未成年の子2人の場合

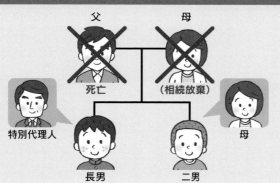

母が相続を放棄した場合は、母は相続人ではなくなる。よって、母は子の代理をすることができる。ただし、母が代理をできるのは1人だけ。残りの子には特別代理人が必要となる。

③父が死亡。相続人は未成年の子2人。子らの母は父の内縁の妻の場合

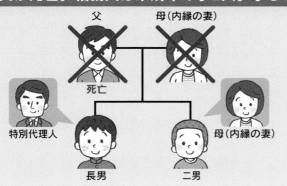

内縁の妻には相続権はない。よって、子の代理をすることができる。ただし、代理ができるのは1人だけ。残りの子には特別代理人が必要となる。

Plus α 特別代理人の指定が必要であるにもかかわらずに行われた遺産分割協議は、無効と考えられます。

特別代理人選任申立書①

特別代理人が必要な未成年の子について記入する

平日の日中に連絡のつく番号を記入する

収入印紙800円分を貼る。押印はしないこと

・入手方法　家庭裁判所の窓口、または裁判所ホームページからダウンロード

第1部 相続手続き編

特別代理人選任申立書②

1. は親も子もともに相続人である場合など
2. は相続人である未成年の子が複数いる場合など
3. は未成年の子の後見人と未成年の子がともに相続人である場合など

遺産分割の場合は1を、相続放棄の場合は2を選択する

申 立 て の 趣 旨

特 別 代 理 人 の 選 任 を 求 め る 。

申 立 て の 理 由

利益相反する者	利 益 相 反 行 為 の 内 容
※ ① 親権者と未成年者との間で利益が相反する。 2 同一親権に服する他の子と未成年者との間で利益が相反する。 3 後見人と未成年者との間で利益が相反する。 4 その他（　　）	※ ① 被相続人亡 山野　太郎 の遺産を分割するため 2 被相続人亡　　　　　　の相続を放棄するため 3 身分関係存否確定の調停・訴訟の申立てをするため 4 未成年者の所有する物件に　1 抵当権 　　　　　　　　　　　　　2 根抵当権 を設定するため 5 その他（ （その詳細） 申立人の夫、未成年者の父である被相続人亡太郎の遺産につき、遺産分割の協議をするため。 ）

特別代理人の選任が必要な事情を記入する（誰の遺産について、遺産分割または相続放棄をするのかなど）

特別代理人候補者	住所	〒 ○○○-○○○○　　電話 ○○（○○○○）○○○○ ○○県○○市○○町○丁目○番○号　（○○○○ 方）
	フリガナ 氏名	ナカノ　サブロウ 中野 三郎	昭和 平成 ○年○月○日生 （○○ 歳）	職業	会社員
	未成年者との関係	母方の叔父

(注) 太枠の中だけ記入してください。　※の部分については，当てはまる番号を○で囲み，利益相反する者欄の4及び利益相反行為の内容欄の5を選んだ場合には，（　）内に具体的に記入してください。

当該利益相反行為について利害関係にない人で、特別代理人候補者として希望する者の住所・氏名等を記入する

特代（2/2）

第2章 相続の手続き

119

侵害された遺留分を取り戻す

遺留分侵害額請求権

注目!!
- 遺留分侵害額請求通知書は**内容証明**で送る。
- 相手が全部包括遺贈などの場合は**遺留分侵害額の請求調停**、割合的包括遺贈などの場合は**遺産分割調停**。

期限 遺留分権利者など
1年
相続の開始および遺留分の侵害を知った日

相続人の意思表示によって効力が生まれる

生前贈与や遺贈、遺言により遺留分を侵害された場合、相続人は遺留分を限度に財産の返還を求めることができます。これを「**遺留分侵害額請求権**」といいます。

相手に意思表示をすることで効力が発生しますが、より確実な方法としては、内容証明郵便で相手方に通知をするのがよいでしょう。**遺留分侵害額請求権の時効は、相続の開始および遺留分を侵害する贈与等のあったことを知ったときから1年、または相続開始から10年です。**

遺留分を計算する際の遺産額は、通常の相続財産とは異なります。
①**相続開始前1年間に行った贈与**
②**1年より前でも、双方が遺留分の侵害を承知で（悪意を持って）行った贈与**
③**相続人が受けた特別受益（ただし、相続開始前10年以内のもの）**

これら①〜③を相続財産に加え、債務を控除した額をもとに計算します。

相手が交渉に応じなければ調停へ

相手が遺留分侵害額請求に応じず、返還しない場合は、家庭裁判所の調停を利用することができます。割合的包括遺贈、相続分の指定等の場合は「**遺産分割調停**」、特定遺贈、全部包括遺贈の場合は「**遺留分侵害額請求調停**」を申し立てます。

申立人は、遺留分権利者などで、申立先は相手方の住所地の家庭裁判所、または当事者が合意で定める家庭裁判所です。その他訴訟も提起できます。

遺留分侵害額請求調停の申し立て手続き

申立人	遺留分権利者およびその承継者
申立先	相手方の住所地の家庭裁判所または当事者の合意で定める家庭裁判所
必要書類	・遺留分侵害額請求調停の申立書 ・被相続人のすべての戸籍謄本 ・相続人全員の戸籍謄本 ・被相続人の子(代襲者)で死亡者がいる場合、その子(代襲者)のすべての戸籍謄本 ・不動産登記事項証明書 ・遺言書写しまたは遺言書の検認調書謄本の写し　など
費用	被相続人1人につき　収入印紙1200円分＋切手代

Keyword　内容証明　いつ、どのような内容の文書を誰から誰に送ったかということを、謄本により郵便局が証明するもの。5年間、差出郵便局で保存されている謄本の閲覧を請求することができます。

第1部　相続手続き編

遺留分侵害額請求通知書

遺留分侵害額請求通知書

　私の亡き父〇〇〇〇は、令和〇年〇月〇日付の遺言により貴殿に対し下記の財産を相続させました。
　しかし、私は、父の遺した全財産のうち2分の1の遺留分を有しています。
　私は、右遺言により、遺留分を侵害されましたので、貴殿に対し遺留分侵害額の請求をいたします。

記

1. 所在　〇〇県〇〇市〇〇町〇丁目
   地番　〇〇番
   地目　宅地
   地積　150平方メートル
2. 〇〇県〇〇市〇〇町〇丁目〇番地
   家屋番号〇〇
   木造瓦葺平家建　居宅
   床面積90平方メートル

> 遺留分算定の基礎となる財産として算入される贈与財産は、①相続開始前1年以内の贈与財産、②1年より前でも双方が遺留分の侵害を承知で行った贈与財産、③特例受益としての贈与財産（相続開始前10年以内のもの）

> 日付は必ず記載。署名・押印も必ずする

令和〇年〇月〇日
〇〇県〇〇市〇〇町〇番〇号〇〇マンション　〇〇〇号室

　　山田　一郎　

〇〇県〇〇市〇〇町〇番〇号〇〇アパート　〇号
　　川村　梅子　殿

・様式　特に決まりはない　・送り方　内容証明郵便で送るとより確実

※2019年7月1日前に開始した相続に関しては、遺留分減殺請求（遺留分を保全するのに必要な限度での遺贈等の減殺の請求）ができます。

　遺留分侵害額請求は、相手に意思表示をして初めて効果を得ます。遺留分を侵害する遺言だからといって当然に無効となるわけではないため、意思表示しなければ、その遺言を認めたことになります。

121

第2章　相続の手続き

遺留分侵害額請求調停申立書①

※以下の書式は、遺留分減殺による物件返還請求調停の申立書。

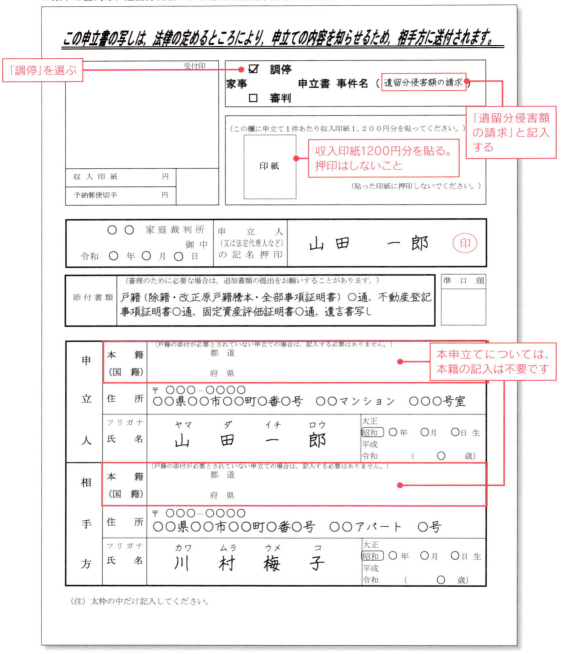

- 入手方法　家庭裁判所の窓口、または裁判所ホームページからダウンロード

遺留分侵害額請求調停申立書②

第1部 相続手続き編

※以下の書式は、遺留分減殺による物件返還請求調停の申立書。

この申立書の写しは、法律の定めるところにより、申立ての内容を知らせるため、相手方に送付されます。

申 立 て の 趣 旨

相手方は、申立人に対し、遺留分侵害額に相当する金銭を支払うとの調停を求めます。

→ 遺留分侵害額請求により取り戻したい財産を示し、その返還を調停により求めていること明記する

申 立 て の 理 由

1. 被相続人山田一郎（本籍○○県○○市○○町○丁目○番地）は、令和○年○月○日に死亡し、相続が開始しました。相続人は、被相続人の子である申立人と相手方です。
2. 被相続人は、遺産のすべてを相手方に遺贈する旨の平成○年○月○日付け自筆証書による遺言書（令和○年○月○日検認済み）を作成しています。
3. 被相続人の遺産は、別紙遺産目録記載のとおりであり、負債はありません。
4. 申立人は、相手方に対し、上記遺贈が申立人の遺留分を侵害するものであることから、令和○年○月○日到着の内容証明郵便により、遺留分侵害額請求権を行使する旨の意思表示をしましたが、相手方は金銭の支払についての話し合いに応じようとしないため、申立ての趣旨のとおりの調停を求めます。

→ 申し立てに至った事情を説明する。遺留分割合の算定のもととなる相続人の数、被相続人との関係、相続財産の内容について記す

この申立書の写しは、法律の定めるところにより、申立ての内容を知らせるため、相手方に送付されます。

遺 産 目 録 （□特別受益目録, □分割済遺産目録）
【土 地】

番号	所 在	地番	地目	地積（平方メートル）	備考
1	○○県○○市○○町	○○番	宅地	150 00	建物1の敷地

→ 返還を求める土地の所在・地番・地目・地積等を記入する

遺 産 目 録 （□特別受益目録, □分割済遺産目録）
【建 物】

番号	所 在	家屋番号	種類	構造	床面積（平方メートル）	備考
1	○○県○○市○○町○番○号	○○	居宅	木造瓦葺平家建	90 00	土地1上の建物

→ 返還を求める建物の所在・家屋番号・種類・構造・床面積等を記入する

第2章 相続の手続き

所有権が相続人へ移転したことを明らかにする

不動産の相続登記

注目!!
- **不動産登記**をすることにより、権利を主張する第三者に所有権を主張することができる。
- 協議分割の場合は、遺産分割協議書などの添付が必要。

期限 できるだけ早く

不動産の相続または遺贈を受けた人

不動産を相続したら、まず登記を行う

遺産分割が合意に至ったら、次は財産の名義変更を行います。不動産の場合、特に忘れてはならないのが、「**所有権移転の登記**」です。

不動産の登記の目的は、自己の財産として不動産の面積や所在、所有者などを登記簿に記載、公表し、権利関係を明らかにすることです。**登記をすることにより、権利を主張する第三者に「自分のものだ」という所有権を主張することができるのです。**

相続にともなう不動産登記の変更を「**相続登記**」といいます。相続の場合は、登記をせずそのままにしていると、相続人にさらに相続が発生するなどして、権利関係が複雑になる可能性があります。相続登記は2024年をめどに義務化される見通しです（6ページ）。

自己申請する場合は、法務局で相談を

相続登記の申請は、対象となる不動産の住所地を管轄する法務局で行います。書留郵便やインターネットで申請することもできます。申請書はA4判用紙を使って作成します。

申請方法、提出書類などは、遺産の分割方法（指定・法定・協議分割など）により異なります。

書類不備などがあると呼び出しを受ける場合もあるので、自己申請の場合は、最寄りの法務局で相談してから手続きを行いましょう。

登記手続きが完了すると「**登記識別情報**」が通知されます。これが権利書となるので、大切に保管しましょう。

相続登記の申請手続き

申請人	不動産の相続、または遺贈を受けた人など
申請先	登記する不動産の住所地を管轄する法務局
必要書類	・登記申請書 ・被相続人のすべての戸籍謄本 ・相続人の戸籍謄本 ・相続人全員の住民票 ・協議分割の場合は、遺産分割協議書、各相続人の印鑑証明書など
費用	登録免許税（収入印紙で納付）

Keyword 登録免許税 不動産登記における登録免許税は、相続時には固定資産税評価額の0.4％が、贈与時には2％が課税されます。

不動産の登記申請書

●申請書

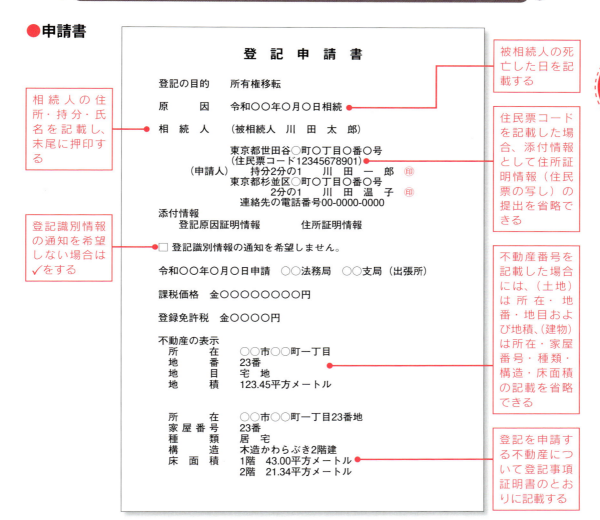

●申請書の作成、申請時の注意事項

- 申請書はA4判用紙を使用し、他の添付書類とともに左とじにして提出する
- 申請書が複数枚にわたる場合は、申請人または代理人は各用紙のつづり目に必ず契印をする
- 申請書は、パソコン、または手書きでも作成できる
- 郵送、またはオンライン申請ができる
- オンライン申請は下記アドレスにてユーザー登録、ログインができる
  https://www.touki-kyoutaku-online.moj.go.jp/
- 郵送での申請の場合は「不動産登記申請書在中」と記載し、書留郵便にて送付する

Plusα 不動産登記には対抗力はありますが、公信力はありません。公信力がないとは、その記載の事実が正しいかどうかは保証されていない、ということです。

125

預貯金・株式等の名義変更
被相続人が死亡すると預金口座は凍結される

注目!!
- 預金口座の名義変更には一般的に相続人全員の署名、押印が必要。
- 上場株式の名義変更は、まず、証券会社に連絡する。

期限
できるだけ早く

相続人・受遺者など

相続人全員の承諾を経て口座を解約する

　銀行などの金融機関が口座名義人の死亡を知ると、その口座は一旦凍結され、原則として自由に引き出すことができなくなります。口座振替などもすべてストップ。凍結を解除するには、**預金口座の名義変更**か解約の手続きをしなければなりません。なお、2019年7月1日からは、各共同相続人は、遺産に属する預貯金債権のうち一定額については家庭裁判所の判断を経なくても金融機関の窓口において単独での払戻しが認められるようになりました。また、仮払いの必要性があると認められる場合には他の共同相続人の利益を害しない限り、家庭裁判所の判断での仮払いが認められます。

　一般的な手続きには、遺産分割協議書や相続人全員の印鑑証明書や金融機関提出書面への署名、実印による押印、被相続人の戸籍謄本等が必要です。

手続きを終えなければ株の売却もできない

　被相続人が所有していた株式も、手続きをしなければ、配当金の受け取りや株主優待など、株主としての権利は行使できません。もちろん、株の売却もできません。

　株式は上場株式か未上場株式かにより手続きは異なります。上場株式は証券会社へ、未上場株式は発行会社へ問い合わせてみましょう。手続き書類なども各証券会社で異なるので、確認を忘れずに。

自動車や公共料金の手続きも忘れずに

　被相続人が自動車を所有していた場合は、移転登録が必要です。相続人の誰かが引き継ぐ場合でも、売却や廃車にする場合でも、一度相続による名義変更をしなければなりません。相続人の誰かが引き継ぐ場合は、新しい住所地を管轄する陸運支局等で手続きを行います。その他、**被相続人が契約者だった水道やガス、電気、ＮＨＫ受信料なども、名義変更が必要です。**

 手続きのポイント！

　預金債権（銀行預金）にも時効があり、通常5年または10年です。10年を過ぎると預金債権が消滅する恐れがあります。ただし、10年を過ぎてもきちんと手続きをすれば、対応してくれる金融機関が多いようです。

Keyword [**未上場株式**] 証券取引所に上場していない会社の株式のことです。売買は証券会社を通さず、当事者間で行われます。

第1部　相続手続き編

名義変更手続きは相続人全員の署名が必要なものもある

財産の種類	手続き先	必要書類など	
預貯金	預入金融機関（銀行・ゆうちょ銀行など）	●名義書換依頼書（各銀行に備付） ●被相続人のすべての戸籍謄本 ●相続人全員の戸籍謄本および印鑑証明書 ●預金通帳・キャッシュカード ●相続形態により遺産分割協議書、遺言書など	
株式	株主名簿管理人（証券会社・信託銀行など）	協議分割	●相続手続依頼書 ●遺産分割協議書 ●被相続人のすべての戸籍謄本 ●相続人全員の戸籍謄本および印鑑証明書など
		指定分割または遺贈	●相続手続依頼書 ●遺言書 ●被相続人の死亡記載のある戸籍謄本 ●遺言執行者または承継者の印鑑証明書など
自動車	運輸支局、自動車検査登録事務所	●申請書 ●被相続人のすべての戸籍謄本 ●相続人全員の戸籍謄本および印鑑証明書 ●相続人の委任状 ●自動車検査証 ●保管場所証明書 ●自動車税申告書 ●相続形態により遺産分割協議書、遺言書など	
ゴルフ会員権	ゴルフ場	●名義書換依頼書（所定のもの） ●被相続人の死亡記載のある戸籍謄本 ●相続人全員の印鑑証明書 ●相続人の同意書または遺産分割協議書など	
電気	電力会社	電気料金等領収書などに記載された「お客様番号」などをカスタマーセンターに連絡	
ガス	ガス会社	ガス使用量のお知らせなどに記載された「お客様番号」などをコールセンターなどに連絡	
水道	水道会社	水道料金領収書などに記載された「お客様番号」などをお客様センターなどに連絡	
電話加入権	電話会社	●届出用紙 ●死亡の事実と相続関係が確認できる書類（被相続人の死亡記載のある戸籍謄本、遺言書など） ●新契約者の印鑑など	
NHK受信料	NHK	名義変更だけなら電話やインターネットで手続きができる	

2章　相続の手続き

Plus α　上場株式については2009年1月にすべて電子化されました。被相続人が自宅などに保管していた株券（タンス株）があるときは、信託銀行や証券会社に問い合わせましょう。

127

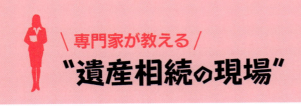

専門家が教える "遺産相続の現場"

COLUMN②

これだけは絶対譲れない！「お墓がほしい」

　遺産分割協議をする際、相続人の間で揉めることの1つに、「お墓」や「遺骨」の問題があります。遺族にとって、お墓や遺骨は財産的な価値だけでは評価できない特別なものです。

　このデリケートな問題で揉めはじめると、被相続人の生前からひそかに抱いていた積年の不満にまで飛び火するなどして、円滑な遺産分割の妨げとなることがあります。そこで、お墓や遺骨は法律上どのように扱われるのか整理してみましょう。

　相続とは、「人が死亡したとき、原則として、被相続人の財産に属した一切の権利義務を承継すること」をいいますが、そもそも、お墓などは相続の対象でしょうか。

　民法では、「系譜、祭具及び墳墓の所有権は、前条［相続］の規定にかかわらず、慣習に従って祖先の祭祀を主宰すべき者が承継する」と定められています。このように、系譜（系図）、祭具（位牌・仏壇等）および墳墓（墓石、墓地）の祭祀財産は、相続の対象とはなりません。

　従って、お墓はそもそも相続の対象ではありません。また、遺骨も相続の対象とはならないとされています。

　では、「お墓も遺骨も祖先の祭祀を主宰する者が承継する」とありますが、祖先の祭祀を承継する者はどのように決まるのでしょうか。第1順位としては、「被相続人が指定した者」です。遺言で祭祀承継者の指定がなされれば、その者が祭祀の主宰者として承継することになります。

　第2順位としては、「慣習に従って祖先の祭祀を主宰すべき者」です。

　そして、慣習が明らかでないときは第3順位として、「家庭裁判所の審判又は調停によって定められた者」となります。なお、この承継者は相続人に限定されていません。

　祭祀の問題は、相続財産の分配とは切り離して考えることが適切です。できることならば、被相続人は生前に、相続人の合意をとりつけておきたいところです。

（弁護士　堀招子）

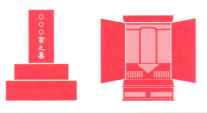

第2部 相続税編

3章
相続税の基礎知識

遺産相続に直面する遺族にとって
最も関心の高い手続きといえるのが、
相続税です。

相続税は文字通り、相続した財産に課される税金です。
しかし、遺産を相続した人がすべて相続税を
支払うとは限りませんし、相続税の額も相続財産の
種類や法定相続人の数によってずいぶん変わります。
この章では、課税のしくみ、最近の動向など
相続税のあらましを紹介します。

相続税のしくみ
相続税とはどのような税金か？

注目!!
- 被相続人（死亡した人）の財産を取得した場合にかかる税金。
- 財産を相続した個人の住所が国内か海外かで課税される相続財産の範囲が違う。

相続税は課税強化の流れにある

　相続税は、所得税や消費税とは異なり、一生の間に何度も納付の手続きなどを経験することはありません。そもそも相続税は、なぜ課税されるのでしょうか。その理由の1つとして相続に起因する「富の集中排除」があります。もう1つは、相続財産の額に応じて、税負担を相続人間で公平に分配することにあります。

　相続税については、世界的にみると廃止する国もありますが、日本の場合、**2013年度税制改正で「相続税の基礎控除額」が引き下げられました（適用は2015年1月1日開始の相続から）**。これは、相続税の課税対象となる納税者のすそ野を広げる改正で、課税強化の方向にあるといえます。

相続財産を取得した個人に課税する

　相続税は、個人＊が被相続人の財産を①相続、②遺贈、③相続時精算課税にかかる贈与によって取得した場合に、その取得した財産の価額にもとづいて課されます。

　①**相続**は、原則として被相続人の死亡によって開始します。相続人は、相続開始のときから被相続人の財産に関する一切の権利あるいは義務を受け継ぐことになります。ただし、被相続人が親族に対して扶養を請求する権利、文化功労者年金など他の人には譲渡できないような被相続人の一身に専属していたものは、相続されません。

　②**遺贈**とは、被相続人の遺言によってその財産を移転することをいいます。贈与をした人が死亡することによって効力が生じる贈与（死因贈与）についても遺贈として取り扱われます。

　③**相続時精算課税**とは、選択により被相続人が財産を贈与したときにその贈与財産に対する贈与税を納付し、実際に相続が発生したときに、相続税額からすでに納付している贈与税分を精算する制度です。贈与により財産を取得した人がこの制度の適用を受けるためには、原則として贈与税の申告期限（贈与を受けた年の翌年の3月15日）までに、税務署に**相続時精算課税選択届出書**を提出する必要があります。

＊2018年度改正により、特定一般社団法人等に対しても相続税が課されます。特定一般社団法人等とは、同族関係者が理事の過半を占める一般社団法人・一般財団法人で一定のものをいいます。

 Keyword [**税制改正**] 税金に関する法律は、国の政策や社会状況を踏まえて毎年改正されます。通常、年末までに翌年度の改正案の概要（大綱）が作られ、3月末に国会で税制改正法案が可決されます。

第2部　相続税編

コレが基本！ 相続税は、被相続人の死亡によって取得する財産に課税される！

第3章　相続税の基礎知識

相続
被相続人の死亡によって相続人が引き継いだ財産

遺贈
被相続人の遺言により譲渡された財産

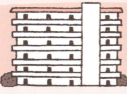
相続時精算課税にかかる贈与
相続時精算課税制度の適用を受けて生前贈与された財産

さらに詳しく！ 外国に住んでいる場合は、国内の財産だけが課税対象になることも……

相続した個人の住所が国内にあるかないかでも、納税の義務を負う範囲が変わる。

国内に住所がある人	国内に住所がない人
相続した財産が国内にあるか国外にあるかを問わず、その財産全部に相続税がかかる ※一時居住者および被相続人が外国人または非居住者の場合を除く。	相続した財産のうち、国内にある財産だけに相続税がかかる

※ただし、国内に住所がない人でも次のいずれかに該当する場合には、日本国外にある財産についても相続税の対象になる。

- 財産を取得したときに日本国籍を有しており、財産を取得した人が被相続人の死亡した日前10年以内に日本国内に住所を有したことがある。または10年以内に日本に住所を有していたことがない場合でも被相続人が日本人もしくは非居住者でないとき。

- 財産を取得したときに日本国籍を有していないが、被相続人が日本国内に住所を有している。
　※被相続人が外国人または非居住者の場合は国内財産のみが課税対象となる。

- 被相続人が国外転出時課税制度の特例の適用により納税猶予を受けていた場合。

※留学や海外出張など、一時的に日本国内を離れている人は日本国内に住所があることになる。
※外国人が出国後に行った相続・贈与については、原則として国内財産のみが課税対象となる。

Plusα　近年、納税者の資産運用の国際化に伴い、税務署は海外にある相続財産について積極的に調査を行っています。海外の別荘、現金・預貯金等についてもきちんと申告しましょう。

131

相続税の基本ルール❶ 相続税のかかる人、かからない人

注目!!
- 相続財産が**基礎控除額以下**の場合は、相続税はかからない。
- 相続財産には、税務上の評価方法がある。

相続税の申告期限　相続人
10ヵ月以内
相続開始 ★

相続税を決める2つの要素

被相続人の死亡によって相続が発生した場合、すべての人に相続税が課税されるとは限りません。相続税が課税される人は、課税遺産総額が「**相続税の基礎控除額**」を超えるときです。

相続税の基礎控除額については、**相続税の基礎控除額＝3000万円＋(600万円×法定相続人の数)**で求められます。法定相続人が1人ならば基礎控除額は3600万円ですから、相続財産が3600万円以下の場合は、相続税はかからないということです。法定相続人が2人ならば基礎控除額は4200万円です。

つまり、**相続税が課税されるか否かは、「課税遺産の総額」と「法定相続人の数」**、この2つの要素によって決まります。

相続財産は税務上の評価方法がある

相続財産の評価は、原則として、相続開始時の時価によります。現金や預金は金額が明確ですが、マイホームや土地などについては税務上の評価方法があります。特に、一定の自宅の敷地の場合、評価額から一定の面積について80%軽減される特例があります(小規模宅地等の特例)。

たとえば、夫の死亡によって、妻が評価額5000万円の自宅敷地(330平方メートルまで)を相続する場合は、「5000万円－(5000万円×80%)＝5000万円－4000万円＝1000万円」として評価されます。特例の詳細については、148ページを参照してください。

もっと知りたいQ&A

相続財産の評価

Q 上場株式は、市場価額が常に変わるけれど、どの時点で評価するの？

Answer 相続財産の価額は「相続開始日の時価」で評価します。相続開始日とは、被相続人(死亡した人)の死亡日です。時価の評価は、国税庁が「相続財産評価基本通達」などによって具体的な評価方法を定めています。

Keyword [**国税**] 税金は支払う相手や負担の仕方などによっていくつかの分け方がありますが、国に支払う税金を国税といいます。国税には、相続税や贈与税、所得税や法人税などがあります。

第2部 相続税編

相続財産がかかるのは、相続財産の額が基礎控除額を超えたとき！

●相続税の基礎控除額の計算方法

相続税の基礎控除額 ＝ **3000万円** ＋ （600万円 × 法定相続人の数）

基礎控除額を超えると、相続税がかかる
相続財産の内容によっても基礎控除額は変わる

相続税がかかるケース	相続税がかからないケース
法定相続人が4人いる場合で、相続財産は株式や現金など併せて6000万円。	妻が相続人で、自宅（家と宅地）、現金など併せて3500万円を相続。

法定相続人4人／法定相続人1人

基礎控除額
3000万円
＋
（600万円×4人）
＝
5400万円

基礎控除額
3000万円
＋
（600万円×1人）
＝
3600万円

相続財産 6000万円
内訳
- 現金　　　2000万円
- 自動車　　1000万円
- 上場株式　3000万円

相続財産 3500万円
内訳
- 自宅　　　　1500万円
- 自宅の敷地　5000万円
　（評価額1000万円）
- 現金　　　　1000万円

第3章　相続税の基礎知識

Plus α　相続税を実際に支払っている人は、これまで国民の約4%でした。しかし、2015年1月から相続税の基礎控除額が引き下げられたため、同年以降国民の8%程度が課税されています。

133

相続税の基本ルール ❷
相続税が課税される財産、課税されない財産

注目!!
- 原則として相続したすべての財産に課税される。
- 実質的に相続したとみなされて課税される「みなし相続財産」がある。
- 一定の生前贈与された財産も課税の対象になる。

債権や知的所有権も相続財産になる

相続税の課税対象となる財産は、原則として相続したすべての財産です。

現金、預貯金、有価証券といった金融資産はもちろん、被相続人が住んでいた家屋、土地、配偶者居住権、また貸付金、売掛金などの債権、著作権、特許権、営業権といった知的所有権まで、金銭的価値のあるすべてが含まれます。

また、これらのような本来の相続財産以外にも、相続税法上の相続財産として「**みなし相続財産**」があります。

みなし相続財産は、実質的に相続や遺贈によって取得したものとみなして、相続税の課税対象に含まれます。生命保険契約に基づく生命保険金、死亡退職金、特別寄与料などです。みなし相続財産は、相続人が受け取った場合は相続、相続人以外の人が受け取った場合は遺贈によって取得したとして取り扱われます。

その他、**生前贈与された一定の財産も相続財産に含めます**。相続時精算課税の適用を受けて贈与された財産、相続開始前3年以内に生前贈与された財産です。

社会政策目的から非課税財産もある

一方で、**財産の性格などから、相続税の課税対象から除外されている非課税財産があります**。

代表的なものが、お墓や仏壇といった祭祀財産、お香典収入です。相続税の申告期限までに国や地方公共団体、特定の公益法人に寄附をしたもの、あるいは特定の公益信託の信託財産とするために支出したものについては、社会政策目的から非課税財産とされています。

相続と遺贈の違い

Q みなし相続財産は、取得した人が相続人かそうではないかで、取り扱いが変わりますが、どんな影響があるのですか?

A みなし相続財産を取得したのが相続人の場合は相続、相続人以外は遺贈となりますが、相続人の場合は、生命保険金と退職金について「500万円×法定相続人の数」が非課税として扱われるなどの特例があります。

 Keyword [**営業権**] 通常は、企業ブランドなど社会的信用によって生み出される無形の財産価値のこと。のれん。税務上は、織機の登録権利、出漁権、タクシー業のナンバー権等の登録、許・認可の権利など。

第2部　相続税編

原則すべての相続財産が課税対象

相続税がかかる財産

●本来の相続財産
- 現金、預貯金、小切手
- 有価証券（株式、公社債、投資信託の受益証券など）
- 土地（宅地、農地、山林、借地権など）、家屋（自用、貸家）、配偶者居住権（配偶者が終身または一定期間、居住建物に無償で居住することができるもの）
- 知的所有権（特許権、著作権、電話加入権、営業権など）
- その他の動産（自動車、船舶、書画・骨とう、事業用動産、牛馬など）

●みなし相続財産
- 生命保険金（被相続人が保険料を負担していたもの）
- 死亡退職金（被相続人の死亡により受け取る退職金など。死亡後3年以内に支給が確定したもの）
- 定期金（→158ページ）に関する権利（契約により、ある期間定期的に金銭その他の給付を受けることができるもの）
- 特別寄与料（相続人以外の被相続人の親族が無償で被相続人の療養看護等を行った場合に、相続人に対して金銭の請求をすることができるもの）

●生前贈与された財産
- 相続開始前3年以内の贈与財産
- 相続時精算課税の適用による贈与財産

相続税がかからない財産

●財産の性格、国民感情などを考慮した財産
- 墓地、墓石、香典、仏壇など

●公共事業の保護育成などを踏まえた財産
- 国や地方公共団体に寄附した財産、公益法人に寄附した財産

●社会政策や相続人の生活保障などを目的とする相続財産
- 相続人が取得した死亡保険金、死亡退職金のうち、法定相続人の数×500万円までの各金額
- 心身障害者共済制度にもとづく給付金の受給権

3章　相続税の基礎知識

 仏像や祭具などは原則として非課税財産ですが、投資目的として所有している高価なものについては、動産として課税対象です。

135

相続税の基本ルール ❸
相続税は4つのステップで計算する

注目!!
- 相続税の額は、各人の取得した財産に応じて税額が決められるのではなく、まず課税遺産の総額に対して相続税の総額が決まる。

相続税の申告期限　相続人
10ヵ月以内
相続開始

納付する相続税は課税遺産総額で決まる

相続税の計算では、遺産を取得した人ごとに各々の相続税額を計算するのではなく、まず**被相続人の課税遺産の総額に対して、支払う相続税額の総額が決まります**。これを**遺産税方式**といいますが、各人の実際の相続税額は、この課税遺産総額に対する法定相続分に応じた相続税額の総額を、各人の相続財産の取得の割合に応じて、配分する流れで求めます（法定相続分課税方式）。

所得税や法人税といった他の税金の計算とは異なる特殊な手順で計算しますから、少し難しいように感じる人もいるでしょう。確かに、相続財産ごとに税務上の評価額を計算するといった作業はなかなか大変な面はありますが、**相続財産についても一般的には、土地・建物、非上場株式を除けば、現金、預貯金、上場株式がほとんどですから評価方法もシンプル**です。それぞれの段階を踏まえて丁寧に計算していけば、誰でも正しい相続税額を求められます。

ところで、この本で説明している遺産相続にかかる諸手続きは、おもに「民法」と「税法」（相続税法）で決められているルールです。ただし、法律が違うと、同じ言葉でも意味が変わるものがあります。特に、税金の取り扱いは、税法特有の考え方があるので、相続税の申告・納付手続きをする上で、頭を切り替える必要があります。

たとえば、「相続人」については、相続放棄をした人は民法上、「最初から相続人ではない」とされますが、税法上は、「法定相続人」として相続税の基礎控除額を決める大事な要素です。また、「養子」については、民法上は、歴とした相続人ですが、**税法上は、法定相続人とする養子の数に制限があります**。

もっと知りたいQ&A　法定相続人の数

 Q 相続税の計算で養子は何人まで法定相続人と認められますか？

 Answer 被相続人に実子がいるかどうかで異なります。被相続人に実子がいる場合は1人、実子がいない場合は2人です。ただし、養子が配偶者の連れ子、あるいは特別養子の場合、実子等の代襲相続人の場合は、実子として取り扱います。

 Keyword　**［特別養子］** 特別養子制度による養子縁組で、通常の養子とは異なり、実の父母、その血族と親族関係は終了します。特別養子は戸籍上、実子に準じた扱いを受けます。

第2部 相続税編

4つの段階を踏まえて相続税を計算する

第1段階

各人の課税価格を計算する

相続、遺贈や相続時精算課税にかかる贈与によって財産を取得した人ごとに課税価格を計算。

(相続や遺贈によって取得した財産の価額 + 相続時精算課税適用財産の価額 − 債務・葬式費用の金額) + 相続開始前3年以内の贈与財産の価額 = 各人の課税価格

第2段階

課税される遺産総額の計算

課税遺産総額は、各人の課税価格の合計額から遺産にかかる基礎控除額を差し引く。

課税価格の合計額 − 遺産にかかる基礎控除額 = 課税遺産総額

第3段階

相続税の総額の計算

相続人等が遺産を実際にどのように分割したかや遺言に関係なく、法定相続人が課税遺産総額を法定相続分に応じて取得したものと仮定して、計算する。次に、この各人ごとの取得金額に、それぞれ相続税の税率を掛けた金額（法定相続分に応じる税額）を計算し、その合計額を相続税の総額とする。

●法定相続人が配偶者と子2人の場合

課税遺産総額

| 配偶者(2分の1) | 子(4分の1) | 子(4分の1) |

×税率 / ×税率 / ×税率

2分の1に応じる税額 + 4分の1に応じる税額 + 4分の1に応じる税額 = 相続税の総額

第4段階

各人の納付税額の計算

相続税の総額を遺産分割協議や遺言にもとづく各人の相続財産の実際の取得額の割合で按分した額が、各人ごとの相続税額となる。

これに配偶者の税額軽減や未成年者控除などをして納付する税額を求める。

孫（代襲相続人を除く）、特別寄与者への相続など「被相続人の父母・配偶者・子」以外の人の場合、**相続税額の2割が加算されます！**

3章 相続税の基礎知識

 相続人の遺産総額に応じて相続税額を決める「遺産税方式」に対して、個々の相続人等が取得した遺産額に応じて課税する方式を「遺産取得税方式」といいます。政府は遺産取得税方式への見直しを検討したこともあり、今後、現行の課税方式が変わる可能性も。

137

申告期限は必ずやってくる！

相続税の申告と納付

注目!!
- 遺産相続に伴うたくさんの手続き。そのゴールが「**相続税の申告・納付**」。
- とにかく申告期限までの時間が足りない！相続税の申告に間に合うようスケジュールを考えよう。

あっという間の「10ヵ月」

被相続人の死亡によって相続が開始して以降、相続人は死亡届の提出や遺産分割協議、相続財産の名義変更、登記、被相続人の準確定申告など、たくさんの手続きをこなしていかなければなりません。この**相続に伴う一連の手続きのゴールといえるのが、相続税の申告・納付です**。期限は、相続開始を知った日（通常は被相続人の死亡日）の翌日から**10ヵ月**です。遺産相続にかかる手続きの多さからみても、10ヵ月という期間は決して長くはありません。あっという間に申告・納付期限が到来してしまうというのが実際のところです。

相続税の申告書は、被相続人の死亡時の住所地を所轄する税務署に提出します。相続人の住所地を所轄する税務署ではないので注意してください。申告書は、被相続人から相続、遺贈、相続時精算課税にかかる贈与によって財産を取得した人が共同で作成して提出することができます。ただし、相続人の間で連絡が取れない場合など、共同で作成することができない場合は、別々に申告書を提出しても差し支えありません。

相続税の納付は、申告書の提出期限と同じく相続開始を知った日の翌日から10ヵ月。原則として、金銭で納付します。納付する場所は、最寄りの銀行、郵便局等の他、所轄税務署です。現金に、納付する場所に用意してある納付書を添えて納付します。納付書には、住所、氏名、税額、申告書を提出した税務署名などを記入します。

仕事が忙しい場合などは、自宅やオフィスからインターネット等を利用して納付することもできます（電子納税）。電子納税を利用するためには、国税庁の**e－Tax（国税電子申告・納税システム）** ホームページ（http://www.e-tax.nta.go.jp/）で開始届出書の提出といった事前の手続きが必要です。

確定申告書を申告期限までに提出しなかった場合は「**無申告加算税**」、法定納付期限までに納付しなかった場合は「**延滞税**」が発生します。

▶国税庁のe-Taxホームページ。

Keyword [**税務署**] 全国に524署あります。相続税や所得税など国税の徴収を行っています。税務署の上部組織、国税局には大口・悪質な脱税の調査を行う査察部（通称マルサ）が置かれています。

相続税の申告期限までは意外に時間がない！

相続税の申告で誤りに気が付いたときは……

申告書を提出した後、相続財産の評価額や納付額の計算で間違いに気が付いた場合、「修正申告」、「更正の請求」といった方法で訂正できる（206～207ページ参照）。

- **申告が少なかった場合**（もっと支払う必要があった） **修正申告書を提出する**（原則として加算税や延滞税がかかる）
- **申告が多かった場合**（多く支払い過ぎた） **更正の請求**（申告期限から一定の期間に限り、税額の減額などを求めることができる）

納付が遅れると延滞税が発生する！

納期限の翌日から納付の日までの間の延滞税を、本来の相続税と併せて納付する必要がある。

【2021年1月1日～2021年12月31日の場合（特例基準割合は毎年改正されます）】

納期限の翌日から2ヵ月を経過する日までの期間	**2.5%**	（年「7.3%」と「特例基準割合」のいずれか低い割合）
納期限の翌日から2ヵ月を経過した日以後	**8.8%**	（年「14.6%」と「特例基準割合＋7.3%」のいずれか低い割合）

相続税額の目安

遺産の内容、法定相続人の人数、遺産分割の状況により相続税額は異なるが、相続人が法定相続分にもとづいて相続したと仮定した場合で、「配偶者の税額軽減」以外の各種控除前の相続税額の目安として。

相続人	課税遺産の総額	5000万円	1億円	2億円	3億円	5億円
配偶者と子ども1人	配偶者 子	0万円 40万円	0万円 385万円	0万円 1670万円	0万円 3460万円	0万円 7605万円
配偶者と子ども2人	配偶者 子 子	0万円 5万円 5万円	0万円 158万円 158万円	0万円 675万円 675万円	0万円 1430万円 1430万円	0万円 3278万円 3278万円
配偶者と子ども3人	配偶者 子 子 子	0万円 0万円 0万円 0万円	0万円 87万円 87万円 87万円	0万円 406万円 406万円 406万円	0万円 847万円 847万円 847万円	0万円 1987万円 1987万円 1987万円
配偶者と子ども4人	配偶者 子 子 子 子	0万円 0万円 0万円 0万円 0万円	0万円 56万円 56万円 56万円 56万円	0万円 281万円 281万円 281万円 281万円	0万円 588万円 588万円 588万円 588万円	0万円 1375万円 1375万円 1375万円 1375万円

※課税遺産の総額は、各人の相続税の課税価格の合計額（遺産にかかる基礎控除額控除前の金額）。
※1万円未満は四捨五入しています。

 所得税や贈与税の申告と納付は、納税者本人の住所を所轄する税務署です。しかし、相続税、被相続人の死亡に伴う準確定申告は、被相続人の納税地で行います。財産を取得した人の住所地を所轄する税務署ではありません。

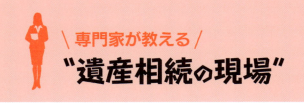

COLUMN ③

「あなたの申告について……」 税務署から調査の通知がきた

　相続税も所得税や法人税と同じように、税務調査が行われることがあります。相続税の税務調査を行うのは、税務署の資産税課税部門の担当官です。相続税額が高額の場合は、税務署の上部組織、国税局の所管になります。脱税の場合は、国税局の査察部（マルサ）が調査します。

　調査を受ける相続人は、遺産を相続した全員という場合もあれば、特定の相続人、または複数の相続人ということもあります。一方、調査をする側、たとえば、査察部などは数十人規模の調査官がチームを組んで徹底的に調べます。

　会社に対する税務調査は、事業を行っている場所（本社の事務所やお店の事務室）で行うのが一般的ですが、相続税の場合は、通常、被相続人の自宅で行います。現預金、有価証券、不動産など相続財産のすべてが調査の対象になります。これらの財産について申告漏れがないかどうか、相続人への質問や、金融機関に対する反面調査などが行われます。

　税務署が調査を実施するかどうかは、相続税額や過年度の所得税の申告状況等から判断しますが、なかには、遺産分割に不満がある相続人からのリーク、つまり〝タレこみ〞が発端となることもあります。

　調査は、原則として納税者に事前通知されます。自宅での調査の場合、タンスや引出しを勝手に開けられるのではないかと心配する人がいるかもしれませんが、査察による強制調査でない限り、任意調査として納税者の同意を得ながら進められます。

　調査の事前通知がきたら、相続税の申告書の控えを見直し、相続財産となった預貯金の通帳と印鑑、証券会社との取引記録、不動産の登記簿謄本等相続に関するものを1ヵ所にまとめて準備しておきましょう。

　また、調査前（調査官から指摘される前）の段階で申告漏れが判明した場合、修正申告書を提出すれば、ペナルティとして本税に加えて賦課される過少申告加算税は免れることができる可能性があります。

　預貯金等は、被相続人名義のものの他、相続人やその家族名義のものまで調査されますので、いわゆる名義預金がないかどうかも確認しておくとよいでしょう。

（税理士　原木規江）

第2部　相続税編

4章
相続財産の評価方法

相続税の計算をする際、
取得した相続財産が
いくらなのかを求める必要があります。

相続財産は原則、時価で評価しますが、
一方で、相続財産の具体的な評価方法として
国税庁の「相続税財産評価基本通達」があります。
つまり、一般の取引価格や市場価格などとは異なる
〝税務上の評価額〟があるのです。
財産の種類によっては評価額を軽減する
特例が設けられているケースもあります。
この章では、宅地や家屋、借地権、株式といった
相続財産ごとの評価方法を解説します。

相続財産の評価

相続財産には「税務上の価額」がある

注目!!
- 相続財産の額は、原則、相続発生日の時価で評価される。
- 個々の相続財産は、国税庁の通達に従って評価される。

財産評価のコツ 〔相続人〕
不動産など金額が大きなものから評価額を把握する

相続財産は原則、時価で決まる

遺産分割をするにも、相続税の計算をするにも、まず、相続財産の評価額がいくらなのかを把握することが必要です。

しかし、相続財産の評価方法は複雑で、なかなか自分で計算するのは難しい、と思われるかもしれません。

たとえば、預金でも、利息を加算するかどうかによりその評価額は変化します。上場株式は毎日株価が変動します。不動産の場合は、場所や形状、権利関係、用途などにより、一つひとつ価額が異なります。このように、相続財産は、財産の種類により、評価する条件、算出方法などが異なります。では、どのように評価額を求めていけばいいのでしょうか。

相続財産の評価額は、原則、課税時期の時価で評価されます。課税時期とは、相続や遺贈などにより財産を取得した日のことをいいます。通常は、被相続人が亡くなった日を指します。

また時価とは、不特定多数の人たちの間で行われる自由な取引によって、通常成立すると認められる財産の価額のことをいいます。つまり、**相続財産の評価は、「被相続人が亡くなった日の、自由な取引によって成立した価額によって評価される」、これが基本**です。この基本をもとに、個々の財産の種類により、様々な特例措置が設けられているというわけです。

相続財産の具体的な評価方法は、国税庁が「**相続税財産評価基本通達**」で公表しています。原則、この通達に従って個々の相続財産を評価していきます。

大きな財産はまず概算価額を求めよう

相続税がかかる場合は、相続開始から10ヵ月以内の申告と納付が必要です。相続税がかかるのか、かからないのかを見極めるためにも、相続財産のうち、不動産などの金額が大きくなりそうな財産から、大まかな評価額を把握してみるとよいでしょう。

そして、相続税がかかりそうだとわかったら、早めに税理士などの専門家に、詳細の計算を依頼してみてはいかがでしょうか。具体的な財産評価の方法は144ページから紹介します。

Keyword　[時価]　課税時期（相続開始のとき）において、それぞれの財産の現況に応じ、不特定多数の当事者間で自由な取引が行われる場合に通常成立すると認められる価額のことです。

第2部　相続税編

相続財産の種類ごとに評価方法がある

財産の種類		評価方法	参考ページ
土地	宅地	市街地：路線価方式	P144〜
		路線価がない地域：倍率方式	
	農地・山林	倍率方式	P152〜
	借地権	自用地としての評価額×借地権割合	P154〜
	貸宅地	自用地としての評価額－自用地としての評価額×借地権割合	P156〜
	貸家建付地	自用地としての評価額－自用地としての評価額×借地権割合×借家権割合×賃貸割合	
家屋	自用家屋	固定資産税評価額×1.0	P150〜
	貸家	固定資産税評価額－固定資産税評価額×借家権割合×賃貸割合	
配偶者居住権	配偶者居住権	建物の相続税評価額－建物の相続税評価額×（残存耐用年数－存続年数）／残存耐用年数×存続年数に応じた民法の法定利率による複利現価率	P150〜
	配偶者居住権が設定された建物	建物の相続税評価額－配偶者居住権の相続税評価額	
	配偶者居住権に基づく敷地利用権	土地等の相続税評価額－土地等の相続税評価額×存続年数に応じた民法の法定利率による複利現価率　※存続年数は配偶者の平均余命年数（原則）。	
	配偶者居住権付建物の敷地の所有権等	土地等の相続税評価額－敷地の利用に関する権利の価額	
生命保険金		保険金額－（500万円×法定相続人の数）	P158〜
有価証券	上場株式など	相続開始日の最終価格、および相続開始月、前月、前々月の最終価格の月平均額のうちの最も低い価額	P160〜
	取引相場のない株式	株主の区分や会社の規模などにより評価方法が異なる	P162〜
	公社債	公社債の種類により評価方法が異なる	P166〜
ゴルフ会員権	取引相場のある場合	取引価格×70%（預託金がない場合）	P168〜
その他財産	預貯金	預入高＋既経過利息－源泉所得税額	P170〜
	自動車	実際に市場で売買されている価額	
	貸付金	元本の価額＋既経過利息	

4章　相続財産の評価方法

Plus α　国税庁の相続税財産評価基本通達は、相続財産の具体的な評価方法を定めています。通達は、国税庁ホームページ（http://www.nta.go.jp/）で見ることができます。

宅地の評価方法
路線価方式と倍率方式、2つの方法がある

注目!!
- 宅地の評価方法には**路線価方式**と**倍率方式**がある。
- 市街地の評価は路線価方式を使う。

宅地には2つの評価方法がある

　宅地とは、住宅地、商業地、工場地などの用途にかかわらず、建物の敷地となる土地のことをいいます。相続時の宅地の評価方法には、「路線価方式」と「倍率方式」の2つがあります。評価しようとする宅地がどちらの方式を採用するのかについては、所轄の税務署にある「財産評価基準書」で確認することができます。

市街地にある宅地は路線価方式で評価

　市街地にある宅地は、路線価方式で評価します。
　路線価とは、道路に接する標準的な土地1㎡あたりの価額のことです。通常、公示価格、売買実例価額等を基に算定した価格の8割程度で、毎年7月に国税庁から公表されます。**全国の路線価が掲載された路線価図は、国税庁のホームページや各国税局・税務署で閲覧することができます。**
　路線価方式では、対象となる敷地が接する路線価に、土地の面積をかけて評価額を求めます。

路線価は土地の形状などで画地調整される

　ひとことで宅地といっても、実際には、間口が広く使いやすい宅地、間口が狭く奥行のある宅地、角地にある宅地など、形状や立地条件は個別に異なります。そこで、個々の宅地の形状や条件などを考慮して、評価額の調整が行われます。これを「**画地調整**」といいます。画地調整がある場合は、路線価にそれぞれの調整率をかけて、1㎡あたりの評価額を調整します。画地調整には、おもに次のようなものがあります。

①一方のみ道路に面している場合
　道路からの奥行の距離が長い、または短い宅地の場合は、標準的なものに比べ評価が低くなります。奥行の長短により補正率は異なります。
「評価額＝路線価×奥行価格補正率×面積」
②正面と側方で道路に面している場合
　正面と側方の2面で道路に接している角地の場合は、一方のみ道路に接している宅地に比べ利用価値が高いと評価され、次のように評価額が加算されます（146ページに続く）。

Keyword 路線価 ... 大阪市の一部の地域については新型コロナウイルスの影響により地価が大幅に下落したことを踏まえて、2021年4月に路線価の減額補正が行われています。

第2部 相続税編

コレが基本！ 宅地評価は路線価図の確認からスタート

- 路線価図の年度およびページを表示
- ○や◇などの記号は地区区分を表し、白や黒の色は地区区分の適用範囲を表す
- 路線価の右側のA〜Gに対応する借地権割合を示す
- 道路沿い 普通商業・併用住宅地区
- 数字は1㎡あたりの価額を千円単位で示す。アルファベットは借地権割合を示す。「215D」の場合は、1㎡あたりの路線価は21万5000円、借地権割合は60％である
- 町丁名、街区番号を示す

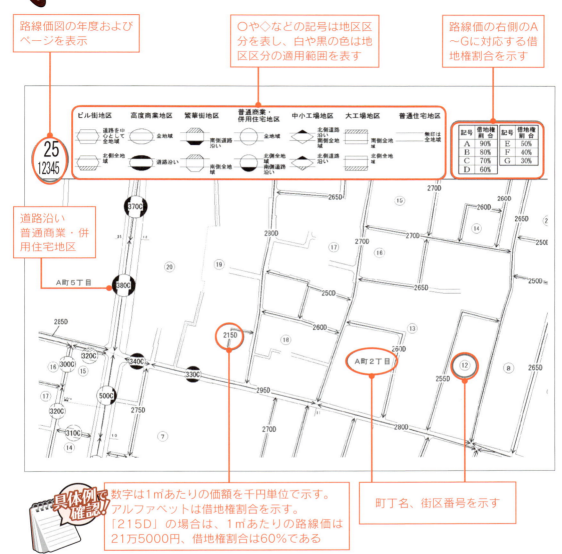

相続時における宅地の評価方法

種類	計算式	適用宅地
路線価方式	評価額＝路線価×宅地面積（㎡）	市街地など
倍率方式	評価額＝宅地の固定資産税評価額×倍率	路線価のない宅地

Keyword 【画地調整】 路線価方式による評価の際に、宅地の形態、位置、道路との関係など、利用価値を考慮して評価額の増減を行います。

145

(a)正面路線価に奥行価格補正率をかけて、奥行価格補正後の正面路線価を求める。

(b)側方路線価に奥行価格補正率と側方路線影響加算率をかける。

(c)(a)と(b)を加算し、面積をかけ評価額を求める。

「評価額＝｛（正面路線価×正面の奥行価格補正率）＋（側方路線価×側方の奥行価格補正率×側方路線影響加算率)｝×面積」

③正面と裏面で道路に面している場合

正面と裏面の二方で道路に面している場合も、評価額が加算されます。

「評価額＝｛（正面路線価×正面の奥行価格補正率）＋（裏面路線価×裏面の奥行価格補正率×二方路線影響加算率)｝×面積」

なお、②や③における正面道路とは、奥行価格補正後の路線価の高い方の道路をいいます。

この他、間口が狭い場合、奥行が極端に長い場合、がけ地にある場合、形がいびつな場合などは、補正率をかけ評価額を減額します。

路線価のない宅地は倍率方式

路線価のない地域は、倍率方式で評価します。

倍率方式では、「評価額＝固定資産税評価額×倍率」のように、固定資産税評価額に国税局長が一定の地域ごとに定めた倍率をかけて評価額を求めます。倍率は、その宅地の売買実例価額、公示価格、不動産鑑定士等による鑑定評価額などをもとに定められており、国税庁のホームページや各地の税務署にある評価倍率表で閲覧することができます。

路線価方式の画地調整

●宅地の形状などにより、次のように評価額を調整します。

一方のみ道路に面している場合	評価額＝路線価×奥行価格補正率×面積
正面と側面で道路に面している場合	(a)正面路線価×正面の奥行価格補正率 (b)側方路線価×側方の奥行価格補正率×側方路線影響加算率 (c)評価額＝｛(a)＋(b)｝×面積
正面と裏面で道路に面している場合	(a)正面路線価×正面の奥行価格補正率 (b)裏面路線価×裏面の奥行価格補正率×二方路線影響加算率 (c)評価額＝｛(a)＋(b)｝×面積
間口が狭い場合	評価額＝路線価×奥行価格補正率×間口狭小補正率×面積
奥行が極端に長い場合	評価額＝路線価×奥行価格補正率×奥行長大補正率×面積
がけ地にある補正	評価額＝路線価×奥行価格補正率×がけ地補正率×面積
形がいびつな場合	評価額は不整形の程度などにより補正

Keyword ［**奥行価格補正率**］ 奥行の深さ浅さによる使い勝手を評価額に反映するための補正率です。地区区分ごとに一定の補正率が定められています。

第2部 相続税編

宅地の形状によって評価額は調整される

路線価が加算される場合

● 正面と側方で道路に面している宅地
（側方路線影響加算）

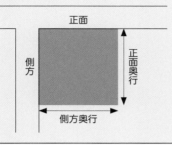

● 正面と裏面が道路に面している宅地
（二方路線影響加算）

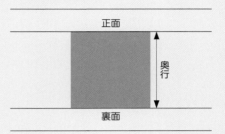

正面道路とは、奥行価格補正後の路線価
（路線価×奥行価格補正率）の高い方の道路をいう

路線価が減額される場合

● 奥行が長い、または短い宅地
（奥行価格補正）

● 間口が狭い宅地
（間口狭小補正）

● 奥行が極端に長い宅地
（奥行長大補正）

具体例で確認！ 路線価方式による角地の計算例

❶ 正面路線価×奥行価格補正率（1.0）
　＝400,000×1.0＝400,000円
❷ 側方路線価×奥行価格補正率（1.0）×
　側方路線影響加算率（0.03）
　＝380,000円×1.0×0.03＝11,400円
❸ 1㎡あたりの価格＝❶＋❷＝411,400円
❹ 調整後の宅地評価額
　＝411,400円×300㎡＝**1億2342万円**

※補正率は、地区区分により異なります。計算例は、普通住宅地区の場合。

第4章 相続財産の評価方法

Plus α 角地のうち、一系統の路線の屈折部の内部に位置する宅地を準角地といいます。一般の角地よりも評価が低くなります。

147

小規模宅地等の特例
居住用、事業用の宅地は相続税が軽減される

注目!!
- 被相続人の居住用、事業用宅地は、一定条件下で、一定の面積を限度として評価額を50〜80％減額できる。
- 相続人、宅地の用途により、減額率は異なる。

評価額を引き下げて税負担を軽減

　相続税のために、住んでいる自宅を手放すことに……。そのような事態にならないように、自宅や事業用の宅地については、その評価額を引き下げ、相続税の負担を軽くする特例があります。これを「**小規模宅地等の特例**」といいます。

　特例の対象となる宅地は、「**特定居住用宅地**」、「**特定事業用宅地**」、「**特定同族会社事業用宅地**」、「**貸付事業用宅地**」の4つに区分されます。ちなみに、この宅地には借地権や配偶者居住権にもとづく敷地利用権、配偶者居住権付建物の敷地の所有権なども含まれます。

　小規模宅地等の特例は、相続開始の直前に、被相続人等の居住用、または事業用の宅地であることが要件であり、一定の条件下で、一定面積まで、その評価額を50〜80％減額することができます。 また、相続税の申告期限まで、相続した者がその宅地に引き続き居住、または事業を継続するなどの要件があります。建物や構造物がその敷地に存在することも要件です。そして、

その宅地について遺産分割を完了し、**相続税がかからなくても、この特例の適用を受ける旨の相続税の申告書を税務署に提出しなければなりません。**

配偶者の自宅相続は特に配慮されている

　誰が相続するのか、宅地がどのように利用されていたのかなどにより、適用される限度面積や評価の減額率は異なります。

　たとえば、配偶者等が居住用の宅地を相続した場合は、330㎡までであれば80％減額されます。敷地面積200㎡、評価額5000万円の居住用宅地の場合なら、1000万円として評価されることになります。

 手続きのポイント！

　申告期限内に遺産分割が完了しなかった場合は、申告期限内に相続税の申告書に「申告期限後3年以内の分割見込書」を添付し、提出しておきます。3年以内に分割が完了した際には、「更正の請求」を行うことにより、相続税の還付を受けることができます。

148　　2015年より特定居住用宅地の特例適用限度面積が240㎡から330㎡に拡大されました。また、居住用宅地と事業用宅地を併用する場合の限度面積も、最大730㎡まで完全併用が可能となりました。

第2部 相続税編

小規模宅地等は評価額が大幅に軽減される

小規模宅地等の特例における減額率

宅地の種類	限度面積	減額の割合
①特定居住用宅地等	330㎡	80%
②特定事業用宅地等	400㎡	80%
③特定同族会社事業用宅地等※	400㎡	80%
④貸付事業用宅地等	200㎡	50%

※法人の貸付事業用の宅地等は除かれ、④と同様に取り扱われます。

小規模宅地等の特例の適用条件

宅地の種類		相続人	適用要件
特定居住用宅地等	被相続人の居住用の宅地等	被相続人の配偶者	なし
		被相続人と同居していた親族	相続開始時から相続税の申告期限まで、引き続きそこに居住し、その宅地等を所有している
		被相続人と同居していない親族	❶〜❸のすべてに該当する場合で、かつ❹および❺の要件を満たす者 ❶被相続人に配偶者がいない ❷その居住用家屋に同居していた相続人がいない ❸国内に住所がある（一時居住者を除く）、または日本国籍を有している ❹相続開始前3年以内に日本国内の自己または配偶者の持ち家に住んだことがない※ ❺その宅地等を相続税の申告期限まで所有している ※2018年4月1日以後は、❹の「配偶者」は、「その者の配偶者、3親等内の親族、またはその親族と特別な関係がある一定の法人」と改正され、かつ、「相続開始時において居住の用に供していた家屋を過去に所有していたことがない」という要件が付加された。
	被相続人と生計を一にする親族の居住用の宅地等	被相続人の配偶者	なし
		被相続人と生計を一にしていた親族	相続開始時から相続税の申告期限まで、引き続きそこに居住し、その宅地等を所有している

宅地の種類		適用要件
特定事業用宅地等	被相続人の事業用の宅地等	●親族が取得し、被相続人の事業を引き継ぎ、相続税の申告期限までその事業を営んでいる ●その宅地等を相続税の申告期限まで所有している
	被相続人と生計を一にする親族の事業用の宅地等	●親族が取得し、相続開始の直前から相続税の申告期限まで、その宅地等で事業を営んでいる ●その宅地等を相続税の申告期限まで所有している
特定同族会社事業用宅地等	一定の法人の事業用に使用している宅地等	●親族が取得し、取得者が、相続税の申告期限において、その法人の役員である ●その宅地等を相続税の申告期限まで所有し、事業を継続している
貸付事業用宅地等※	被相続人の貸付事業用の宅地等	●親族が取得し、被相続人の貸付事業を引き継ぎ、相続税の申告期限までその貸付事業を行っている ●その宅地等を相続税の申告期限まで所有している
	被相続人と生計を一にする親族の貸付事業用の宅地等	●親族が取得し、相続開始の直前から相続税の申告期限まで、その宅地等で貸付事業を行っている ●その宅地等を相続税の申告期限まで所有している

※2018年4月1日以後は、相続開始前3年以内に新たに貸付事業用に供された宅地等を除く（経過措置あり）。

第4章 相続財産の評価方法

 Keyword ［一定の法人］ 特定同族会社事業用宅地の一定の法人とは、相続開始直前において、被相続人および被相続人の親族等が法人の発行済株式総数または出資総額の50%超を有しているものをいいます。

家屋の評価
固定資産税の評価額と同じく評価

注目!!
- 自用家屋は**固定資産税評価額**で評価する。
- 貸家は**借家権割合**を控除する。
- 配偶者居住権は建物の相続税評価額などにもとづく一定の評価方法で計算する。

期限 10ヵ月以内 （相続人・受遺者）

市町村の固定資産課税台帳で確認できる

　自用家屋の価額は、原則として1棟ごとに評価し、その評価額は倍率方式で求めます。固定資産税評価額に一定倍率をかけて求めますが、自用家屋の倍率は1.0倍のため、価額は固定資産税評価額と同額となります。

　マンションの場合も同様です。固定資産税評価額は、市町村の税務課にある**固定資産課税台帳**で確認できます。

　建築中の家屋の場合は、固定資産税評価額がありません。よって価額は、その家屋の費用現価の70％相当の額で評価されます。費用現価の額とは、課税時期（相続開始日）までに投下された建築費用の額を、課税時期の価額に計算し直した額のことです。

　付属設備については、家屋と一体となっている設備（ガス設備、給排水設備、衛生設備等）は、家屋の価額に含めて評価します。

　門、塀などの設備は、その設備の再建築価額から、建築時から課税時期までの償却額を控除した金額に対して70％をかけた金額を評価額とします。

　庭園設備などは、その設備の調達価額（課税時期において、その設備を取得する場合の価額）に70％をかけた金額で評価します。

貸家は評価額から借家権を控除

　人に賃貸している貸家の場合は、通常の家屋の評価額から国税局長の定める借家権割合にもとづく借家権の評価減（通常30％）を控除します。課税時期に貸借していない部分がある場合は、貸借割合をかけあわせ、評価額を算出します。

手続きのポイント!
　固定資産税評価額は、評価の対象となった家屋と同等のものをその場所に新築した場合に必要となる建築費を求め、その価額を経過年数に応じて減価し求めます。よって、資材等の価格上昇により建築費などが上昇した場合は、家屋が古くなったとしても、評価額が下がらない場合もあります。

Keyword　[**再建築価額**]　同等のものを新たに建築する際にかかる建築費のことをいいます。

家屋だけでなく、門塀、庭木、庭石も評価の対象

第2部　相続税編

第4章　相続財産の評価方法

家屋と一体の設備
設備の評価額は家屋の評価額に含める
（ガス設備、給排水設備、衛生設備など）

家屋
評価額＝固定資産税評価額×1.0

（建設中の家屋）
評価額＝費用現価の額×0.7

庭園設備
評価額＝調達価額×0.7

配偶者居住権
評価額＝建物の相続税評価額－建物の相続税評価額×（残存耐用年数－存続年数）／残存耐用年数×存続年数に応じた民法の法定利率による複利現価率

門、塀などの設備
評価額＝（再建築価額－経過年数に応じた減価額）×0.7

貸家の評価

| 評価額 | ＝ | 固定資産税評価額 | － | 固定資産税評価額 | × | 借家権割合 | × | 賃貸割合 |

・借家権割合：国税局長の定める割合で、通常30％

・賃貸割合＝ 賃貸されている各独立部分の床面積の合計 ／ 家屋の各独立部分の床面積の合計

Plus α 費用現価の計算方法は、たとえば、建築費の総額が2500万円の家屋で全体の半分ができている場合は、2500万円×0.5＝1250万円が費用現価となります。

151

農地・山林の評価
種類によって様々な評価方法がある

注目!!
- 農地は4つ、山林は3つに区分される。
- 評価の方法は、**倍率方式**、**宅地比準方式**がある。

市街地農地は宅地評価に準ずる場合も

農地は、農地法による宅地への転用の制限など諸条件を考慮し、①「**純農地**」、②「**中間農地**」、③「**市街地周辺農地**」、④「**市街地農地**」の4つに区分されます。

①②純農地、および中間農地の評価は、固定資産税評価額に一定の倍率をかけて評価する、倍率方式で行います。

③市街地周辺農地の評価は、その農地が市街地農地であるとした場合の価額の80％相当額で評価します。

④市街地農地の評価は、国税庁の定める倍率のある地域については倍率方式で、倍率の定めのない地域については、**宅地比準方式**で評価します。

宅地比準方式とは、その農地が宅地であるとした場合の1㎡あたりの価額から、その農地を宅地に転用する際にかかる造成費相当額を差し引き、地積をかけて評価額を求めます。

農地が宅地であるとした場合の価額は、路線価のある地域の場合は路線価方式で、路線価のない地域の場合は最も近接し、形状や立地条件の最も類似する宅地の評価額をもとに計算します。

また、1㎡あたりの宅地造成費は国税局長が地域ごとに定めており、国税庁のホームページに掲載されています。

山林は3種類に区分

山林は、①「**純山林**」、②「**中間山林**」、③「**市街地山林**」の3つに区分され、農地とほぼ同様の方法で評価額を求めます。

①②純山林と中間山林は倍率方式で、③市街地山林は倍率方式、または宅地比準方式で評価します。宅地比準方式では、市街地農地と同様に、その山林が宅地にあるとした場合の価額から、宅地造成費を差し引き評価します。

なお、市街地山林において宅地への転用が見込めない場合には、その山林の価額は、近隣の純山林の価額に比準して評価します。

その他、貸し付けられている山林においては、通常の山林の評価額から、それぞれ貸借権や地上権を控除した金額により評価します。

Plus α 農地の相続については、高額な相続税が課税されてしまうと、農業を継続したくても相続税を払うために農地を売却せざるを得ないという問題が生じることもあるため、農業を継続する相続人に対しては、相続税の納税が猶予さ

第2部 相続税編

農地は4つ、山林は3つに区分して評価される

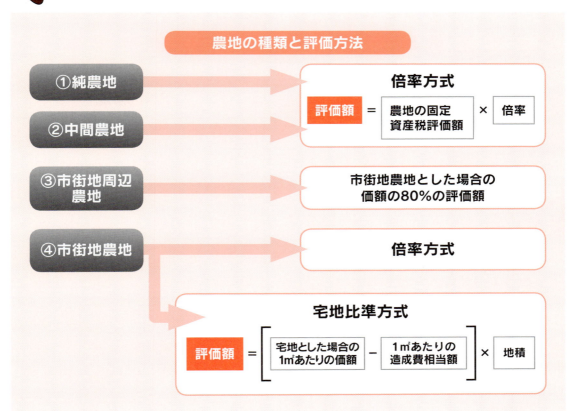

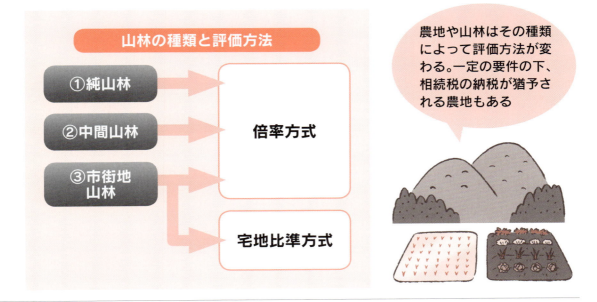

れる制度があります。適用される要件などは複雑なので、該当する場合は税務署や税理士にお問い合わせください。

借地権の評価
借地権割合をかけて計算する

注目!!
- 借地権は自用地の価額×借地権割合で評価する。
- 借地上の建物にも配偶者居住権の設定が可能。

借地権には5種類ある

借地権とは、建物を所有することを目的として、地主から土地を借りて使用する権利のことをいいます。借地権を相続すると、相続税の課税対象となります。

借地権には、①借地権、②定期借地権、③事業用定期借地権等、④建物譲渡特約付借地権、⑤一時使用目的の借地権、の5種類があります。借地権を評価する場合は、①を「借地権」、②〜④を「定期借地権等」、⑤を「一時使用目的の借地権」と区分し評価します。

なお、借地上の建物にも配偶者居住権の設定が可能です。また、借地権に対する配偶者居住権にもとづく権利についても小規模宅地等の特例が適用できます。

借地権割合は路線価図などで確認する

借地権の価額は、自用地としての価額に借地権割合をかけて求めます。借地権割合は、借地事情が似ている地域ごとに定められており、国税庁ホームページにある路線価図や評価倍率表で確認することができま

す。通常、地価が高くなるほど、借地権の評価額も高くなります。

定期借地権等の評価

定期借地権等のおもな特徴は、①**契約の更新がない**、②**建物を建て替えたとしても借地期間の延長がない**、③**契約終了時に地主に対する建物買取請求権がない**、などがあげられます。原則として、契約満了時には、借地人が建物を壊し、更地にして返還することになります。

定期借地権等の価額は、原則として、課税時期の借地人に帰属する経済的利益および存続期間をもとに評価されます。ただし通常は、右ページにある算式で評価額を求めます。定期借地権等は期間満了時に契約の更新ができないため、残存期間が短くなるほど、評価額も減少していきます。

一時使用目的の借地権の場合は、雑種地の貸借権の評価方法と同様に評価します。一時使用目的の借地権が、地上権に準ずる権利として認められるかどうかにより、評価方法が異なります。

Keyword [**自用地**] 自らが所有し、自らが使用する土地のことをいいます。建物があったとしても更地として評価され、路線価方式または倍率方式で評価額を求めます。

第2部 相続税編

地価が高いほど、借地権の評価額も高い

借地権の種類

借地権の種類		契約更新の可否	借地期間	利用目的	契約終了時の建物
借地権		更新可	30年以上	制限なし	地主に対して買取請求権が発生
定期借地権等	定期借地権	更新不可（※）	50年以上	制限なし	取り壊し更地にして返還
	事業用定期借地権		10年以上50年未満	事業用のみ	取り壊し更地にして返還
	建物譲渡特約付借地権		30年以上	制限なし	建物は地主が買い取る

※定期借地権、および一部の事業用定期借地権では更新排除の特約を定めることができる

借地権の評価方法

●借地権

評価額 ＝ 自用地としての評価額 × 借地権割合

●定期借地権等

評価額 ＝ 自用地としての評価額 × (設定時における借地人に帰属する経済的利益の総額) / (設定時におけるその宅地の通常の取引価額) × 逓減率

逓減率 ＝ (課税時期の残存期間年数に応ずる基準年利率による複利年金現価率) / (設定期間年数に応ずる基準年利率による複利年金現価率)

Plus α 親の土地を子が無償で借りて家を建てた場合は「使用貸借」となります。この場合、子の借地権は発生せず、土地の評価も更地として評価されます。

貸宅地、貸家建付地の評価
自用地より評価額は低くなる

注目!!
- 土地は人に貸すと評価額が下がる。
- 原則、**貸宅地**の評価額は、自用地価額から借地権価額を控除して求める。

様々な制限……評価額にも反映

貸宅地とは、借地権を設定するなどして、その土地を他人に貸し出し、他人が利用する権利を持っている土地をいいます。地主にとっては、自用地と比べて、様々な制限が生じるため、その評価額は低くなります。

宅地の上に設定される権利には、①**借地権**、②**定期借地権等**、③**地上権**、④**区分地上権**、⑤**区分地上権に準ずる地役権**──の5種類があります。ここでは、実際に設定されることが多い、借地権と定期借地権等が設定された貸宅地についてみていきます。

借地権が設定されている場合は、自用地としての評価額から借地権の価額（自用地評価額×借地権割合）を控除して求めます。借地権の取引慣行のない地域については、借地権割合を20％として計算します。

定期借地権等が設定されている場合は、原則、自用地としての評価額から定期借地権等の価額を控除して評価額を求めます。ただし、定期借地権等の価額が、残存期間に応じて計算された価額よりも小さい場合は、大きい方の価額を自用地評価額から控除します。

一般定期借地権とは、定期借地権等のうち、公正証書等の書面により借地期間を50年以上とし、借地期間満了により借地権が確定的に終了するものをいいます。一般定期借地権が設定されている場合の評価方法は、課税上、弊害がない限り、自用地としての評価額から底地割合をもとに算出された定期借地権に相当する価額を控除します。

底地とは、借地権が設定されている土地の借地権部分を控除した権利をいいます。底地割合は路線価図で設定される借地権割合の地域区分に従って定められています。

貸家建付地の評価

貸家建付地とは、自己が所有する土地に貸家を建て、他人に貸し出している宅地をいいます。貸宅地と異なる点は、土地と建物の所有者が同一であるということです。

こちらも、賃借人がいることで、地主の権利が制限されるため、自用地に比べ評価額が低くなります。評価の方法は、自用地の評価額から借地権割合、借家権割合、賃貸割合をそれぞれ考慮し算出します。

Keyword　[地上権]　他人の土地において、工作物などを所有するために、土地を利用する権利をいいます。工作物が建物の場合は、借地権となります。

第2部　相続税編

地主の権利が制限される分だけ評価額は低くなる

貸宅地
借地権：B氏所有
建物：B氏所有
宅地：A氏所有

貸家建付地
B氏居住
建物：A氏所有
宅地：A氏所有

貸宅地の評価方法

● **借地権が設定されている場合**

評価額 ＝ 自用地としての評価額 － 自用地としての評価額 × 借地権割合

● **定期借地権等が設定されている場合**

評価額 ＝ 自用地としての評価額 － （下記❶、❷のいずれか大きい方の額）

❶ 定期借地権等の価額

❷ 自用地としての評価額 × 定期借地権等の残存期間に応じた割合

● 定期借地権等の残存期間に応じた割合

残存期間が5年以下	5%
残存期間が5年超、10年以下	10%
残存期間が10年超、15年以下	15%
残存期間が15年超	20%

● **一般定期借地権の目的となっている宅地の場合**

評価額 ＝ 自用地としての評価額 － 定期借地権に相当する価額

定期借地権に相当する価額 ＝ 自用地としての評価額 － $\left(1-\right.$底地割合$\left.\right)$ × 逓減率（→P155）

● 底地割合

借地権割合 路線価図 評価倍率表	C	D	E	F	G
	70%	60%	50%	40%	30%
底地割合	55%	60%	65%	70%	75%

貸家建付地の評価方法

評価額 ＝ [自用地としての評価額 － 自用地としての評価額 × 借地権割合 × 借家権割合 × 賃貸割合]

Plus α 一般定期借地権において、A、B地区、および借地権の取引慣行のない地域では、底地割合を利用した評価方法は使わず、通常の定期借地権のついた貸宅地と同様に評価します。

4章 相続財産の評価方法

契約形態、給付期間によって評価が変わる

生命保険、定期金の評価

注目!!
- 死亡保険金が非課税枠を超える場合、超える部分が課税対象となる。
- 相続人が保険金を受け取る場合のみ、非課税枠を利用できる。

死亡保険金には非課税枠がある

生命保険の評価については、①被相続人が保険料負担者で被保険者の場合と、②被相続人が保険料負担者であり、被保険者でない場合に分けて考えます。

まず、①の場合、受取人である相続人等は死亡保険金を受け取ることになり、その死亡保険金はみなし相続財産として、相続税の課税対象となります。このうち、相続人が受け取る場合には「500万円×法定相続人の数」の非課税限度額が設けられています。すべての相続人が受け取った保険金の合計額が、この非課税限度額を超える場合、その超える部分が相続税の課税対象となります。

②の場合は死亡保険金は発生しませんが、「**生命保険契約に関する権利**」を相続することになります。この権利に対する評価は、相続開始時に契約を解約した場合に支払われる解約返戻金の額によって評価します。また、解約返戻金の他に前納保険料や剰余金の分配などがある場合は、これらの金額も合算します。

なお、②の生命保険契約に関する権利で財産評価の対象となるものは、満期金や解約返戻金のある保険契約のみで、いわゆる掛け捨ての保険については評価されません。

個人年金などの定期金の評価

定期金とは、ある期間定期的に受け取るお金のことをいい、生命保険会社の個人年金などがそれにあたります。被相続人が個人年金などに加入していた場合は、相続人には「**定期金に関する権利**」が発生し、相続税の課税対象となります。

評価の方法としては、まず、「定期金に関する権利」を①**定期金の給付事由が発生しているもの**と、②**定期金の給付事由が発生していないもの**に分けます。

①については、(a)解約返戻金の金額、(b)定期金に代えて一時金の給付を受けることができる場合には、一時金の金額、(c)給付を受けるべき金額の1年あたりの平均額をもとに一定の方法で計算した金額のうち、最も多い金額により評価します。

②については、原則、解約返戻金の金額により評価します。

Keyword [死亡保険金の非課税枠] この非課税枠が使えるのは、受取人が相続人のときのみで、受取人が相続人でない場合は、非課税枠はありません。なお、法定相続人の数には相続放棄をした人も含まれます。

第2部　相続税編

死亡保険金は相続税の財産評価で優遇されている

生命保険の評価方法

❶ 保険料負担者、被保険者が被相続人、受取人が相続人の場合

> 保険金の合計額が、非課税限度額（500万円×法定相続人の数）を超えた場合は、課税対象となる

▼各相続人に課税される金額は以下の式で求める

$$\text{その相続人に課税される保険金の額} = \text{その相続人が受け取った保険金の額} - \text{非課税限度額} \times \frac{\text{その相続人が取得した保険金の合計額}}{\text{すべての相続人が取得した保険金の合計額}}$$

❷ 被相続人は保険料負担者だが、被保険者でない場合

> 「生命保険契約に関する権利」の評価額＝解約返戻金の額

個人年金などの定期金の評価方法

❶ 定期金の給付事由が発生している場合　▶(a)〜(c)のうち最も大きい金額

A. 有期定期金の場合
- (a) 解約返戻金の金額
- (b) 一時金の金額（定期金に代えて一時金の給付を受けることができる場合）
- (c) 1年あたりの平均額 × 残存期間に応ずる予定利率による複利年金現価率

B. 無期定期金の場合
- (a)、(b)はAと同じ
- (c) 1年あたりの平均額 ÷ 予定利率

C. 終身定期金の場合
- (a)、(b)はAと同じ
- (c) 1年あたりの平均額 × 平均余命に応ずる予定利率による複利年金現価率

❷ 定期金の給付事由が発生していない場合　▶解約返戻金の金額により評価する

Plusα　生命保険は、死亡保険金の非課税枠が設けられていることを加えて、納税資金の確保といった点でも相続税対策に有効です。248ページでもそのメリットについて紹介しています。

4章　相続財産の評価方法

市場価格をもとに評価する

上場株式など

注目!!
- 上場株式の評価は、4つの株価を比較して求める。
- 公開途上にある株式は、公開価格で評価する。

期限 10ヵ月以内 相続人 受遺者 相続開始

株式の種類を3つに区分

相続税で株式を評価する場合、株式を「**上場株式**」、「**気配相場等のある株式**」、「**取引相場のない株式**」、の3つに区分します。

上場株式とは、証券取引所に上場している株式のことをいいます。市場価格が毎日公表されているため、価格は明瞭です。

上場株式の評価は、次の4つの株価のうち、最も低い価額で評価します。

①課税時期の最終価格

課税時期とは、被相続人の死亡日、または贈与を受けた日をいい、最終価格とは、その日の終値のことをいいます。

②課税時期の月の毎日の最終価格の平均額
③課税時期の月の前月の毎日の最終価格の平均額
④課税時期の月の前々月の毎日の最終価格の平均額

配当金を受ける権利

上場株式にかかる配当金に関しては、相続税の計算上、「配当期待権」として相続財産に計上しなければならないケースがあります。

配当期待権とは、配当金交付の基準日の翌日から配当金交付の効力が発生する日までの間における配当金を受けることができる権利のことです。

通常は、決算日が配当金交付の基準日となるので、その時点での株式所有者には配当期待権があります。被相続人が亡くなる前に決算日を迎えた場合は、被相続人が配当金を受け取る権利を有するわけですが、その後、被相続人が死亡し、相続開始後に支払われた配当金については配当期待権として相続財産に計上します。

また、課税時期が「配当落や権利落」の日から配当金交付（株式の割当て、株式の無償交付）の基準日までの間にあるときは、配当落などの日の前日以前の最終価格のうち、課税時期に最も近い日の最終価格をもって課税時期の最終価格とします。

なお、公開途上にある株式については、その株式が公開された場合は、公開価格（証券取引所等の入札によって決定される入札後の公募の価格）により評価します。

Keyword **配当落・権利落** 配当金を受け取る権利や株主優待の権利などを失うことをいいます。原則、権利落・配当落の期日は権利確定日（配当金交付等の基準日）の2日前となります。

第2部　相続税編

上場株式は市場価格にもとづいて評価する

上場株式の評価方法

取引所の市場価格をもとに、以下の❶～❹のうち最も低い価額で評価する

- ❶ 課税時期の最終価格
- ❷ 課税時期の月の毎日の最終価格の平均額
- ❸ 課税時期の月の前月の毎日の最終価格の平均額
- ❹ 課税時期の月の前々月の毎日の最終価格の平均額

被相続人が所有していたT社の株価は、4月～6月の間、株式市場で550円～750円まで高下した。

❶被相続人の亡くなった日（例：6月25日）の終値 ＝645円

4月	5月	6月	
❹4月の毎日の終値の平均額＝730円	❸5月の毎日の終値の平均額＝640円	❷6月の毎日の終値の平均額＝622円	評価額 622円

第4章　相続財産の評価方法

課税時期が権利落、配当落などの日から配当交付金などの基準日までの間にある場合

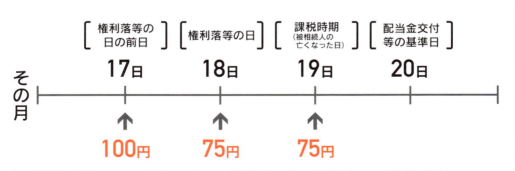

その月	権利落等の日の前日 17日	権利落等の日 18日	課税時期（被相続人の亡くなった日）19日	配当金交付等の基準日 20日
	↑100円	↑75円	↑75円	

※課税時期の最終価格＝100円（75円は、権利落等の後の最終価格なので採用しない）

Keyword [終値] 株式市場で取引があったその日の取引終了時の株価のことです。課税時期の最終価格には、この終値を用います。

取引相場のない株式
同族株主とそれ以外の株主で評価方法が異なる

注目!!
- **同族株主**の場合は会社の規模により評価方法が異なる。
- 同族株主でない場合は、配当還元方式で評価する。

同族株主の場合は原則的評価方式

　取引相場のない株式の評価は、相続や贈与などで株式を取得した株主が、発行会社の経営支配力を持つ同族株主かどうかによって評価方法が異なります。相続人が同族株主の場合は、「**原則的評価方式**」、同族株主以外の場合は、「**特例的評価方式**」で評価します。**原則的評価方式には、以下の3つの方式があり、会社の規模により、採用するものが異なります。**原則、大会社は①、小会社は②、中会社は③で評価します。

①類似業種比準方式
　類似する業種の上場会社の株価を基準に、1株あたりの配当金額、利益金額、帳簿上の純資産価額の3つの要素を比準して評価する方法です。評価会社の業績がよいほど評価額が高くなります。

②純資産価額方式
　1株あたりの純資産価額で評価する方法です。算出方法は、相続税の評価方法で会社の資産を評価し直し、その総資産から負債や法人税を控除した金額を発行済み株式数で除し、一株あたりの純資産価額を求めます。保有資産の時価が高いほど、評価額が高くなります。

③併用方式
　①と②を併用して評価する方法です。大会社、中会社について②の方法、小会社について③の方法によることもできます。

同族株主でない場合は配当還元方式

　相続人らのグループが一定の同族株主に該当しない場合は、会社の規模にかかわらず、特例的評価方式である「**配当還元方式**」で評価します。配当還元方式とは、その株式を所有することにより受け取る1年間の配当金額を一定の利率（10％）で還元して、株式の評価を求める方法です。

> **もっと知りたい！**
> 同族株主の場合でも「特定の評価会社」に該当する場合は、②の純資産価額方式で評価します。特定の評価会社とは、
> - 類似業種比準方式の3要素のうち、直前期末にいずれか2つがゼロであり、かつ、直前々期末も要素のいずれか2つ以上がゼロ
> - 総資産に占める株式等の割合が一定以上
> - 総資産に占める土地等の割合が一定以上
> - 開業後3年未満　など

Keyword [**同族株主**]　株主の1人、およびその同族関係者の有する議決権の合計数が、議決権総数の30％以上（過半数の議決権を有するグループがある場合は、50％超）である場合の株主をいいます。

第2部　相続税編

相続人が同族株主ならば原則的評価方式で評価

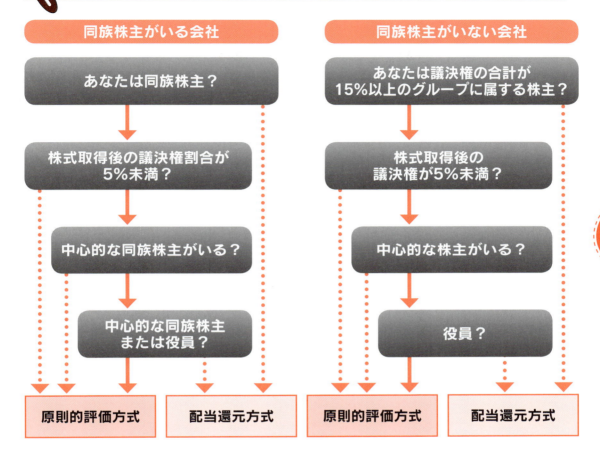

※「中心的な同族株主」とは、同族株主の1人、ならびにその配偶者、直系血族、兄弟姉妹および1親等の姻族ならびにこの同族関係者である会社のうち一定のものの有する議決権の合計数が、議決権総数の25％以上である場合の株主をいう

※「中心的な株主」とは、株主の1人、およびその同族関係者の有する議決権の合計数が、議決権総数の15％以上である株主グループのうち、いずれかのグループに単独で議決権総数の10％以上の議決権を有している場合の株主をいう

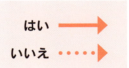

4章　相続財産の評価方法

原則的評価方式と配当還元方式

原則的評価方式	❶類似業種比準方式	類似する業種の上場会社の株価を基準に評価する方法
	❷純資産価額方式	1株あたりの純資産価額で評価する方法
	❸併用方式	❶と❷を併用する方式
特例的評価方式	配当還元方式	1年間の配当金額を基準に評価する方法

Plus α　取引相場のない株式の相続については、事業承継の観点から相続税の納税猶予の制度があります。会社の後継者であることなどいくつか要件があります。

163

取引相場のない株式の評価方法

類似業種比準方式

● 類似業種の株価、1株あたりの配当金額、利益金額、純資産価額などと比較し、株式の評価額を算出する。

$$\text{1株あたりの評価額} = \text{類似業種の株価} \times \frac{\frac{A}{a}+\frac{B}{b}+\frac{C}{c}}{3} \times \text{斟酌率}$$

A：評価する会社1株あたりの年配当金額　　a：類似業種の1株あたりの配当金額
B：評価する会社1株あたりの年利益金額　　b：類似業種の1株あたり利益金額
C：評価する会社1株あたりの純資産価額　　c：類似業種の1株あたりの純資産価額
斟酌率：大会社0.7、中会社0.6、小会社0.5

純資産価額方式

● 相続税評価額で評価した資産の額から、負債の額、法人税相当額などを控除し、発行済株式数で除して、1株あたりの純資産価額を算出する。課税時期において会社を清算した場合の評価額となる。

$$\text{1株あたりの純資産価額} = \frac{\text{各資産の相続税評価額の合計額} - \text{負債の合計} - \text{評価差額に対する法人税等相当額}}{\text{発行済株式数}}$$

併用方式

● 類似業種比準方式、純資産価額方式の評価に、会社の規模に応じたウエイトをそれぞれにかけて、株式の評価額を算出する。Lはウエイトで、Lが大きいほど、一般に評価額は低くなる。

$$\text{1株あたりの評価額} = \text{類似業種比準価額} \times L + \text{1株あたりの純資産価額} \times (1-L)$$

（※中会社の場合、Lは帳簿上の総資産価額、従業員数、取引金額に応じて、0.90、0.75、0.60のいずれかの割合となる。小会社の場合は、0.50）

配当還元方式

● 1年間の配当金額を一定の利率（10%）で還元して、株式の評価額を算出する。

$$\text{1株あたりの評価額} = \frac{\text{年配当金額}}{10\%} \times \frac{\text{1株あたりの資本金等の額}}{50円}$$

Plus α 取引相場のない株式の評価額を計算する上では、一般的に、純資産価額方式→併用方式→類似業種比準方式の順で有利（評価額が低い）です。つまり、会社規模が大きいほど、有利な評価方式になります。そこで、従業員数や総

第2部 相続税編

大会社・中会社・小会社の区別

規模区分	区分の内容		帳簿上の総資産価額および従業員数	直前期末以前1年間の取引金額
大会社	従業員数が100人以上、または右のいずれかに該当する会社	卸売業	20億円以上（従業員数が50人以下の会社を除く）	80億円以上
		小売・サービス業	10億円以上（従業員数が50人以下の会社を除く）	20億円以上
		上記以外		
中会社	従業員数が100人未満で、右のいずれかに該当する会社（大会社に該当する場合を除く）	卸売業	7000万円以上（従業員数が5人以下の会社を除く）	2億円以上80億円未満
		小売・サービス業	4000万円以上（従業員数が5人以下の会社を除く）	6000万円以上20億円未満
		上記以外	5000万円以上（従業員数が5人以下の会社を除く）	8000万円以上20億円未満
小会社	従業員数が100人未満で、右のいずれかに該当する会社	卸売業	7000万円未満または従業員数が5人以下	2億円未満
		小売・サービス業	4000万円未満または従業員数が5人以下	6000万円未満
		上記以外	5000万円未満または従業員数が5人以下	8000万円未満

4章 相続財産の評価方法

会社を経営する同族株主にとって、
自社株式の評価額は予想以上に高額となるケースもあります。
また、後継者が経営権を確保する観点でも
自社株式の分散を防ぐことは大きな課題です。
被相続人の生前に、関係者で
よく話し合っておきたいところです。

※後継者の自社株式の取得について相続税・贈与税の納税猶予および免除制度が近年、利用しやすいように拡充されています（246ページ）。

資産を多くして会社の規模の区分をひとつ上げておくことで、有利な評価方式の適用による評価額の引き下げが期待できます。

165

公社債

利払いの方法により評価方法は変わる

注目!!
- 公社債は**利付債**か、**割引債**か、**転換社債**かにより評価方法が異なる。
- 市場価格があるものは市場価格をもとに評価する。

利付債と割引債の評価

公社債とは、国や地方公共団体、企業などが、資金を調達するために発行する有価証券です。あらかじめ決められた期日までに、元本と利息を返済することを約束した、債権としての性質を持ちます。

公社債の発行体は、おもに国や地方自治体、民間企業などです。公社債は、利払い方法により、「**利付公社債（利付債）**」と「**割引発行の公社債（割引債）**」の2つに分けられ、相続時の評価方法が異なります。なお、**公社債は券面額100円あたりの単位で評価されます**。

①利付公社債

利付公社債とは、通常、発行時に決められた金利（利息）が満期まで定期的に支払われ、満期時に額面金額が返還（償還）されるものをいいます。利付公社債は、銘柄を以下の3つに分け、それぞれ異なる評価方法で求めます。

(a)**上場銘柄**：東京証券取引所などの金融商品取引所に上場されている銘柄
(b)**売買参考統計値公表銘柄**：日本証券業協会において売買参考統計値が公表されている銘柄（上場銘柄を除く）
(c)**その他の銘柄**

②割引発行の公社債

割引発行の公社債とは、あらかじめ額面金額から利子相当額を差し引いた価格で発行され、満期時に額面金額で償還されるものをいいます。

評価方法は利付公社債と同様に、(a)**上場銘柄**、(b)**売買参考統計値公表銘柄**、(c)**その他の銘柄**の3つに分け、それぞれ異なる評価方法で求めます。

転換社債型新株予約権付社債（転換社債）の評価

転換社債とは、あらかじめ決められた価額で株式に転換する権利がついた社債をいいます。転換社債の評価は、(a)**上場銘柄**と(b)**日本証券業協会において店頭転換社債として登録された銘柄**については、上場されている利付公社債と同様の評価方法で求めます。(c)**その他の銘柄**については、発行会社の株価が転換価格を超えない（株価≦転換価格）場合と超える（株価＞転換価格）場合とで、評価方法が異なります。

Keyword [転換社債] 転換社債は、株価が値上がりすれば、株に変換し値上がり益を得ることができ、株価が値下がりすれば、社債として保有し利子と元本の返還を受けることができます。社債の確実性と株式の収益性を兼ね備えた金融商品です。

第2部 相続税編

公社債には「利付債」、「割引債」、「転換社債」がある

利付公社債

 市場価格があるものは市場価格をもとに、市場価格がないものは、発行価格をもとに評価する

(a) 上場されている場合

評価額 ＝ { 課税時期の最終価格または平均値 ＋ (既経過利息 － 源泉所得税額) } × 券面額/100円

(b) 売買参考統計値が公表されている場合（上場銘柄を除く）

評価額 ＝ { 課税時期の平均値 ＋ (既経過利息 － 源泉所得税額) } × 券面額/100円

(c) その他の場合

評価額 ＝ { 発行価額 ＋ (既経過利息 － 源泉所得税額) } × 券面額/100円

割引発行の公社債

(a) 上場されている場合

評価額 ＝ 課税時期の最終価格または平均値 × 券面額/100円

(b) 売買参考統計値が公表されている場合（上場銘柄を除く）

評価額 ＝ 課税時期の平均値 × 券面額/100円

(c) その他の場合

評価額 ＝ { 発行価額 ＋ (券面額 － 発行価額) × 発行日から課税時期までの日数/発行日から償還期限までの日数 } × 券面額/100円

転換社債型新株予約権付社債

(a) 上場されている場合
(b) 店頭転換社債として登録されている場合

利付公社債(a)と同様（課税時期に最終価格がない場合は、課税時期に最も近い日の最終価格とする）

(c) その他の場合

● 「発行会社の株価 ≦ 転換価格」の場合

評価額 ＝ { 発行価額 ＋ (既経過利息 － 源泉所得税額) } × 券面額/100円

● 「発行会社の株価 ＞ 転換価格」の場合

評価額 ＝ 発行会社の株価 × 100円/転換社債の転換価格 × 券面額/100円

第4章 相続財産の評価方法

Keyword [既経過利息] その時点（この場合は相続開始時）において、元本に対してすでに発生している利息のことをいいます。

167

取引相場の有無で評価方法が変わる

ゴルフ会員権、書画・骨とう品

注目!!
- ゴルフ会員権は取引の有無により、評価方法が異なる。
- ゴルフ会員権は評価の対象とならないものもある。

ゴルフ会員権は取引価格の70％で評価

ゴルフ会員権の評価は、市場での取引相場のある会員権か、取引相場のない会員権かにより、評価の方法が異なります。

なお、ゴルフ場の株式について所有を必要とせず、譲渡もできず、返還される預託金等もなく、ゴルフ場施設を利用して単にプレーできるだけのゴルフ会員権については、相続財産として評価しません。

①取引相場のある会員権

取引相場のある会員権は、課税時期の取引価格の70％相当額で評価します。なお、取引価格に含まれない預託金等がある場合は、それらを合算し評価します。預託金等の評価方法は、返還される時期により異なります。

②取引相場のない会員権

取引相場のない会員権は、会員権の種類を以下の3つに分け、それぞれ異なる評価方法で求めます。

(a)株式を所有しなければ会員になれない場合。この場合は、課税時期における株式の評価額により評価します。

(b)株式を所有し、かつ、預託金等を預託しなければ会員になれない場合。この場合は、課税時期の株式の評価額と返還時期に応じた預託金等の金額を合算し評価します。

(c)株式の所有はなく、預託金等のみを預託しなければ会員になれない場合。この場合は、返還時期に応じた預託金等の金額により評価します。

書画・骨とう品の評価

高価な**書画・骨とう品**などは、原則、売買実例価額や、美術鑑定人などの精通者意見価格などを参考に、原則時価で評価します。なお、鑑定費用は、いくらかかったとしても、相続財産から控除することはできません。

手続きのポイント！

相続した書画・骨とう品が高額なものであるとわかった場合、国や地方公共団体などが運営する美術館などに寄附するという方法もあります。重要文化財として指定されている絵画などの「特定美術品」については美術館との寄託契約といった一定の条件の下、相続税の納税猶予または免除される場合があります。

Keyword　預託金　ゴルフ場の会員になるために、一定金額を一定期間、預け入れなければならない場合があります。この預け入れるお金を預託金といいます。

第2部 相続税編

ゴルフ会員権は取引価格の70％で評価する

ゴルフ会員権

❶市場での取引相場のある会員権

評価額 ＝ 課税時期の取引価格 × 0.7 ＋ 預託金等の金額（ある場合）

❷市場での取引相場のない会員権

(a) 株式を所有しなければならない場合

評価額 ＝ 株式の評価額

(b) 株式を所有し、かつ、預託金等を預託しなければならない場合

評価額 ＝ 株式の評価額 ＋ 預託金等の金額

(c) 預託金等を預託しなければならない場合

評価額 ＝ 預託金等の金額

以下のすべての条件を満たす場合は、相続財産の対象とならない
- ゴルフ場の株式の所有を必要としない
- ゴルフ会員権を譲渡できない
- 返還を受けることができる預託金等がない
- ゴルフ場施設を利用し、単にプレーができるだけのもの

第4章 相続財産の評価方法

書画・骨とう品

高価な書画・骨とう品などは、「売買実例価額」や、美術鑑定人などの「精通者意見価格」を参考に、原則時価で評価します。
2018年度税制改正により、特定の美術品について課税価格の80％に対応する相続税の納税を猶予し、その後免除する制度が創設されました。

Plus α 書画・骨とう品については客観的な評価が難しい場合もあります。特に、箱書や奥書、鑑定書などがある場合は、ない場合よりも評価が高くなることがあります。

169

金融資産は基本的に額面どおりで評価

その他の財産

注目!!
- 預貯金は、元本と既経過利息から所得税を控除した金額との合計額で評価する。
- 倒産状態にある債務者への貸付金は評価しない。

期限 10ヵ月以内（相続開始〜） 相続人 受遺者

預貯金の評価

預貯金の評価は、原則として、課税時期における預入高と、課税時期に解約した場合に支払を受けることができる既経過利息の額から源泉所得税の額を差し引いた金額との合計額によって評価します。

ただし、**定期預金、定期郵便貯金、定額郵便貯金以外の預貯金**（例、普通預金など）については、課税時期における既経過利息の額が少額である場合は、預入高で評価します。

貸付金などの評価

貸付金、売掛金、未収入金、預貯金以外の預け金、仮払金などの価額（以下、貸付金債権等という）は、元本の価額と利息の価額との合計額によって評価します。

なお、貸付金債権等の元本の価額とは、その返済されるべき金額をいい、貸付金債権等の利息の価額とは、課税時期における既経過利息として支払を受けるべき金額をいいます。

ただし、課税時期において、その貸付金債権等が回収不可能、または回収が著しく困難である場合には、その元本の価額は、相続財産として評価されません。

回収不可能、または著しく困難な場合とは、債務者が、会社更生手続きや民事再生手続き、会社整理など倒産状態である場合や、破産の宣言をしている場合などをいいます。

家財、自動車など動産の評価

土地や建物を「不動産」といいますが、不動産以外の物、たとえば**家財**や**自動車**、**宝石**、**貴金属**などを「動産」といいます。

一般的な動産の評価は、原則、売買実例価額や専門家などの精通者意見価格等をもとに評価します。

ただし、売買実例価額、精通者意見価格等が明らかでない動産については、その動産と同種、同規格の新品の課税時期における小売価額から、その動産の製造時から課税時期までの間に減少した価値の額（減価償却費）を差し引き、評価額を計算します。

Keyword　源泉所得税　預貯金の利子には20％の所得税および利子割が源泉徴収されています。

第2部　相続税編

定期性の預貯金は預入高に利息分も加える

預貯金の評価

評価額 ＝ 課税時期の預入高 ＋ (既経過利息 － 源泉所得税額)

ただし、定期預金、定期郵便貯金、定額郵便貯金以外の預貯金（例、普通預金など）については、課税時期における既経過利息の額が少額である場合は、預入高で評価する。

貸付金・売掛金などの評価

評価額 ＝ 元本の額 ＋ 既経過利息

ただし、課税時期において貸付金債権等が回収不可能または回収が著しく困難である場合には、その元本の価額は相続財産として評価しない。

家財や自動車等の動産の評価

● 原則、売買実例価額、精通者意見価格等をもとに評価する。
● 売買実例価額、精通者意見価格等が明らかでない場合は次のように評価する。

評価額 ＝ 同種、同規格の新品の小売価額 － 製造時から課税時期までの期間の減価償却費の額

減価償却費の額における耐用年数は、耐用年数省令に規定する耐用年数とし、償却方法は、定率法を採用する。

第4章　相続財産の評価方法

 Keyword [**定率法**] 償却費の額ははじめの年ほど多く、年とともに減少します。「未償却残高×定率法の償却率」で計算します。減価償却の方法には、定率法の他に「定額法（償却費の額が毎年同額）」があります。

171

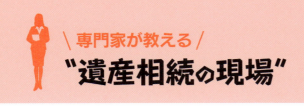

相続税申告での不動産評価の難しさ

相続税の計算や遺産分割協議でしばしば問題となるのが、「不動産の評価」です。

現金や預金については金額がはっきりしていますが、不動産の場合、時価はいくらであるか評価しなければなりません。

不動産の評価について、相続税の申告では、相続開始時、つまり被相続人が亡くなったときの時価を評価して申告をします。ところが、不動産の場合、時価は絶えず変化しています。相続が開始したとき（被相続人が亡くなったとき）、相続財産の分割をしたとき、相続税の申告をしたとき……。とりわけ、相続人間で遺産分割協議が長期間まとまらなかった場合や、遺留分侵害額請求（民法改正前は遺留分減殺請求）がされた場合は、時価のひらきが大きくなる可能性があります。

国税庁は、相続財産の税務上の評価額を計算するために、財産評価基本通達や個別通達を公表して、納税者間で不公平な課税が生じないように配慮していますが、不動産によっては、これらの通達に従うことが、かえって不合理な結果を招くケースもあります。

不動産の評価については、不動産鑑定士に依頼することも1つの方法といえます。ただし、ここで気をつけなければならないのが、不動産鑑定に費用がかかり、またその評価について税務署が「適正」と認めるとは限らないことです。

不動産鑑定を行うかどうかは、「この評価額が認められない可能性もあり得る」といったリスクを踏まえて、総合的に判断することが求められます。

また、遺産分割協議や遺留分侵害額請求（民法改正前は遺留分減殺請求）においては、相続人の間で合意ができれば、分割のための評価は不要ですし、仮に評価が必要となった場合でも評価時点を合意で決定できます。

これに対し、遺産の額が遺産分割での争点になっている場合は、分割時の評価額を基準に、民法上の分割割合等にもとづくことになりますので、税務上の評価とは異なる評価額を用いざるを得ない場合も生じます。

（税理士　原木規江）

第2部 相続税編

5章
相続税の計算、申告・納付

遺産相続にかかる一連の手続きの"ゴール"ともいえるのが、相続税の申告と納付です。

この章では、相続税の具体的な計算手順から
相続税申告書の記入、申告書の提出、
相続税の納付方法について解説します。
万が一、申告内容にミスがあった場合や
申告期限後に分割協議が整った場合の対処として
「修正申告」、「更正の請求」についても触れていますので、
よく目を通しておきましょう。

相続税の計算の流れ
相続税は4つの段階を経て求めていく

注目!!
- 相続税の計算は、相続した人の取得状況に応じて、いきなり相続税額を計算してしまうのではなく、**まずは課税遺産総額に対する相続税額の総額を求める**ことから始まる。

遺産相続に伴う税負担は発生するか

相続税がかかるのは、「**相続や遺贈等によって財産をもらった人の課税価格（課税される財産の価格）の合計額**」が「**相続税の基礎控除額を超えたとき**」です。最初に、財産をもらった人の課税価格の合計額を求めて（**第1段階**）、この合計額から遺産にかかる基礎控除額を差し引いて課税遺産総額を明らかにします（**第2段階**）。この段階で、課税遺産総額がマイナスであれば、相続に伴う相続税は発生しません（ただし、課税遺産総額がプラスであっても、相続人に対する各種税額控除制度の適用等で相続税が発生しない人もいます）。

続いて、課税される遺産の総額に対する相続税の総額を求めます（**第3段階**）。この際、実際の遺産の分割状況は考慮しないで、遺産を各相続人が法定相続分に分配したと仮定して、各相続人の取得分に応じた相続税率を適用して相続税額を計算します。

最後に、相続税の総額を各人の課税価格の取得状況に即して按分し、各人の相続税額とします（**第4段階**）。

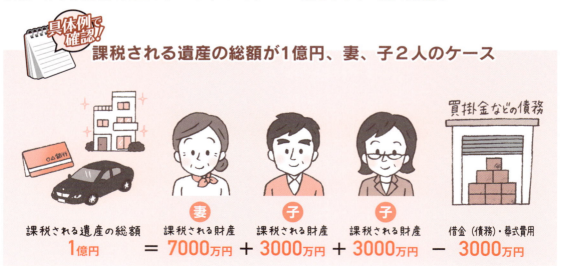

課税される遺産の総額が1億円、妻、子2人のケース

Keyword [課税価格] 相続税は、相続や遺贈によって取得した財産の価額について課税されます。一方で債務や葬式費用は相続によって取得した財産の価額から控除されます。実際に課税の対象となる価額が課税価格。

第2部　相続税編

第1段階　各人の課税価格

妻（借金と葬式費用を負担する）
7000万円－3000万円
＝**4000万円**

子
3000万円－0万円
＝**3000万円**

子
3000万円－0万円
＝**3000万円**

課税価格の合計額

妻4000万円＋子3000万円＋子3000万円＝**1億円**

第2段階　課税遺産総額

課税遺産の総額

課税価格の合計額 1億円－基礎控除額4800万円＝**5200万円**
（3000万円＋600万円×3人）

第3段階　相続税の総額

妻（1/2）
2600万円×15%－50万円
（相続税率）
＝**340万円**

子（1/4）
1300万円×15%－50万円
（相続税率）
＝**145万円**

子（1/4）
1300万円×15%－50万円
（相続税率）
＝**145万円**

相続税の総額

妻340万円＋子145万円＋子145万円＝**630万円**

第4段階　各人の納付すべき相続税額

妻
630万円 × 4000万円（相続財産の課税価格） / 1億円（課税遺産総額） ＝ **252万円**
（相続税の総額）

子
630万円 × 3000万円（相続財産の課税価格） / 1億円（課税遺産総額） ＝ **189万円**
（相続税の総額）

子
630万円 × 3000万円（相続財産の課税価格） / 1億円（課税遺産総額） ＝ **189万円**
（相続税の総額）

さらに、各人の事情を反映して税額控除や加算を行って実際の納税額が決まる

妻　0万円
（配偶者の税額軽減制度（→182ページ）を適用）

子　189万円

子　189万円

第5章　相続税の計算、申告・納付

　相続税の計算は、課税遺産総額にかかる税額を各人に割り当てていく方法をとるので、少し独特ですが、この4つの段階を踏まえて計算していけば、難しくありません。

相続税の計算 ① 正味の遺産額から課税遺産総額を計算する

注目!!
- 相続によって財産をもらった人の課税価格を1人ずつ求めていく。
- 課税価格の合計額から基礎控除分を引いて、課税遺産総額を明らかにする。

期限：10ヵ月以内（相続開始〜）
相続人・受遺者

財産評価は税額計算の要

相続税の計算の第1段階は、相続によって財産をもらった人の課税価格を1人ずつ求めていきます。そのため、各人がもらった財産の価額を明らかにしなければなりません。この**財産評価こそが相続税の計算の要といっても過言ではありません**。

第4章で相続財産の個々の評価方法について取り上げていますが、宅地や事業用資産、非上場株式などの評価については税理士など専門家の助言が必要になると考えてよいでしょう。

ただし、**相続税は税金の分野でも特殊性が高いので、特に、相続実務に手慣れた税理士にサポートをお願いする方がいいでしょう**。相続税の手続きに慣れている税理士とそうではない税理士では、財産評価に大きな開きが出ることもあります。相続財産は、一般的に金額が高額になる傾向があるので、相続税額にも影響が出てきます。

各人の課税価格には、「相続時精算課税による贈与」、「被相続人から3年以内に受けていた贈与」も加算します。一方、被相続人の債務、葬儀に要した費用は課税価格から差し引きます。

各人の課税価格を合計した額が、相続税計算の大本となる「**正味の遺産額**」です。

基礎控除額を算出する

第2段階は、この正味の遺産額から基礎控除額を引いて、課税遺産の総額を計算します。基礎控除とは誰でも無条件に適用できる控除制度で、相続税の基礎控除額は「3000万円＋（600万円×法定相続人の人数）」です。

各人の課税価格が決まらない

Q 遺産分割がスムーズに行かず、各相続人がどの遺産を取得するか決まらないのですが？

Answer 相続税の申告期限までに遺産分割協議がまとまらない場合は、遺産を法定相続分に従って取得したものとして仮の税額を申告・納付します。遺産の分割が決まり次第、各相続人の取得分に応じた相続税額を計算し、修正申告あるいは更正の請求によって納付額の過不足分を調整します。

Keyword [債務控除] 課税価格から債務控除ができるのは、相続人や包括受遺者のみに認められます。債務についても被相続人の借金や未払いの税金など確実なものに限られます。

第2部　相続税編

第1段階は「各人の課税価格」を計算する

各人が取得する**相続財産の課税価格**を計算します。

（相続や遺贈によって取得した財産の価額 ＋ 相続時精算課税適用財産の価額 − 債務・葬式費用の金額）＋ 相続開始前3年以内の贈与財産の価額 ＝ **各人の課税価格**

- みなし相続財産の価額が含まれ、非課税財産の価額が除かれます。
- この時点でマイナスとなったときはゼロとして、その上で「相続開始前3年以内の贈与財産の価額」を加算します。

●控除が認められる債務・葬式費用

被相続人の債務	①借金（銀行などからの借入金、ローンなど）
	②税金などでまだ納めていなかったもの、未払い金
葬式費用	①お寺などへの支払い
	②葬儀社、タクシー会社などへの支払い
	③お通夜に要した費用
	★葬式費用に含まれないもの 墓地や墓碑などの購入費用、香典返しの費用、法要に要した費用など

第2段階は「課税遺産総額」を計算する

各人の課税価格の合計から相続税の基礎控除を引いて、
課税される遺産の総額を計算します。

課税価格の合計額 − 遺産にかかる基礎控除額 ＝ **課税遺産総額**

↑ 基礎控除額にかかる法定相続人の範囲には、相続放棄した人も含まれます！

第5章　相続税の計算、申告・納付

Plus α 相続開始前3年以内の贈与財産について、「贈与税の配偶者控除の特例」（→238ページ）の適用を受けて贈与を受けたものは加算する必要はありません。

177

相続税の計算❷ 遺産相続に伴う相続税の総額を求める

注目!!
- 課税遺産の総額を各相続人が法定相続分を取得したと仮定して、各相続人の相続税額を求める。
- 各人の相続税額は「速算表」ですぐにわかる。

期限 10ヵ月以内 相続人/受遺者 相続開始

実際の取得状況は無視して計算する

第3段階では相続税の総額を求めます。遺産相続によって財産を取得したすべての人で負担する相続税の総額です。相続税の総額は、課税遺産総額にそのまま相続税率を適用して計算するのではありません。**課税遺産の総額を各相続人が法定相続分を取得したと仮定して、各相続人の相続税額を求め、その合計によって相続税の総額とします**。最初から各人の遺産の取得の状況に応じて相続税を課税してしまうことに対して、ずいぶん回りくどい計算方法のように思えます。これは、相続人間で税負担が公平に配分されるなどのメリットがあります。

相続税の速算表の「控除額」とは？

法定相続分に応じた各人の相続税額は、「相続税の速算表」を使います。「法定相続分に応じた各人の取得金額×税率」から「控除額」を差し引いた額が、各人の相続税額です。この控除額は、いわゆる所得控除や税額控除とは意味が異なります。

相続税は、取得額が多くなるに従って税率も高くなる**超過累進課税**です。各取得階層によって税率が変わるので、本来は取得額を各階層に分けてそれぞれの税率を使って計算しなければならないところを、控除額を利用することで取得額に応じた正しい税額が求められます。

相続税の速算表

取得金額	1000万円以下	1000万円超～3000万円以下	3000万円超～5000万円以下	5000万円超～1億円以下
税率	10%	15%	20%	30%
控除額	—	50万円	200万円	700万円

Keyword [超過累進課税] 課税標準の増加に従って高い税率を適用する課税の方法。相続税、贈与税などはその所得額が高いほど税率は高いです。相続税は特に累進性が高く、「3回相続すれば遺産はなくなる」などと揶揄されることも。

第2部 相続税編

第3段階は「相続税の総額」を計算する

課税遺産総額を各相続人の法定相続分に応じた相続税率を適用して**相続税の総額**を求めます。

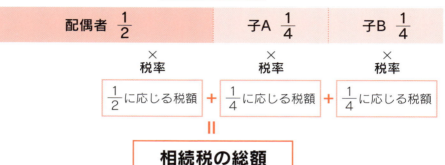

相続人の法定相続分

※配偶者が1/2は相続するということで、子・親・兄弟姉妹が2人ならば、1/2（1/3、1/4）を2人で分け合います。3人ならば、配偶者の相続した割合の残りを3人で分け合うことになります。

取得金額	1億円超～2億円以下	2億円超～3億円以下	3億円超～6億円以下	6億円超
税率	40%	45%	50%	55%
控除額	1700万円	2700万円	4200万円	7200万円

5章 相続税の計算、申告・納付

相続税の計算 ❸ 各人の納付税額を求める

注目!!
- 相続税計算の最後は、実際の取得状況に応じて相続税総額を按分する。
- 財産を相続した一定の人については、相続税額の加算、控除がある。

期限 10ヵ月以内
相続人 / 受遺者

孫への相続は相続税額2割アップ

相続税計算の最後、第4段階では**納付する相続税額の総額をもとに各人の実際の財産の取得状況に応じて按分（振り分け）**します。

按分の割合は、「**課税価格の合計額に対するその人の課税価格**」です。この按分によって算出した税額から、一定の相続人に対しては相続税額の加算や控除を行って、実際に納付する税額を求めます。

たとえば、よく相続税対策の手法として、子ではなく孫を養子にして遺産を相続させるケース、いわゆる「孫養子」がありますが、この孫の相続税額は**2割加算**します。このような決まりがあるのは、子ではなく孫へ相続することで、1世代（1回）分、相続税を免れているといった観点からです。孫養子については、244ページで詳しく取り上げます。

孫養子の他、兄弟姉妹、遺贈により財産を取得した他人、祖父母も2割加算の対象です。

影響が大きい配偶者の取得割合

2割加算する人は加算をした上で、最後に、**税額控除の適用の有無をチェック**します。被相続人の配偶者については「**配偶者の税額軽減**」が受けられます。この税額軽減は非常に効果があるので、遺産分割の際に配偶者の取得割合が大きい場合、相続税の納付額にも影響があります。

ちなみに、配偶者の税額軽減を受けることによって納付税額がゼロとなった場合も相続税の申告書の提出が必要です。

税額控除は全部で7種類あります。配偶者の税額軽減の他、暦年課税分の贈与税額控除、未成年者控除、外国税額控除などがあります（182〜183ページを参照）。

ここに注意!
相続税額の納付額を一気に引き下げる配偶者の税額軽減ですが、適用の条件として遺産分割が済んでいることが挙げられます。配偶者の実際の取得額が決まっていなければ、控除できる税額も決めることができません。ただし、一定期間に分割が整えば、更正の請求をすることができます。

Keyword　［直系尊属と直系卑属］ 自分より上の世代（親、祖父母）を直系尊属、自分より下の世代（子、孫）を直系卑属といいます。

第2部 相続税編

第4段階は「各人の納付する相続税額」を計算する

相続税の総額を**各人の相続財産の実際の取得額の割合で按分**します。

相続税の総額 × 按分割合 = 各人の納付する相続税額

按分割合＝その人の課税価格／課税価格の合計額

最後に、各人の納付する相続税額に必要に応じて「２割加算」、「税額控除」を行います。

各人の納付税額 ＋ 各人の納付税額×0.2 － 税額控除 ＝ **各人の実際の相続税納付額**

２割加算の対象となる人 … 次の①～③に該当しない人
① １親等の血族（父母または子）
② 代襲相続人となった直系卑属
③ 配偶者

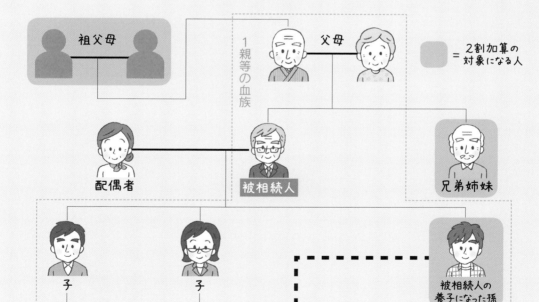

5章 相続税の計算、申告・納付

 相続税の納付税額の2割加算について「息子の嫁」を養子にした場合は適用されません。被相続人の生前、身の回りの世話をしてくれることも多い嫁に対して、財産を残してあげたいときは、養子縁組も検討したいところです。

181

実際の相続税額を引き下げる「7つの税額控除」がある

税額控除には、控除していく順番がありますので注意しましょう。

その1 暦年課税分の贈与税額控除

相続開始前3年以内の贈与財産について贈与税を支払っていた場合は、その贈与税額（贈与税の外国税額控除前の税額）を控除します。これは、同じ財産に対して贈与税と相続税を二重に支払うことがないようにするためです。暦年課税分とは、1年間（1月1日～12月31日）の贈与額が110万円を超えた場合に課される贈与税のことです。

1年間で110万円までは非課税

その2 配偶者の税額軽減

配偶者が取得した財産については次の計算式による金額を控除できます。

$$\text{相続税の総額} \times \frac{\text{次の①または②のうちいずれか少ない方の金額}}{\text{課税価格の合計額}} = \text{控除額}$$

① 課税価格の合計額×配偶者の法定相続分（1億6000万円以下のときは、1億6000万円）
② 配偶者の課税価格

配偶者の課税価格に含まれる財産

- 遺産分割（遺産の一部分割を含む）によって取得した財産
- 単独の相続や包括遺贈によって取得した財産
- 特定遺贈によって取得した財産
- 相続税法上、相続や遺贈によって取得したものとみなされる財産
- 相続開始前3年以内の贈与財産で、相続税の課税価格に加算されるもの

具体例で確認! 相続税は妻と子のみ。課税価格の合計額2.4億円、相続税総額4540万円のケース。
※相続税総額の計算は175、178ページを参照。

妻の相続財産 **1.6億円** ➡ 相続税額 **3027万円**

4540万円 × 1.6億円 / 2.4億円 ＝ 控除額 **3027万円**

配偶者の相続財産の価額が1億6000万円以下の場合、配偶者の取得財産が配偶者の法定相続分以下である場合は、配偶者は相続税の納付額が発生しません。ただし、相続税の申告は必要です。

第2部　相続税編

その3　未成年者控除

満20歳未満の相続人（相続放棄した場合を含む。国内財産のみが課税対象となる一定の非居住者は除く）は次の計算式による金額を控除できます。

$$\text{10万円} \quad \times \quad \begin{array}{c}\text{満20歳になるまでの年数}\\ \text{（1年未満の端数は切り上げ）}\end{array} \quad = \quad \text{控除額}$$

その4　障害者控除

日本国内に住所を有する障害を持つ相続人（相続放棄した場合を含む。国内財産のみが課税対象となる一定の非居住者は除く）は一定の控除があります。

$$\text{障害者} \quad \text{10万円} \quad \times \quad \begin{array}{c}\text{満85歳になるまでの年数}\\ \text{（1年未満の端数は切り上げ）}\end{array} \quad = \quad \text{控除額}$$

$$\text{特別障害者} \quad \text{20万円} \quad \times \quad \begin{array}{c}\text{満85歳になるまでの年数}\\ \text{（1年未満の端数は切り上げ）}\end{array} \quad = \quad \text{控除額}$$

その5　相次相続控除

今回の相続開始前10年以内に被相続人が相続、遺贈や相続時精算課税にかかる贈与によって財産を取得し相続税が課されていた場合は、一定の金額を控除できます。

$$A \quad \times \quad \frac{C}{B-A} \quad \times \quad \frac{D}{C} \quad \times \quad \frac{10-E}{10} \quad = \quad \text{控除額}$$

A	被相続人が前の相続で取得した財産に課された相続税額
B	被相続人が前の相続で取得した財産の価額
C	相続人や受遺者の全員が今回の相続で取得した財産の価額
D	その相続人が今回の相続で取得した財産の価額
E	前の相続から今回の相続までの経過年数（1年未満の端数は切り捨て）

その6　外国税額控除

外国にある財産の取得について外国で相続税に相当する税金が課された場合に、その部分に対する相続税額を限度として、控除します。

> ここまでで相続税額がマイナスになった場合は、相続税額はゼロとなります。

その7　相続時精算課税分の贈与税額控除

相続時精算課税を適用して、相続時精算課税適用財産について課せられた贈与税がある場合は、その人の外国税額控除前の相続税額からその贈与税額（贈与税の外国税額控除前の税額）に相当する金額を控除します。

> マイナスがある場合は還付されます。

この金額を相続税額から控除する場合において、なお控除しきれない金額があるときは、還付を受けることができます。ただし、還付を受けるためには相続税の申告書を提出する必要があります。

5章　相続税の計算、申告・納付

これなら簡単！ 相続税額早わかり！

段階別「相続税額」計算ノート

第1段階　各人の課税価格

名前	取得した財産 （本来の財産＋ みなし相続財産） ※3年以内の贈与財産含む。	非課税 財産	相続時 精算課税に かかる贈与財産	債務・ 葬式費用	課税価格
【　　　】	円 －	円 ＋	円 －	円 ＝	円
【　　　】	円 －	円 ＋	円 －	円 ＝	円
【　　　】	円 －	円 ＋	円 －	円 ＝	円
【　　　】	円 －	円 ＋	円 －	円 ＝	円
【　　　】	円 －	円 ＋	円 －	円 ＝	円

課税価格の合計額　　　　　円

第2段階　課税遺産総額

❶各人の課税価格の合計額を求める

❷課税遺産総額から差し引ける基礎控除額

3000万円　＋　（600万円　×　法定相続人の数　　人）　＝　　　　　円

❸課税遺産総額

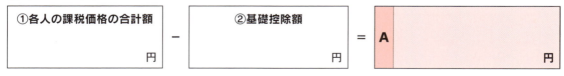

第2部　相続税編

記入例

> 相続時精算課税制度の適用を受けていた贈与財産は、文字通り、この相続時に税額を精算する

第1段階　各人の課税価格

> 相続、遺贈によって所得した財産の課税価格を記入する

課税価格の合計額　**2億6000万**円

第2段階　課税遺産総額

❶各人の課税価格の合計額を求める

> 相続税の計算では、民法上の相続人とは異なるルールがある。養子の場合、法定相続人にできる人数にも制限があるので注意しよう

 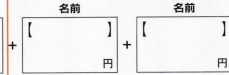

❷課税遺産総額から差し引ける基礎控除額

❸課税遺産総額

5章　相続税の計算、申告・納付

第3段階　相続税の総額

法定相続人の名前	課税遺産の総額		法定相続分		相続税率		控除額		法定相続人としての税額
【　　】	A	×	／	×	％	−	円	=	円
【　　】	A	×	／	×	％	−	円	=	円
【　　】	A	×	／	×	％	−	円	=	円
【　　】	A	×	／	×	％	−	円	=	円
【　　】	A	×	／	×	％	−	円	=	円

相続税の総額　B　円

第4段階　各人の納付すべき相続税額

❶ 各人の相続税額

名前	相続税の総額		按分割合		相続税額
【　　】	B	×		=	円
【　　】	B	×		=	円
【　　】	B	×		=	円
【　　】	B	×		=	円
【　　】	B	×		=	円

❷ 相続税額の加算、税額控除

名前	相続税額		2割加算		税額控除		実際に納付する相続税額
【　　】	円	+	円	−	円	=	円
【　　】	円	+	円	−	円	=	円
【　　】	円	+	円	−	円	=	円
【　　】	円	+	円	−	円	=	円
【　　】	円	+	円	−	円	=	円

第2部　相続税編

第3段階　相続税の総額

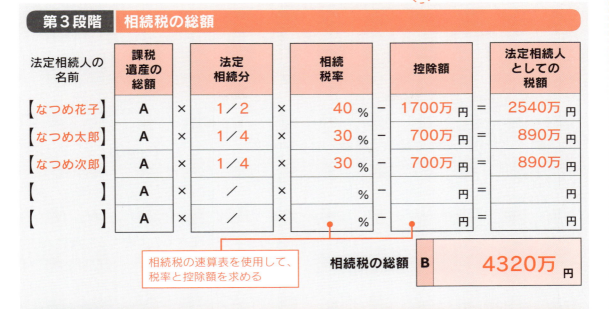

第4段階　各人の納付すべき相続税額

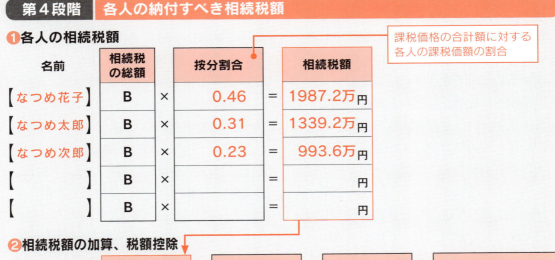

第5章　相続税の計算、申告・納付

相続税の申告書 作成のリミットは10ヵ月以内！

注目!!
- 意外に時間が足りない申告期限。早めの準備を。
- 相続税の申告書は第1表から第15表まである。ただし、すべての表に記載しなければならないとは限らない。

申告書の作成には時間がかかる

相続税の申告は、相続開始後10ヵ月以内に行わなければなりません。相続税の申告は、財産をもらった人がそれぞれ申告書を提出しても構いませんし、**相続人らが申告書に署名押印することで1つの申告書で済ませることもできます。**

遺産の相続をめぐり相続人間の折り合いがつかなかったり、連絡が取れない相続人がいたりして遺産分割協議が完了していない場合でも相続税の申告期限は変わりません。

申告書とともに提出しなければならない添付書類（戸籍謄本、遺産分割協議書の写しなど）もありますので、10ヵ月という申告期限について、「まだ時間はある」などとは考えずに、早めに準備を進めましょう。

専門家に任せるのも1つの手

相続税の申告書は、税務署で入手する他、国税庁のホームページからダウンロードできます。申告書は第1表から第15表までありますが、すべての表を作成しなければならないということではなく、適用する評価上の特例や税額控除がある場合に、必要に応じて記入していきます。

申告書を実際に作成してみると、財産評価や相続税の計算の方法について素人にはわかりにくい複雑な事柄も少なくありません。遺産が自宅などの不動産以外には、現金・預貯金のみといった場合は財産評価はシンプルです。

しかし、申告書には、財産評価の明細書も必要です。事業用の様々な資産、外国にある別荘など、遺産が多岐にわたる場合は、特に財産評価の面で素人には手に負えないというケースもあります。

税務署や税理士などに逐次問い合わせながらの申告書作成となることも多いので、「自分では作れない」というときには、迷わず専門家に相談しましょう。

相続税の申告書は、第1表から作りはじめるのではなく、通常は第9表から第15表を作成して、最後に課税価格や相続税額、相続税の総額を第1表、第2表に書き込む流れです。

Keyword　添付書類　適用する特例によっては別途添付を要する書類があります。「小規模宅地等の特例」を適用する場合は、「特定居住用宅地等」ならば、「住民票の写し」なども用意します。

第2部　相続税編

相続税の申告書は第1表から第15表で構成される

申告書の種類（抜粋）		申告の内容、目的	本書での該当ページ
第1表	相続税の申告書	課税価格の合計額、相続税の総額、各人の納付税額の計算	200ページ
（第1表の付表1～4）	納税義務等の承継に係る明細書（兼相続人の代表者指定届出書）、還付される税額の受取場所、他		
第2表	相続税の総額の計算書	課税価格の合計額、遺産に係る基礎控除額、課税遺産総額、法定相続人、相続税の総額	201ページ
第3表	財産を取得した人のうちに農業相続人がいる場合の各人の算出税額の計算書	相続税の納税猶予の適用を受ける農業相続人の氏名、同人の納付税額の計算	―
第4表	相続税額の加算金額の計算書	相続税額に係る加算額、税額控除額の計算、納税猶予額の計算	202ページ
第4表の2	暦年課税分の贈与税額控除額の計算書		―
第5表	配偶者の税額軽減額の計算書		203ページ
第6表	未成年者控除額、障害者控除額の計算書		―
第7表	相次相続控除額の計算書		―
第8表	外国税額控除額、農地等納税猶予税額の計算書		―
第8の2表	株式等納税猶予税額の計算書		―
（第8の2表の付表1～2）	非上場株式等についての納税猶予の特例の適用を受ける特例非上場株式等の明細書		
（第8の2表の付表3）	非上場株式等についての納税猶予の特例の適用を受ける特例相続非上場株式等の明細書		
第8の6表	事業用資産納税猶予税額の計算書	個人の事業用資産についての「相続税の納税猶予および免除に係る納税猶予額」（事業用資産納税猶予税額）の計算	246ページ
第9表	生命保険金などの明細書		191ページ
第10表	退職手当金などの明細書		192ページ
第11表	相続税がかかる財産の明細書		193ページ
第11表の2表	相続時精算課税適用財産の明細書　相続時精算課税分の贈与税額控除額の計算書		194ページ
（第11・11の2表の付表1）	小規模宅地等についての課税価格の計算明細書		195ページ
（第11・11の2表の付表2）	小規模宅地等、特定計画山林又は特定事業用資産についての課税価格の計算明細書	課税財産や被相続人の債務についての計算	
（第11・11の2表の付表3）	特定受贈同族会社株式等である選択特定事業用資産についての課税価格の計算明細		―
（第11・11の2表の付表3の2）	特定受贈同族会社株式等について会社分割等があった場合の特例の対象となる株式等の計算明細		
（第11・11の2表の付表4）	特定森林施業計画対象山林又は特定受贈森林施業計画対象山林である選択特定計画山林についての課税価格の計算明細		
第12表	農地等についての納税猶予の適用を受ける特例農地等の明細書		196ページ
第13表	債務及び葬式費用の明細書		197ページ
第14表	純資産価額に加算される暦年課税分の贈与財産価額及び特定贈与財産価額、出資持分の定めのない法人などに遺贈した財産、特定の公益法人などに寄附した相続財産・特定公益信託のために支出した相続財産の明細書		198ページ
第15表	相続財産の種類別価額表		199ページ

Plusα 税理士は税金に関する専門家ですが、相続税の申告は他の税金の取り扱いとは異なる点も多く、相続人が普段、所得税や法人税の申告などで顧問を受けている税理士では対応できないこともあります。申告書の作成は早めに準備を始めましょう。

5章　相続税の計算、申告・納付

189

相続税の申告書には記入順序がある

相続税の申告書は通常、第9表から作成を始めます。第1表、第2表は遺産にかかる課税価格や相続税の総額、各人の相続税額など「申告・納付する相続税額」、いわば"相続税にかかる結論"を記入する申告書です。

その結論に至る内容、理由を説明する必要がありますから、まず第9表から第15表で相続税のかかる財産と被相続人の債務等を明らかにします。そして、課税価格の合計額と相続税額の総額を第1表、第2表に記入します。

続いて、第4表から第8表で、その人の相続税額から税額控除する額を明らかにして、第1表に税額控除額を転記し、納付すべき相続税額を記入します。

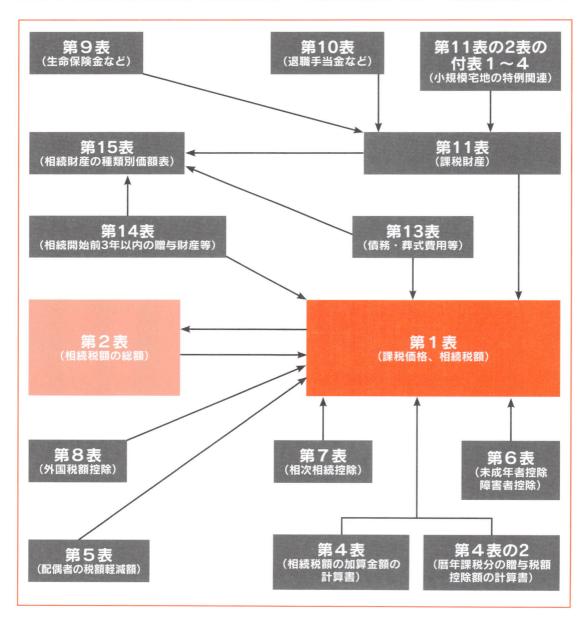

第2部 相続税編

第9表（生命保険金などの明細書）の作成

相続、遺贈によって取得する生命保険金などがある場合は、第9表に記入する

生命保険金などの明細書

被相続人　佐藤　太郎

第9表（平成21年4月分以降用）

1 相続や遺贈によって取得したものとみなされる保険金など

この表は、相続人やその他の人が被相続人から相続や遺贈によって取得したものとみなされる生命保険金、損害保険契約の死亡保険金及び特定の生命共済金などを受け取った場合に、その受取金額などを記入します。

保険会社等の所在地	保険会社等の名称	受取年月日	受取金額	受取人の氏名
千代田区〇〇	〇〇生命保険（相）	〇・〇・〇	29,629,483 円	佐藤　一郎
〃	〃	〇・〇・〇	5,000,000	〃
千代田区〇〇	××生命保険（相）	〇・〇・〇	10,000,000	〃
中央区〇〇	△△生命保険（相）	〇・〇・〇	20,000,000	鈴木　幸子
中央区〇〇	㈱〇〇生命保険	〇・〇・〇	10,768,125	〃

（注）1 相続人（相続の放棄をした人を除きます。以下同じです。）が受け取った保険金などのうち一定の金額は非課税となりますので、その人は、次の2の該当欄に非課税となる金額と課税される金額とを記入します。
なお、相続人以外の人が受け取った保険金などについては、非課税となる金額はありませんので、その人は、その受け取った保険金などの金額を第11表の「財産の明細」の「価額」の欄に転記します。
2 相続時精算課税適用財産は含まれません。

〔生命保険金などを支払う保険会社の所在地、名称等を漏らさず記入する〕

2 課税される金額の計算

この表は、被相続人の死亡によって相続人が生命保険金などを受け取った場合に、記入します。

〔法定相続人の場合は、合計で1人あたり500万円の非課税枠がある〕

保険金の非課税限度額	〔第2表のⒶの法定相続人の数〕（500万円× 3人 により計算した金額を右のⒶに記入します。）	Ⓐ 15,000,000 円

保険金などを受け取った相続人の氏名	① 受け取った保険金などの金額	② 非課税金額 $\left(Ⓐ \times \dfrac{各人の①}{Ⓑ}\right)$	③ 課税金額 （①－②）
佐藤　一郎	44,629,483 円	8,878,826 円	35,750,657 円
鈴木　幸子	30,768,125	6,121,174	24,646,951
計	Ⓑ 75,397,608	15,000,000	60,397,608

〔生命保険金などを受け取った相続人の氏名を記入する。ただし、相続放棄をした人や相続権を失った人は除く〕

〔第11表「財産の明細」の「価額」欄に転記する〕

（資4－20－10－A4統一）

第5章　相続税の計算、申告・納付

191

第10表（退職手当金などの明細書）の作成

みなし相続財産となる退職金などがある場合は、第10表に記入する

退職手当金などの明細書

被相続人　佐藤　太郎

第10表（平成21年4月分以降用）

1　相続や遺贈によって取得したものとみなされる退職手当金など

この表は、相続人やその他の人が被相続人から相続や遺贈によって取得したものとみなされる退職手当金、功労金、退職給付金などを受け取った場合に、その受取金額などを記入します。

勤務先会社等の所在地	勤務先会社等の名称	受取年月日	退職手当金などの名称	受取金額	受取人の氏名
文京区〇〇	〇〇商事㈱	〇・〇・〇	退職金	40,000,000 円	佐藤　花子
〃	〃	〇・〇・〇	功労金	5,000,000	〃
		・・			
		・・			
		・・			

退職金などを支給した被相続人の勤務先等を漏らさず記入する

（注）1　相続人（相続の放棄をした人を除きます。以下同じです。）が受け取った退職手当金などのうち一定の金額は非課税となりますので、その人は、次の2の該当欄に非課税となる金額と課税される金額とを記入します。
　　　2　相続人以外の人が受け取った退職手当金などについては、非課税となる金額はありませんので、その人は、その受け取った金額そのままを第11表の「財産の明細」の「価額」の欄に転記します。

2　課税される金額の計算

この表は、被相続人の死亡によって相続人が退職手当金などを受け取った場合に、記入します。

退職手当金などの非課税限度額	［第2表の④の法定相続人の数］（500万円× 3 人により計算した金額を右の④に記入します。）	④ 15,000,000 円

法定相続人の場合は、合計で1人あたり500万円の非課税枠がある

退職手当金などを受け取った相続人の氏名	① 受け取った退職手当金などの金額	② 非課税金額 （④× 各人の①／⑧）	③ 課税金額 （①－②）
佐藤　花子	45,000,000 円	15,000,000 円	30,000,000 円
合　計	⑧ 45,000,000	15,000,000	30,000,000

退職金などを受け取った相続人の氏名をすべて記入する。ただし、相続放棄した人や相続権を失った人は除く

第11表「財産の明細」の「価額」欄に転記する

（注）1　⑧の金額が④の金額より少ないときは、各相続人の①欄の金額がそのまま②欄の非課税金額となりますので、③欄の課税金額は0となります。
　　　2　③欄の金額を第11表の「財産の明細」の「価額」欄に転記します。

第10表（平29.7）　　　　　　　　　　　　　　　　　　　　　　　　（資4－20－11－A4統一）

第2部 相続税編

第11表（相続税がかかる財産の明細書）の作成

第11表には、相続時精算課税の適用を受けた財産を除いた、相続税の課税対象となる財産を記入する

遺産分割の状況に応じて○印を付ける

遺産分割の日を記入する

それぞれの財産についての明細を取得した人の氏名、価額とともに記入する

精算課税適用財産の明細については、この表によらず第11の2表に記載します。

相続税がかかる財産の明細書
（相続時精算課税適用財産を除きます。）

被相続人　佐藤　太郎

第11表（令和2年4月分以降用）

○ この表は、相続や遺贈によって取得した財産及び相続や遺贈によって取得したものとみなされる財産のうち、相続税のかかるものについて明細を記入します。

遺産の分割状況	区　分	① 全部分割	2 一部分割	3 全部未分割
	分割の日	○・○・○	・　・	・　・

財産の明細							分割が確定した財産	
種類	細目	利用区分、銘柄等	所在場所等	数量 固定資産税評価額	単価 倍数	価額	取得した人の氏名	取得財産の価額
土地	宅地	自用地（居住用）	春日部市○○○	165.00㎡ 円	11·11の2表の付表1のとおり 円	12,870,000 円	佐藤　花子	（持分1/2） 6,435,000 円
							佐藤　一郎	（持分1/2） 6,435,000
〃	〃	貸家建付地	春日部市○○○	150.00㎡	11·11の2表の付表1のとおり	30,810,000	佐藤　花子	30,810,000
〃	〃	貸家建付地	文京区○○○	150.00㎡	236,340	35,451,000	佐藤　花子	35,451,000
〃	〃	自用地（未利用地）	春日部市○○○	150.00㎡	280,000	42,000,000		（持分2/3） 28,000,000
							鈴木　幸子	（持分1/3） 14,000,000
〃	〃	貸家建付地	春日部市○○	1,125.00㎡ （持分5,820/291,000）	380,000	8,550,000		8,550,000
	（小計）					(129,681,000)		
〃	山林	普通山林	○○県○○郡○○町○○	30,000.00㎡ 241,140	15	3,617,100	佐藤　一郎	3,617,100
	（小計）					(3,617,100)		
（（計））						(133,298,100)		

財産の細目ごとに小計として、最後に合計をまとめる。細目ごとに、第15表①～㉚に転記する

| （（合計）） | | | | | | ((498,392,151)) | | |

まだ分割していない財産がある場合は、各相続人が相続分（寄与分を除く）に応じて取得するものとして、仮の金額を記入する

合計表	財産を取得した人の氏名	（各人の合計）	佐藤　花子	佐藤　一郎	鈴木　幸子		
	分割財産の価額 ①	498,392,151 円	256,646,350 円	129,067,118 円	112,678,683 円	円	円
	未分割財産の価額 ②						
	各人の取得財産の価額 (①+②) ③	498,392,151	256,646,350	129,067,118	112,678,683		

（注）1 「合計表」の各人の③欄の金額を第1表のその人の「取得財産の価額①」欄に転記します。

第1表のその人の「取得財産の価額①」欄に転記する

5章　相続税の計算、申告・納付

193

第11の2表（相続時精算課税適用財産の明細書、相続時精算課税分の贈与税額控除額の計算書）の作成

このページは、第11の2表の記入例を示しています。主な注記は以下のとおりです。

- 相続時精算課税を適用した財産の贈与を受けていた場合は、第11の2表を使用する
- 利子税、延滞税や加算税は含まれない
- 相続時精算課税を適用した財産の贈与を受けた人の氏名を記入
- 贈与税の外国税額控除の適用を受けている場合は、その税額控除額を記入する
- 第1表のその人の「相続時精算課税適用財産の価額①」欄および第15表のその人の㉛欄に転記する
- 相続時精算課税を適用した財産の明細をすべて記入する

被相続人：佐藤　太郎

1 相続税の課税価格に加算する相続時精算課税適用財産の課税価格及び納付すべき相続税額から控除すべき贈与税額の明細

番号	① 贈与を受けた人の氏名	② 贈与を受けた年分	③ 贈与税の申告書を提出した税務署の名称	④ ②の年分に被相続人から相続時精算課税に係る贈与を受けた財産の価額の合計額（課税価格）	⑤ ④の財産に係る贈与税額（贈与税の外国税額控除前の金額）	⑥ ⑤のうち贈与税額に係る外国税額控除額
1	佐藤　一郎	令和元年分	春日部税務署	24,626,035 円	円	円

贈与を受けた人ごとの相続時精算課税適用財産の課税価格及び贈与税額の合計額

	氏名	（各人の合計）	佐藤　一郎
⑦	課税価格の合計額（④の合計額）	24,626,035 円	24,626,035 円
⑧	贈与税額の合計額（⑤の合計額）		
⑨	⑧のうち贈与税額に係る外国税額控除額の合計額（⑥の合計額）		

（注）
1. 相続時精算課税に係る贈与をした被相続人がその贈与をした年の中途に死亡した場合の③欄は「相続時精算課税選択届出書を提出した税務署の名称」を記入してください。
2. ④欄の金額は、下記2の③の「価額」欄の金額に基づき記入します。
3. 各人の⑦欄の金額を第1表のその人の「相続時精算課税適用財産の価額②」欄及び第15表のその人の㉛欄にそれぞれ転記します。
4. 各人の⑧欄の金額を第1表のその人の「相続時精算課税分の贈与税額控除額㉓」欄に転記します。

2 相続時精算課税適用財産（1の④）の明細
（上記1の「番号」欄の番号に合わせて記入します。）

番号	① 贈与を受けた人の氏名	② 贈与年月日	③ 種類	細目	利用区分、銘柄等	所在場所等	数量	価額
1	佐藤　一郎	○.○.○	有価証券	特定同族会社の株式（その他の方式）	○○商事㈱	文京区○○	2,000株	14,625,000 円
1	〃	○.○.○	現金預貯金	定期預金		○○銀行○○支店		10,001,035

（注）
1. この明細は、被相続人である特定贈与者に係る贈与税の申告書第2表に基づき記入します。
2. ③の「価額」欄には、被相続人である特定贈与者に係る贈与税の申告書第2表の「財産の価額」欄の金額を記入します。ただし、特定事業用資産の特例の適用を受ける場合には、第11・11の2表の付表3の⑦欄の金額と⑦欄の金額に係る第11・11の2表の付表3の2の⑲欄の金額の合計額を、特定計画山林の特例の適用を受ける場合には、第11・11の2表の付表4の「2 特定受贈森林経営計画対象山林である選択特定計画山林の明細」の④欄の金額を記入します。

第11の2表（令2.7） （資4-20-12-2-A4統一）

第2部　相続税編

第11・11の2表の付表1（小規模宅地等についての課税価格の計算明細書）の作成

「小規模宅地等の特例」の適用を受ける場合は、第11・11の2表の付表1または付表2を使用する

特例の対象となりうる財産を取得した人全員の氏名を記入する。特例の適用を受けない人も必ず記入する

特例の適用にあたり該当する明細の番号を記入する

特例の適用を受ける宅地等が共有の場合や、一部が該当する場合は（別表1）、配偶者居住権に係る敷地利用権等の場合は（別表2）を作成する

第5章　相続税の計算、申告・納付

第12表（農地等についての納税猶予の適用を受ける特例農地等の明細書）の作成

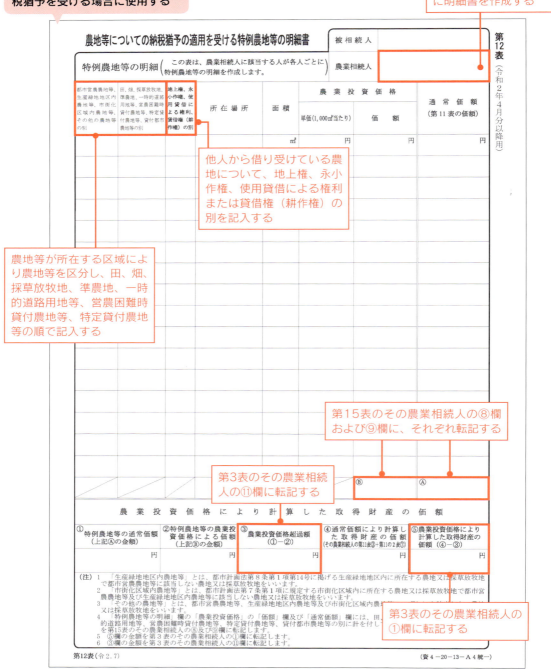

第2部　相続税編

第13表（債務及び葬式費用の明細書）の作成

被相続人の債務、被相続人の葬式に要した費用については、第13表にその明細と負担する人の氏名を記入する

債務及び葬式費用の明細書

被相続人　佐藤　太郎

第13表（令和2年4月分以降用）

1　債務の明細
（この表は、被相続人の債務について、その明細と負担する人の氏名及び金額を記入します。）

債務の明細						負担することが確定した債務	
種類	細目	債権者氏名又は名称	住所又は所在地	発生年月日 弁済期限	金額	負担する人の氏名	負担する金額
公租公課	○年度分 固定資産税	春日部市役所		○・○・○ ・・	345,900円	佐藤　一郎	345,900円
〃	〃	文京都税事務所		○・○・○ ・・	250,800	〃	250,800
〃	〃	○○町役場		○・○・○ ・・	4,800	〃	4,800
〃	○年度分所得税（準確定申告）	春日部税務署		○・○・○ ・・	310,800	〃	310,800
〃	○年度分住民税	春日部市役所		○・○・○ ・・	510,700	〃	510,700
銀行借入金	証書借入れ	○○銀行○○支店	春日部市○○	○・○・○ ・・	22,633,340	〃	22,633,340
合計					24,056,340		

「種類」欄には、公租公課、銀行借入金、未払金、買掛金、その他の債務に区分して記入する

公租公課とは税金のこと。税務署や市町村などが債権者となる。住所等は省略してもOK

2　葬式費用の明細
この表は、被相続人の葬式に要した費用について、その明細と負担する人の氏名及び金額を記入します。

葬式費用の明細				負担することが確定した葬式費用	
支払先			支払年月日	金額	負担する人の氏名	負担する金額
氏名又は名称	住所又は所在地				
○○寺	春日部市○○	○・○・○	1,500,000円	佐藤　花子	1,500,000円
○○タクシー	春日部市○○		150,600	〃	150,600
○○商店	春日部市○○		100,900	〃	100,900
○○酒店	春日部市○○		20,300	〃	20,300
○○葬儀社	春日部市○○		1,500,000	〃	1,500,000
その他	（別紙のとおり）	・・	87,800	〃	87,800
合計			3,359,600		

3　債務及び葬式費用の合計額

債務などを承継した人の氏名		（各人の合計）	佐藤　花子	佐藤　一郎		
債務	負担することが確定した債務 ①	24,056,340円	円	24,056,340円	円	円
	負担することが確定していない債務 ②					
	計（①+②）③	24,056,340		24,056,340		
葬式費用	負担することが確定した葬式費用 ④	3,359,600	3,359,600			
	負担することが確定していない葬式費用 ⑤					
	計（④+⑤）⑥	3,359,600	3,359,600			
合計（③+⑥）⑦		27,415,940	3,359,600	24,056,340		

（注）　1　各人の⑦欄の金額を第1表のその人の「債務及び葬式費用の金額③」欄に転記します。
　　　　2　③、⑥及び⑦欄の金額を第15表の㉝、㉞及び㉟欄にそれぞれ転記します。

第13表（令2.7）

債務、葬式費用について誰がどれだけ負担するか決まっていない場合は、各相続人が相続分に応じて負担したと仮定して記入する

第15表の㉝および㉞に、それぞれ転記する

第15表の㉟欄に転記する。各人の⑦欄については、第1表のその人の「債務及び葬式費用の金額③」欄に転記する

5章　相続税の計算、申告・納付

第14表（純資産価額に加算される暦年課税分の贈与財産価額及び特定贈与財産価額、他）の作成

第14表は、「純資産価額に加算される暦年課税分の贈与財産価額」、「出資持分の定めのない法人などに遺贈した財産」、「特定の公益法人などに寄附した相続財産」などがある場合に使用する。

相続開始前3年以内に、被相続人から暦年課税にかかる贈与によって取得した財産のある相続人、受遺者の全員を記入する

この欄の適用を受けた被相続人の配偶者は、贈与税の申告が必要になる

適用を受ける特例にかかる番号に○印を付ける

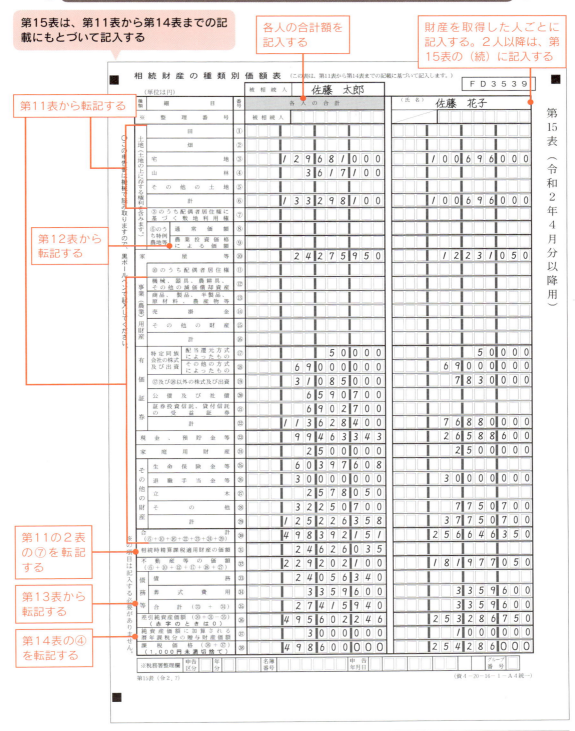

第1表（相続税の申告書）の作成

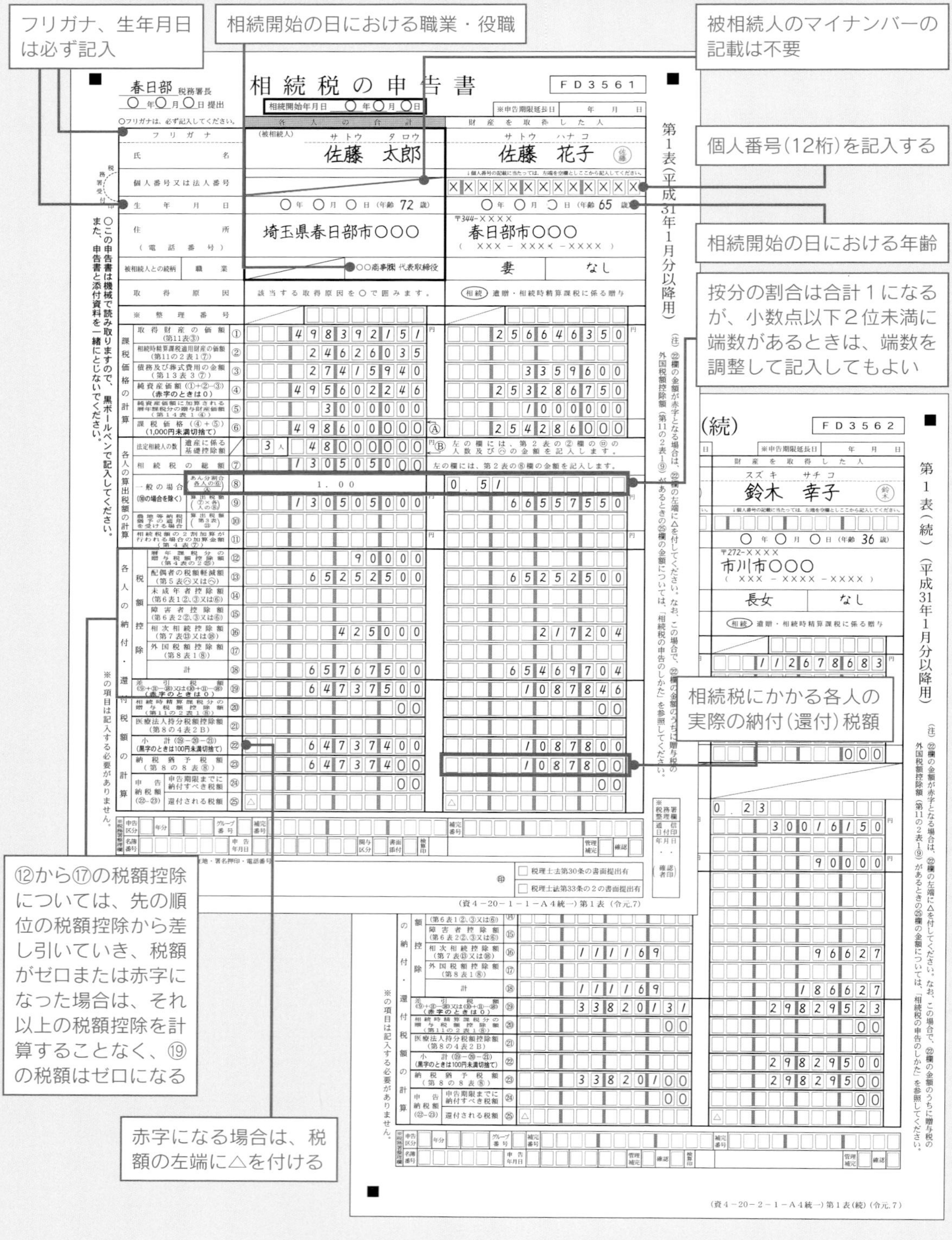

フリガナ、生年月日は必ず記入

相続開始の日における職業・役職

被相続人のマイナンバーの記載は不要

個人番号(12桁)を記入する

相続開始の日における年齢

按分の割合は合計1になるが、小数点以下2位未満に端数があるときは、端数を調整して記入してもよい

相続税にかかる各人の実際の納付（還付）税額

⑫から⑰の税額控除については、先の順位の税額控除から差し引いていき、税額がゼロまたは赤字になった場合は、それ以上の税額控除を計算することなく、⑲の税額はゼロになる

赤字になる場合は、税額の左端に△を付ける

第2部 相続税編

第2表(相続税の総額の計算書)の作成

第2表は、第1表および第3表の「相続税の総額」の計算のために使用する

相続税の総額の計算書

被相続人 佐藤 太郎

第2表(平成27年分以降用)

この表は、第1表及び第3表の「相続税の総額」の計算のために使用します。
なお、被相続人から相続、遺贈や相続時精算課税に係る贈与によって財産を取得した人のうちに農業相続人がいない場合は、この表の④欄及び⑩欄並びに⑨欄から⑪欄までは記入する必要がありません。

①課税価格の合計額	②遺産に係る基礎控除額	③課税遺産総額
(第1表⑥A) 498,600,000円 (第3表⑥A) ,000	3,000万円+(600万円×(Ⓐの法定相続人の数)3人)=(B)4,800万円 ⓑの人数及びⒷの金額を第1表Bへ転記します。	(ニ)(イ-B) 450,600,000円 (ホ)(ハ-B) ,000

④法定相続人((注)1参照)		⑤左の法定相続人に応じた法定相続分	第1表の「相続税の総額⑦」の計算		第3表の「相続税の総額⑦」の計算	
氏名	被相続人との続柄		⑥法定相続分に応ずる取得金額(ニ×⑤)(1,000円未満切捨て)	⑦相続税の総額の基となる税額 下の「速算表」で計算します。	⑨法定相続分に応ずる取得金額(ホ×⑤)(1,000円未満切捨て)	⑩相続税の総額の基となる税額 下の「速算表」で計算します。
佐藤 花子	妻	1/2	225,300,000	74,385,000	,000	
佐藤 一郎	長男	1/2×1/2=1/4	112,650,000	28,060,000	,000	
鈴木 幸子	長女	1/2×1/2=1/4	112,650,000	28,060,000	,000	
			,000		,000	
			,000		,000	
			,000		,000	
			,000		,000	
法定相続人の数 Ⓐ3人		合計 1	⑧相続税の総額(⑦の合計額)(100円未満切捨て) 130,505,000		⑪相続税の総額(⑩の合計額)(100円未満切捨て)	00

「法定相続分の合計は必ず1になる」

「『相続税の総額』のもととなる各人の税額は、下の『相続税の速算表』で計算する」

「第1表の⑦欄に転記する。また、財産を取得した人のうち農業相続人がいる場合は、⑧欄の金額を転記するとともに、⑪欄の金額を第3表の⑦欄に転記する」

(注)1 ④欄の記入に当たっては、被相続人に養子がある場合や相続の放棄があった場合には、「相続税の申告のしかた」をご覧ください。
2 ⑧欄の金額を第1表⑦欄へ転記します。財産を取得した人のうちに農業相続人がいる場合は、⑧欄の金額を第1表⑦欄へ転記するとともに、⑪欄の金額を第3表⑦欄へ転記します。

相続税の速算表

法定相続分に応ずる取得金額	10,000千円以下	30,000千円以下	50,000千円以下					超
税率	10%	15%						55%
控除額	―千円	500千円	2,000千円	7,000千円	17,000千円	27,000千円	42,000千円	72,000千円

この速算表の使用方法は、次のとおりです。
⑥欄の金額×税率-控除額=⑦の税額　　⑨欄の金額×税率-控除額=⑩の税額
例えば、⑥欄の金額30,000千円に対する税額(⑦欄)は、30,000千円×15%-500千円=4,000千円です。

○連帯納付義務について
相続税の納税については、各相続人等が相続、遺贈や相続時精算課税に係る贈与により受けた利益の価額を限度として、お互いに連帯して納付しなければならない義務があります。

第2表(平29.7)　　　　　　　　　　　　　　　　　　　　　　　　　　　　　　(資4-20-3-A4統一)

5章 相続税の計算、申告・納付

第4表（相続税額の加算金額の計算書）の作成

第4表は、遺贈や孫養子など一定の相続人等に対する相続税額の2割加算がある場合に使用する

相続時精算課税を適用した人以外は記載しなくてよい

第1表のその人の「相続税額の2割加算が行われる場合の加算金額⑪」欄に転記する

第2部　相続税編

第5表（配偶者の税額軽減額の計算書）の作成

第5表は、配偶者の税額軽減の適用を受ける場合に使用する

このページは第5表（配偶者の税額軽減額の計算書）の記入例です。被相続人は「佐藤 太郎」。

主な記入内容：
- 課税価格の合計額のうち配偶者の法定相続分相当額：498,600,000円 × 1/2 = 249,300,000円（イ欄：249,300,000）
- ①分割財産の価額（第11表の配偶者の①の金額）：256,646,350円
- ②債務及び葬式費用の金額：3,359,600円
- ④（②-③）の金額：3,359,600円
- ⑤純資産価額に加算される暦年課税分の贈与財産価額：1,000,000円
- ⑥（①-④+⑤）の金額：254,286,000円
- ⑦相続税の総額（第1表の⑦の金額）：130,505,000円
- ⑧④の金額と⑥の金額のうちいずれか少ない方の金額：249,300,000円
- ⑨課税価格の合計額：498,600,000円
- ⑩配偶者の税額軽減の基となる金額（⑦×⑧÷⑨）：65,252,500円
- 配偶者の税額軽減の限度額：66,557,550円 − 0円 = 66,557,550円
- 配偶者の税額軽減額：65,252,500円

注釈：
- 配偶者が農業相続人の場合は、第1表の⑩を転記する
- 円単位まで計算した金額を記入する
- 第1表の配偶者の「配偶者の税額軽減額⑬」欄に転記する

下段「2 配偶者以外の人が農業相続人である場合」は空欄。

5章　相続税の計算、申告・納付

相続税の延納と物納
金銭納付が原則だが例外的な方法もある

注目!!
●相続税を納期限までに払えない場合、**延納**として年賦による分割納付もできる。ただし、延納期間は、利子税がかかる。

延納の手続きは納期限までに

相続税は、納期限までに金銭で納付することが原則です。そこで、相続税額が決まったら、まず、納期限までにお金で納付することができるか否かを検討しなければなりません。もし、納期限までに納付することが難しい場合、一定の要件を満たすことで、**延納や物納といった例外的な納付方法が認められる場合があります。**

延納は、納期限までに金銭で納付することが困難な場合に、その困難な金額を限度として、年賦により分割納付する制度です。延納のできる期間は、課税相続財産に占める不動産等の割合に応じて5～20年間です。ただし、延納する相続税額には利子税がかかります。

物納は制度としてはあるが……

延納によっても納付することが困難な場合は、**物納**（相続財産による納付）を行います。なお、相続税に附帯する加算税、利子税、延滞税、連帯納付義務により納付すべき税額等は、物納の対象とはなりません。

物納については相続税の例外的な納付方法として、制度としては存在するものの、実際に物納によって相続税を納付する人は極めてまれです。

たとえば、2019年分の相続税の申告書が提出された被相続人数が11万5267人であるのに対して、物納の申請件数は61件。年度をまたいだ申請の処理状況を考慮すれば単純な比較はできないものの、相続税の申告のうち、物納制度を利用した納付は0.1％にも満たない水準です。**現実には、相続税の物納はなかなか難しいと考えてよいでしょう。**

もっと知りたいQ&A　延納できる期間

Q 支払えない相続税額が125万円の場合、最高で何年、延納できますか？

Answer 延納できる期間は、相続財産に占める不動産等の割合に応じて定められていますが、一部例外を除いて、延納税額が150万円未満の場合には、延納税額を10万円で除して得た数に相当する年数を限度とします。延納税額125万円の場合は、「125万円÷10万円＝12.5≒延納期間13年」です。

Keyword　延納の担保　国債、社債、その他の有価証券で税務署長が確実と認めるもの、土地、建物などです。相続人の固有の財産、第三者が所有している財産であっても担保にできます。

第2部 相続税編

延納や物納が認められる場合がある

相続開始から10ヵ月以内に延納申請書、担保提供関係書類を提出します。

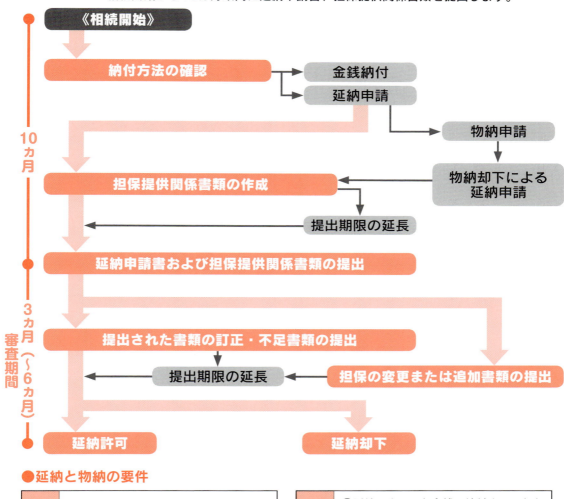

●延納と物納の要件

延納	①相続税額が10万円を超えている
	②金銭納付を困難とする事由があり、その納付を困難とする金額の範囲内である
	③納期限までに申請書および担保提供関係書類を提出する
	④延納税額に相当する担保を提供する

※延納税額が50万円未満で、かつ、その延納期間が3年以内であるときは担保は必要ない。

物納	①延納によっても金銭で納付することを困難とする事由があり、かつ、その納付を困難とする金額を限度としている
	②申請財産が定められた種類の財産であり、かつ、定められた順位によっている
	③納期限までに申請書および物納手続関係書類を提出する
	④物納適格財産である

5章 相続税の計算、申告・納付

 物納できる財産には納める順位が定められています。第1順位は国債、地方債、不動産、船舶、上場株式等。第2順位は非上場株式等。第3順位は動産。

修正申告、更正の請求
申告書の間違いは訂正できる

注目!!
● 申告した相続税額が少なかった場合は「修正申告」、申告した相続税額が多かった場合は「更正の請求」を行う。

期限 **相続人**
相続税の申告期限から原則5年以内

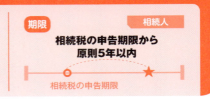

間違いに気がついたら早めに直す

相続税の申告書を提出した後、申告内容の誤りに気が付いた場合は訂正することができます。特に、相続税の申告後に新たな相続人が現れたときなどは相続自体をやり直さなければなりませんから、相続すべき税額も変わります。申告した相続税額が少なかった場合は、「**修正申告**」を行います。反対に、申告した相続税額が多かった場合は、「**更正の請求**」を行います。

修正申告の場合、修正申告書を提出することになりますが、原則として加算税や延滞税がかかります。

ただし、税務署から指摘を受ける前に、**申告した本人が間違いに気が付いて修正申告を行う場合等には、加算税が課されません**ので、誤りに気が付いた場合は、すみやかに修正申告を行いましょう。

更正の請求は、原則として申告期限から5年以内（後発的理由などにより更正の請求を行う場合には、それらの事実が生じた日の翌日から2ヵ月または4ヵ月以内）です。

相続税の更正の請求書を納税地の税務署長に提出します。

申告？ 請求？ 何が違うの？

ところで、修正申告と更正の請求では、かたや"申告"かたや"請求"です。税金が少なかった場合は「正しい税額を申告する」でいいのですが、税金が多すぎたので返してほしいときは、「正しい税額を認めてくれるように請求する」ことになります。

もっと知りたい Q&A

過少申告加算税

 Q 税務署の調査を受けた後で「修正申告」を行う場合は、ペナルティがあるの？

 Answer 税務署の調査により悪質な隠ぺいや仮装と判断されると、ペナルティとして最高で35％（無申告の場合は40％）の重加算税の対象になります。

 Keyword [**更正の請求**] 2011年に請求期間が1年から5年に延長されました。納税者と課税当局間の不公平感の払しょくが目的の1つでしたが、当局の更正処分も5年に延長されました。

第2部 相続税編

申告税額の誤りに気がついたら早めにやり直す

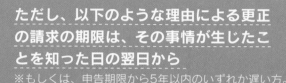

申告税額が少なかった ▶ 修正申告
申告税額が多かった ▶ 更正の請求

原則として申告期限から **5年以内**

ただし、以下のような理由による更正の請求の期限は、その事情が生じたことを知った日の翌日から **4ヵ月以内！**
※もしくは、申告期限から5年以内のいずれか遅い方。

❶ **未分割遺産**について分割が行われた
❷ 認知、相続の放棄の取消しなどの理由によって**相続人に異動**が生じた
❸ 遺留分による減殺の請求にもとづき**返還すべき、または弁償すべき額が確定**した
❹ 遺贈にかかる**遺言書の発見、遺贈の放棄**があった
❺ 一定の条件を付して物納が許可された場合（当該許可が取り消され、または取り消されることとなる場合に限る）で、**物納に充てた財産**について相続税法施行令第8条第1項（土壌汚染の事実等が判明したことなど）の事情が生じた
❻ 相続、遺贈、贈与により取得した財産についての権利の帰属に関する訴えについての**判決**があった
❼ 民法第910条（相続の開始後に認知された者の価額の支払請求権）の規定による請求があったことにより、**弁済すべき額が確定**した
❽ **条件付の遺贈について、条件が成就**した
❾ **相続財産法人にかかる財産の分与**が行われた
❿ **相続税の申告期限後に遺産の分割が行われた**場合で、次の特例等の適用を受けられることとなった
　　● 配偶者の税額軽減
　　● 小規模宅地等の特例
　　● 特定計画山林の特例

 申告の内容に、隠ぺい・仮装がある場合、加算税よりもさらに重い重加算税が課されます。最悪、刑事罰の対象になることもありますので、注意しましょう（→250ページ）。

207

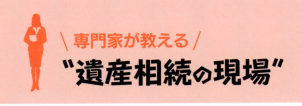

\ 専門家が教える /
"遺産相続の現場"

COLUMN ⑤

「小規模宅地等の特例」の上手な使い方

　相続税の課税価格を計算する際、相続人の生活を考慮して、一定の事業用や居住用の宅地等に関しては、税務上の評価額を軽減する「小規模宅地等の評価減の特例」が設けられています（租税特別措置法40条の2）。

　相続税の総額という観点からすれば、減額される額が最も大きくなる評価額の高い宅地等に適用するのが最も有利になりますが、第2次相続まで考えた場合は、必ずしもその選択が最も有利でない場合もあります。

　たとえば、被相続人の配偶者が特定居住用宅地等について適用を受けることにより減額される金額が1億円、子が特定事業用宅地等について適用を受けることにより減額される金額が8000万円であるというケースでは、相続税の総額の計算上は、配偶者に適用するのが一番有利となります。

　しかし、配偶者については、「配偶者税額軽減」により相続税額が一定程度控除されることが見込まれますので、子に適用することにより、納付すべき相続税額の合計額を最少にすることができます。

　さらに、配偶者が取得した居住用宅地等を配偶者の相続にかかる第2次相続で子が取得し、小規模宅地等の減額の特例を使うことができれば、第1次相続および第2次相続の両方を合わせると、同じ宅地について2度特例を利用して最終的に子が相続するのではなく、異なる宅地について特例が利用できるため、父母の相続をとおしてみると、子にとっては最大の減額特例の恩恵を受けることができるものと考えます。

　なお、小規模宅地等の減額を誰に適用するかにより、取得した財産と相続税額との関係をみると、相続人間で不均衡が生じますので、分割協議の際には、この点を含めて検討されることをお勧めします。

（税理士　原木規江）

第3部 生前対策編

6章
遺言

相続は"争族"などと揶揄されるほど、被相続人が残した財産の分配をめぐって親子、兄弟、親族の利害が衝突することは珍しくありません。

被相続人は、遺族がスムーズに相続を済ませることができるよう、自分の意思を「遺言」として残しておくことが大事です。この章では、被相続人が心得ておくべき遺言の意義、遺言書の作り方について説明します。

遺された人たちの無用なトラブルを避ける

遺言を残す意味

注目!!
- 遺言は無用な**トラブルから大切な家族を守る**もの。
- 遺言によってできることと、できないことがある。

遺言書の作成
相続開始以前から計画的に行う

自分の"最後の意思"をきちんと伝える

人が亡くなると相続が発生します。仲の良かった子どもたちが、自分の遺した財産のせいで相続争いを繰り広げる……これは本当に残念なことです。相続の争いは遺産額の大きさとは関係ありません。**無用な争いから大切な家族を守ってくれる、これが「遺言」の一番のメリットです。**

遺言で自分の最後の意思を反映させ、自分の財産に最後まで責任を持つことも、家族への愛情ではないでしょうか。

遺言にはできること、できないことがある

そうはいっても、なんでもかでも遺言に書けばいい、というわけではありません。遺言では、法律で定められた事項に限り、法的効力が生じます。これを「**遺言事項**」といいます。逆にいうと、**遺言事項以外のことを遺言書に書いても、法的効力は生じません**。遺言事項以外のことを書くことはできますが、それが実現できるかは、遺族の判断によります。

生前よくしてくれた人に相続権がないことも

生前から家族の仲が悪い、離婚や再婚などで家族関係が複雑、法定相続分とは異なる割合で相続させたいなどの場合は、遺言で遺産の分け方を指定しておきましょう。

婚姻関係がない内縁の妻や生前によくしてくれた人には相続権はありません。**相続人以外に遺贈したい場合は、遺言でその思いを残すこともできます。逆に、非行などで遺産を渡したくない相続人は、廃除することができます。**

また、子がいない、相続人がいないなどの場合は、誰に遺産を引き継ぐかを記すことで、遺産を有効に活かすことができます。子の認知や未成年者の後見人についても、遺言で定めることができます。

遺言を確実に執行させたいならば、遺言の執行につき、一切の権限を持つ遺言執行者を遺言書に記すことも大切です。

遺言書は、民法で規定している条件を満たしていなければ無効となります。以降のページでは、遺言の種類、書く際の注意事項についてみていきます。

Keyword [**遺言**] 死後のために物事を言い残すこと。一般に、「ゆいごん」と読みますが、法律用語としては、「いごん」と読むこともあります。法律上は15歳から遺言できるとされています。

遺言でできることは「遺言事項」に限る！

遺言でできること（遺言事項）

分類	項目	内容
財産処分、相続に関すること	信託の設定	信託銀行などに信託をする旨を記す
	遺贈	相続人、または相続人以外の人へ財産を遺贈する
	寄附行為	寄附の意思を記す
	相続分の指定または指定の委託	法定相続分とは異なる相続の配分を指定する
	遺産分割方法の指定または指定の委託	個々の財産をどのように分割するのか、またその分割割合を決める
	遺産分割の禁止	死後5年を限度に遺産の分割を禁止する
	特別受益の持ち戻しの免除	特別受益分を相続分に持ち戻しさせないように指示する
	相続人の担保責任の指定	遺産分割で取得した財産に欠陥があった場合には、その損失を他の相続人も相続割合に応じて負担しなければならないが、その内容を変更する
	遺贈の減殺方法の指定	遺留分を侵害する遺贈が複数ある場合に、減殺する財産の順序やその割合などを指定する
	相続人の廃除またはその取り消し	相続人の廃除、または一度相続人から廃除した者についての取り消しを指示する
身分に関すること	子の認知	婚姻関係のない人との間の子を認知する
	後見人または後見監督人の指定	未成年の子などに対する後見人、または後見監督人を指定する
その他	遺言執行者の指定または指定の委託	遺言を執行する遺言執行者を指定する
	祭祀主宰者の指定	先祖の墓などの継承者を指定する

遺言でできないこと

項目	内容
結婚や離婚に関すること	結婚や離婚などは当事者本人の意思にもとづくもので、遺言では指示できない
養子縁組に関すること	養子縁組は生前に行う必要があるため、遺言では指示できない。養子縁組の解消も同様
葬儀や埋葬、香典等に関すること	「葬儀はしない」、「海に散骨してほしい」などは、法的効力はないが、遺言者の意思として尊重することは可能
遺体解剖や臓器移植に関すること	法令により、遺族の同意が必要

 ペットの世話についても、遺言で指定しても法的効力はありません。ただし、財産を遺贈するかわりにペットの世話の義務を負う、「負担付遺贈」の形をとることは可能です。

遺言の種類
自筆証書、公正証書、秘密証書がある

注目!!
- 遺言は**存在の証明、法的な効力**まで考えて作成する。
- 公正証書遺言以外は家庭裁判所での検認が必要。

遺言書の作成
相続開始以前から計画的に行う

遺言には3つの種類がある

　民法では、普通方式と特別方式とに遺言を分けています。特別方式とは、遺言者に死期が迫っている場合などやむを得ない状況下で行われる遺言です。通常は普通方式により遺言を作成します。

　普通方式の遺言には、「**自筆証書遺言**」、「**公正証書遺言**」、「**秘密証書遺言**」の3種類があります。

①自筆証書遺言

　文字通り、自筆で書く遺言です（ただし、財産目録は自筆でなくても可）。誰にも知られず、内容を秘密にしたまま作成することができます。費用もほとんどかかりません。**形式や用紙に決まりはなく、証人も不要です。**

　気軽に作れるという良さがある半面、遺言が発見されない、正しい形式で作成されておらず無効になる、などのリスクもあります。保管も自分で手配するため、偽造や変造、紛失、盗難などのおそれもあります。また、**家庭裁判所で遺言書の検認を受けなければなりません。**なお、2020年7月10日より自筆証書遺言保管制度がスタートしました。自筆証書遺言を遺言書保管所（法務大臣の指定する法務局）に保管の申請ができるようになりました。これについては、検認は不要です。

②公正証書遺言

　2人以上の証人の立ち会いのもと、遺言者が口頭で内容を伝え、公証人が作成します。手間や費用がかかり、証人から遺言の内容が漏れる可能性があります。しかし、**原本は公証役場に保管されるため、紛失などのリスクはなく、形式不備で無効になることもありません。検認も不要です。**

③秘密証書遺言

　遺言者が遺言を作成し、封印したものを公証人および2人以上の証人の前に提出し、遺言の存在を証明してもらうことを目的として行われるものです。内容を知られることはありませんが、手間や費用がかかるうえ、自筆証書遺言と同様のリスクを負うため、あまり利用されていないのが現状です。

　このように普通方式遺言にはそれぞれメリット、デメリットがあります。ただ、遺言者の意志を正確に実現できる可能性の点からは、一般的に公正証書遺言が安心でしょう。

Keyword [遺言書の検認] 相続人に対し、遺言の存在およびその内容を知らせるとともに、検認の日現在の遺言書の内容を明確に証明することをいいます。

普通方式の遺言の種類

	自筆証書遺言	公正証書遺言	秘密証書遺言
作成方法	本人が自筆で作成 財産目録はパソコンでも可 ※1	本人が口頭で伝え、公証人が作成	本人が作成
費用	かからない ※2	かかる	かかる
証人	不要	2人以上	2人以上
検認	必要 ※3	不要	必要
メリット	●1人で作成できる ●遺言の存在や内容を秘密にできる 加えて、※4	●法的効力を失う心配はない ●偽造、変造、紛失、盗難などのリスクがない	●1人で作成できる ●内容を秘密にできる ●公証役場に存在記録が残る
デメリット	●形式不備の場合は法的に無効になる ●偽造、変造、紛失、盗難などのリスクがある ●発見されない可能性がある ※5	●手間と費用がかかる ●内容を秘密にできないリスクがある	●形式不備の場合は法的に無効になる ●偽造、変造、紛失、盗難などのリスクがある ●手間と費用がかかる

遺言書保管所にて保管の場合
※1 自筆証書遺言と同じ。ただし、封のされていない法務省令で定める様式に従って作成
※2 かかる
※3 不要
※4 遺言書の偽造、変造、紛失・盗難などのリスクがない、遺言書の存在の把握が容易になる
※5 遺言書保管所に預ける必要がある

遺言作成時の注意点

●遺留分を侵害しない割合で相続分を指定する
●相続分を指定する場合は、遺産の漏れがないようにする
●相続争いが起こりそうな場合は、公正証書遺言を作成する
●遺言執行者を指定する
●特別受益のある相続人がいる場合は、相続分を明確にする
●寄与分のある相続人がいる場合は、相続分を明確にする　　など

役割は?
●公正証書の作成、私署証書・定款の認証等
●法務局（法務省）に所属

 遺言者に死期が迫っている場合などの状況下における特別方式の遺言には、「危急時遺言」と「隔絶地遺言」があります。

自筆証書遺言
あいまいな表現を避け、具体的に、明確に

注目!!
- 財産目録以外については、全文、日付、氏名を**自分で書き、押印**する。
- いつでも訂正可能だが、訂正方法は厳格に決められている。

遺言書の作成
相続開始以前から計画的に行う

紙とペンと印鑑だけで書ける自筆証書遺言

自分の死後、大切な家族が自分の財産をめぐっていがみ合うことは、とても悲しいものです。そのためにも、遺言を残し、自分の思いを伝えるという行為はとても大切なことです。

「**遺言を書く**」というと、とても大それたことをするように感じられますが、**置き手紙を残すような感覚で書いてみてはいかがでしょうか**。自筆遺言は紙とペン、そして印鑑があれば作成できます。そして、何度でも書き直すことができます。家族の状況が変わったり、気持ちが変わったりしたら、書き直せばいいのです。もちろん、法的効力を持つ遺言でなければ意味はありません。**あいまいな表現は避け、誰が読んでもきちんと理解ができるよう、具体的で明確な表現を使い、書き記すことが大切です**。

他にも、争いを防ぐためのポイントがあるので、以降のページで詳しく説明します。

作成のポイント

自筆証書遺言を書く際に注意する点は次のとおりです。

①**財産目録以外については、全文、日付、氏名をすべて自分で書く**

自筆証書遺言は、すべて自分で書かなければなりません。**パソコンでの作成や代筆は無効となります**。代筆は許されません。自分の字で明記しましょう。

ただし、遺言書に添付する財産目録は、各頁に署名押印が必要な他には特段の定めはなく、2019年1月13日以降はパソコンによる作成、通帳のコピーの添付なども認められるようになりました。

日付は、遺言書を作成した日付を記入します。**日付のない遺言は無効です**。「〇年〇月〇日」など、年月日が特定できるような日付が必要です。「〇歳の誕生日」、「〇年元旦」なども日にちが特定できるので有効ですが、「**〇年〇月吉日**」などは日にちが特定できないため無効です。

②**署名、押印をする**

誰が書いたか特定できるように氏名は必要です。本人が特定できればペンネームや名前だけでも認められますが、**フルネームで書いた方が無難でしょう**。

 自筆証書遺言は、財産目録以外遺言者が日付に至るまですべて手書きをしなければなりません。日付のスタンプを押したり、夫婦で一緒に書いたりしたもの（共同遺言）も無効となります。

第3部　生前対策編

遺言書はトラブルを防ぐことを念頭に作る

すべての財産について書く

遺言ですべての財産について指定すれば、遺産分割協議をせずに遺産分割が可能です。不動産についてのみ遺言で相続人を指定し、株式については触れないなど、遺言に財産の洩れがあると、結局は遺産分割協議をしなければならず、相続分の少なかった者との間で争いの原因となります。

また遺言の最後に、「その他一切の財産は〇〇に相続させる」という条文をいれれば、財産の洩れを防ぐことが可能です。

自宅と現金は妻、マンションは娘、それ以外は全部息子に……

遺留分の侵害をしない

遺留分の侵害をすれば、侵害をされた相続人は遺留分侵害額請求が可能となります。侵害した人とされた人との関係も悪化する可能性があります。できるだけトラブルを避けるためにも、遺留分を侵害しない範囲で指定配分をしましょう。

また、特定の相続人が極端に不利になる内容も避けましょう。もしも、相続分に差をつけたければ、その理由を遺言に記しておくと、相続人も受け入れやすくなり、トラブルを防ぐことができます。

あいまいな表現を使わない

表現があいまいで何通りもの解釈ができてしまう、内容が不正確で相続人の間で争いが生まれてしまう、といったことがあると、遺言自体がトラブルの原因になります。たとえば、遺産に書かれていた土地の広さと実際の広さが異なる、登記簿の記載と異なる、ということがあると、相続人は混乱します。実際に遺言を書く際には、登記簿などの書類を確認しながら、正確な遺言の作成を心がけましょう。

マンションは3つあるけど、すべて娘にやるって意味かしら…？

6章 遺言

※2019年7月1日前に開始した相続に関しては、遺留分減殺請求（遺留分を保全するのに必要な限度での遺贈等の減殺の請求）ができます。

 遺言の撤回や修正は、生前であれば、いつでも何度でも可能です。複数の自筆証書遺言が存在した場合は、日にちの新しいものが優先されます。

押印は、拇印や朱肉を使うものであれば認印でも構いませんが、本人のものと証明するためにも実印がよいでしょう。

用紙は自由です。筆記具も自由ですが、**鉛筆は改ざんされるおそれがあるので、ボールペンや万年筆などがいいでしょう。**書式は縦書き、横書きどちらでも構いません。

訂正の方法には決まりがある

訂正の方法には注意が必要です。訂正の方法を間違えると、変更はなかったものとなります。

訂正の方法は、次のとおりです。①削除や訂正箇所を指示する。②訂正箇所に押印する。③「本遺言書10行目の『○○』を『××』に訂正した。」というように、欄外や末尾などに変更箇所とその内容を記載する。④訂正内容を記載した箇所に署名をする。

慣れてしまえば、それほど難しい方法ではありません。ただ、訂正が増えるようならば、トラブルを避けるためにも、最初から書き直す方がよいでしょう。

完成したら封書に入れ封印します(ただし、遺言書保管所に保管する場合には封はしません)。封印がなくても有効ですが、改ざんなどを避けるためにもした方がよいでしょう。封筒の表には「遺言書」と記載します。裏には遺言を見つけた人が誤って開封してしまわないように、裁判所で検認する旨を記しておきましょう。

保管場所も大切です。遺言書保管所に保管する方法もありますが、それ以外の場合、保管場所は、遺族に確実に見つけてもらえる場所にしなければなりません。ただし、すぐに目につくところでは、変造などの心配があります。あまり人の目につかず、ただし、遺産整理の際、必ずチェックするような場所、たとえば、金庫や書斎の鍵付きの引き出しなど、がいいかもしれません。

いっそのこと、遺言を公表するという方法もあります。遺言の内容をみんなに知らせ、生前に遺産相続について相続人とともに話し合うことができれば、理想的です。

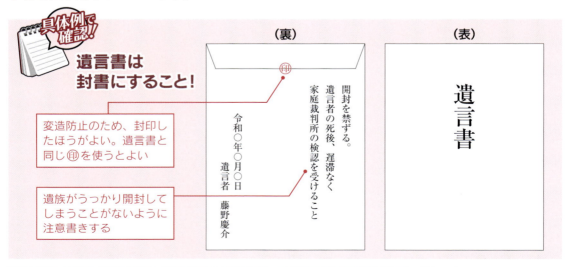

遺言書は封書にすること！

- 変造防止のため、封印したほうがよい。遺言書と同じ印を使うとよい
- 遺族がうっかり開封してしまうことがないように注意書きする

(裏) 令和○年○月○日 遺言者 藤野慶介
開封を禁ずる。遺言者の死後、遅滞なく家庭裁判所の検認を受けること

(表) 遺言書

216 Plusα 自筆証書遺言はあくまでも自筆であることが要件ですが、過去の判例では、他人の補助（添え手）を受けて書いた場合で、「添え手をした他人の意志が運筆に介入した形跡がない場合は、遺言として認められる」とされています。

第3部　生前対策編

自筆証書遺言の作成例

遺言書

遺言者藤野慶介は、この遺言書で次のとおり遺言する。

1. 妻、藤野春子に次の財産を相続させる。
   (1) 東京都練馬区〇町〇丁目〇番〇号
       宅地　250.50平方メートル
   (2) 同所同番地所在
       家屋番号〇〇番　木造瓦葺平屋建居宅
       床面積　100.80平方メートル
   (3) 右の家屋内にある動産一式

2. 二男、藤野次郎に次の財産を相続させる。
   (1) A銀行A支店　定期預金　口座番号123456
   (2) 株式会社いろは会社の株式　1万株 ㊞

3. 亡長男の妻、藤野孝子に次の財産を遺贈する。
   (1) B銀行B支店　定期預金　口座番号112233

4. 本遺言書の遺言執行者として次の者を指定する。
       東京都中央区〇町〇丁目〇番〇号
         弁護士　佐藤　譲
         連絡先　03-0000-0000

                          令和〇年〇月〇日
                     東京都練馬区〇町〇丁目〇番〇号
                          遺言者　藤野慶介　㊞

本遺言書11行目「会社」の2字を削除した。藤野慶介

縦書き、横書き、どちらでもよい

相続人に相続させるときは「相続させる」と書く

財産は具体的に記入する。不動産は登記簿のとおりに記入するとよい

遺贈の場合は、「遺贈する」と記す

作成日は必ず記入する

訂正方法
①削除、修正の場合は二重線で消す
②変更箇所に押印する（署名押印と同じ印を使用）
③欄外や末尾などに変更箇所、変更内容を付記し署名する

6章　遺言

ただし、この自筆に関する例外的な要件は、非常に厳しいものなので、基本的に他人の添い手は慎むべきといえるでしょう。

自筆証書遺言のケース別文例

相続分を指定する

遺言者は、各相続人の相続分を次のとおり指定する。
長男　藤野一郎　　3分の1
長女　藤野奈津子　3分の2
長女奈津子が、生前、私の看護に尽くしてくれたことを考慮したものである。

※法定相続分と異なる相続分を指定するときには、その理由を書いておくと、相続人間のトラブル防止に効果がある場合も。

相続人以外の人に遺贈する

私は、私の事実上の妻である田口晴美（昭和○年○月○日生）に、次の不動産を遺贈する。
　　所在　東京都渋谷区○町○丁目
　　地番　○番○号
　　宅地　150平方メートル
　　同所同番地所在
　　家屋番号○○番　木造瓦葺弐階建居宅
　　床面積　壱階80平方メートル
　　　　　　弐階60平方メートル

私は、本遺言の執行者として次の者を指定する。
　　東京都中央区○町○丁目○番○号
　　弁護士　佐藤　譲（昭和○年○月○日生）
遺言執行者の報酬は金100万円とする。

※遺贈の方法には「包括遺贈」と「特定遺贈」があるが、相続人以外に遺贈する場合は、特定遺贈にした方がトラブルを少なくできる。なお、遺言執行者を指定すると円滑に遺贈ができる。

特別受益の持ち戻しを免除する

遺言者は、長男藤野一郎には、住宅取得資金として金500万円を贈与しているが、この分の持ち戻しを免除し、同贈与額を相続財産に加算せず、同人の相続分から控除しない。

※特別受益のあった相続人に法定相続分よりも多く相続させたいときには、生前贈与の持ち戻し免除を遺言で意思表示する方法がある。

祭祀の承継者を指定する

1. 遺言者は、祖先の祭祀を主宰する者として、長男藤野一郎を指定する。
2. 祭祀の費用として、長男藤野一郎に対し、Z銀行Z支店にある私の定期預金（口座番号○○○○○）から金500万円を相続させる。

※墓や位牌などについては、相続とは別に祭祀承継者を指定するとよい。ただし、負担がかかるので、遺産を余分に与えるなどの対応をした方がよい。

第3部　生前対策編

負担付きの遺贈をする

1. 私は、長男藤野一郎に次の財産を相続させる。
　　所在　　東京都渋谷区○町○丁目○番○号
　　宅地　　150平方メートル
　　同所同番地所在
　　家屋番号○○番　木造瓦葺弐階建居宅
　　床面積　壱階80平方メートル
　　　　　　弐階60平方メートル

2. 同人は前項の相続の負担として、私の妻藤野春子に毎月10万円を支給しなければならない。

1. 私は、二男藤野次郎に、現金200万円を相続させる。
2. 同人は前項の相続の負担として、私の愛犬シロの世話をしなければならない。

※負担付遺贈の受遺者は、遺贈された財産価額を超えない範囲内で、その負担を履行する義務を負う。受遺者が義務を果たさない場合は、相続人や遺言執行者は、家庭裁判所に遺言の執行取り消しを求めることができる。

相続人を廃除する

三男藤野三郎は、長年にわたり遺言者とその妻に対し、暴力をふるい、暴言を吐き、また、遺言者の金品を騙し取るなどの非行を重ねたので、遺言者は、推定相続人から廃除する。
遺言者は、本遺言の執行者として次の者を指定する。
　　　　　　東京都中央区○町○丁目○番○号
　　　　　　弁護士　佐藤　譲（昭和○年○月○日生）

※相続人を廃除するときは、遺言執行者を指定する。遺言執行者と事前に相談し、廃除の理由となる行状を詳しく説明するなどの準備が必要である。

6章 遺言

子を認知する

●生まれている子の場合

次の者は遺言者と田口晴美の間の子であるので、これを認知する。
本籍　　○県○市○町○番
住所　　○県○市○町○番
氏名　　田口隼人
令和○年○月○日生

※遺言で認知するときには、遺言執行者の指定が必要である。
子が成人の場合は本人の、子が胎児の場合は母親の承諾が必要である。
認知された子は、他の相続人と同様に相続権があるが、トラブル防止のため、特定遺贈する旨の遺言を残しておく方がよい。

219

公正証書遺言 法律上、不備のない遺言を作成する

注目!!
- 確実、安心な**公正証書遺言**。
- 原本は**公証役場**に保管される。

遺言書の作成
相続開始以前から計画的に行う

公証人の前で遺言の内容を伝える

公正証書遺言とは、遺言者が公証人の前で遺言の内容を口頭で伝え、その内容にもとづき、公証人が文章にまとめて作成するものです。もしも内容に迷ったときでも、公証人が相談にのり、必要なアドバイスをしてくれます。

公証人となる人は、元裁判官や元検察官など法律事務に長年携わっていた法律の専門家です。よって**複雑な内容であっても、法律的にきちんと整理された内容の遺言を作成してくれます**。もちろん、形式不備で無効になる、ということもありません。

また、家庭裁判所で検認を受ける必要もないため、スムーズに遺言を執行することができ、原本は公証役場に保管されるので、紛失のおそれもありません。

公証役場に足を運ぶ必要がある

たくさんのメリットがある公正証書遺言ですが、やはり手間と費用がかかります。

実際に作成するには、通常、公証役場に足を運ぶ必要があります。事前の準備としては役場に出向いたり、電話やファックスなどでやり取りをしたりしながら、内容をつめていきます。

2人以上の証人もつけなければなりません。証人になることができない者とは、①**未成年者**、②**推定相続人、受遺者、およびその配偶者や直系血族**、③**公証人の配偶者、4親等内の親族、書記および使用人**です。証人となるべき人が見つからない場合は、公証役場に手配を依頼する（有料）ことも可能です。

公証役場では無料相談なども行っています。全国に約300ヵ所あります。公証人役場、公証人合同役場、公証センターという名称のところもあります。一度最寄りの公証役場に問い合わせてみるとよいでしょう。

 手続きのポイント！

1989年以降に作成された公正証書遺言であれば、コンピューター管理されているため、日本公証人連合会で全国の公証役場で作成された公正証書遺言を調べることができます。ただし、秘密保持のため、照会の依頼は相続人等の利害関係者に限られます。

Keyword [**日本公証人連合会**] 全国の公証人会および公証人で組織された団体です。ホームページでは全国の公証役場一覧なども紹介されています。（日本公証人連合会 https://www.koshonin.gr.jp/）

第3部　生前対策編

コレが基本！ 公正証書遺言の作成は手間と費用がかかる

公正証書遺言を作成する際に最低限必要な資料

- 遺言者本人の印鑑登録証明書
- 遺言者と相続人との続柄がわかる戸籍謄本
- 財産を相続人以外の人に遺贈する場合には、その人の住民票
- 財産のなかに不動産がある場合は登記事項証明書と固定資産評価証明書または固定資産税・都市計画税納税通知書中の課税明細書
- 証人予定者の名前・住所・生年月日・職業をメモしたもの

公正証書遺言の手数料

●1億円までの財産について

目的財産の価額	手数料
100万円まで	5,000円
200万円まで	7,000円
500万円まで	11,000円
1000万円まで	17,000円
3000万円まで	23,000円
5000万円まで	29,000円
1億円まで	43,000円

●1億円を超える部分について（加算分）

目的財産の価額		手数料
1億円超　3億円まで	5000万円ごとに	13,000円
3億円超　10億円まで		11,000円
10億円を超える部分		8,000円

※相続人の受け取る財産ごとに費用を算出し合算する。これ以外にも費用がかかることもある。
※その他、遺言加算金が加算されることがある。

公正証書遺言作成の流れ

事前の準備
1. 遺言原案を作成し、公証役場に連絡、遺言作成を依頼
2. 公証役場に出向き、打合せ
3. 証書（遺言書）文案を確認

遺言作成当日
4. 証人とともに公証役場に出向く
5. 証書の作成
　❶ 遺言者が口述し、公証人が筆記
　❷ 公証人が遺言者、証人に証書内容を読み聞かせる
　❸ 遺言者と証人、公証人が署名押印
6. 証書の完成

第6章　遺言

Plus α　日本公証人連合会では、震災等により公正証書遺言が滅失しても復元が可能なように、電子データでも保存する、二重保存システムを2013年7月より随時実施しています。

221

公正証書遺言の作成例

令和○○年第○○号　　　← 作成年度と番号が記される

遺言公正証書

　本公証人は、遺言者佐藤太郎（昭和○年○月○日生）の嘱託により、令和○年○月○日、証人○○○○、証人○○○○の立会いをもって次の遺言の趣旨の口述を筆記し、この証書を作成する。

（遺言・不動産）
第1条　遺言者佐藤太郎は、遺言者の所有する下記の不動産を遺言者の長男佐藤一郎（昭和○○年○月○日生）に相続させる。

　　　　　　　　　　記
　　　（不動産表示）
　　　土　地
　　　所　在　東京都新宿区○町○丁目
　　　地　番　○○番○○号
　　　地　目　○○
　　　地　積　○○．○○平方メートル

（遺言・その他の財産）
第2条　遺言者は、遺言者の有する下記の財産を、遺言者の長女鈴木花子（昭和○○年○月○日生）に相続させる。

　　　　　　　　　　記
　　　前条で記載の不動産を除く、相続開始時において所有する動産、
　　　現金、預金、貯金、有価証券、家財家具、その他一切の財産

（祭祀）
第3条　遺言者は、遺言者の祭祀の主宰者として、前記佐藤一郎を指定し、同人に祭祀用財産の一切を承継・管理させる。

（執行者）
第4条　遺言者は、この遺言の執行者として、次の者を指定する。
　　　　東京都千代田区○町○丁目○番○号
　　　　弁護士　田中　政治（昭和○○年○月○日生）

公証役場では、遺言書作成の無料相談を行っている

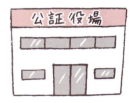

遺言を取り消したい場合は、その遺言の方式によって行い、遺言を取り消す旨を記載した遺言書を作成します。簡単に取り消す方法としては、遺言書を破り捨ててしまえば、それで取り消したことになります。ただし、公正証書

第3部　生前対策編

公正証書遺言の作成例

（つづき）

（付言事項）
遺言するに当たって一言申し述べておきます。
相続が円満円滑に行われるようにと思い、遺言書を残しましたので、皆が協力して手続きを行ってくれるようお願いいたします。

以　　上

本旨外要件

　　住　所　東京都新宿区○町○丁目○番○号
　　職　業　無職
　　遺言者　佐藤太郎　　　　　　生年月日　昭和○年○月○日生
同人が人違いでないことを証明するものとして、印鑑証明書の提出を受けた。

　　東京都江東区○町○丁目○番○号
　　職　業　会社員
　　証　人　○○　○○　　　　　生年月日　昭和○年○月○日生

　　東京都杉並区○町○丁目○番○号
　　職　業　会社員
　　証　人　○○　○○　　　　　生年月日　昭和○年○月○日生

以上の通り、各項目を読み聞かせたところ、各自筆記の正確なことを承認し、下記に署名押印する。

　　遺言者　　佐藤　太郎　㊞
　　証　人　　○○　○○　㊞
　　証　人　　○○　○○　㊞

この証書は民法第969条第1号乃至第4号の方式に従い作成し、同条第5号にもとづき下に署名押印する。

　　令和○年○月○日　本公証役場において
　　東京都新宿区××○丁目○番○号
　　東京法務局所属

　　公証人　　○○　○○　㊞

（注釈）
- 遺言者と証人の氏名、住所、生年月日が記載される
- 遺言者、証人それぞれが署名押印する。
- 公証人が署名押印する

役場に出向けない場合は、公証人が出張作成も！

　病気などで公証役場に出向くことができない場合は、公証人に自宅や病室に出張してもらい、病床で遺言を作成することも可能です。
　また、耳や言葉の不自由な人などでも、筆談や通訳人の通訳を通じての申述などの方法により、公正証書遺言を作成することができます。

遺言の場合、公証役場に原本がありますので、手元にある正本を破棄しただけでは取り消したことになりません。

秘密証書遺言 「遺言の存在」のみを明らかにする遺言

注目!!
- 自筆、パソコン、代筆ともに可能。
- 存在が証明されているだけで、内容まで保証されているわけではない。

遺言書の作成
相続開始以前から計画的に行う

被相続人

遺言の内容はふせたまま……

秘密証書遺言とは、遺言の内容を秘密にしたまま、遺言の存在のみを証明する遺言です。秘密証書の作成手順をみてみましょう。証書は、**パソコンでも代筆でも構いませんが、必ず自筆で署名をし、押印をします**。印は実印でなくても構いませんが、自筆証書遺言と同様、できれば実印の方が好ましいでしょう。

証書作成後、大きめの封筒（B5判程度）に入れ、証書で押したものと同じ印で封印をします。証書に押した印と封印が同じでなければ秘密証書の要件を満たさなくなるので注意しましょう。

公証役場に2人の証人とともに出向き、公証人と証人の前に証書の入った封筒を提示し、自分の遺言書であることと、遺言の筆者の氏名、住所を申述します。

公証人は遺言書が本人のものであることを確認し、封紙上に遺言者の申述、証書を提出した日付を記入します。

そして、遺言者、証人、公証人がそろって署名押印します。

原本は自分で保管。記録だけが残る

公証役場には、秘密証書遺言を作成した記録だけが残り、原本の保管は自分で行います。よって、紛失や盗難の心配はなくなりません。また、秘密証書遺言はその存在が証明されているだけなので、形式不備などの心配は残り、法的効力を持つかどうかは、自筆証書遺言と同様に保証されているわけではありません。家庭裁判所の検認も必要です。

秘密証書遺言はパソコンなどでの作成も可能なのですが、秘密証書遺言の要件を満たさなかった場合に、自筆証書遺言として認められるよう、できれば自筆で作成した方がよいでしょう。

 手続きのポイント！

秘密証書遺言の要件を満たさないとは、遺言に署名押印がない、証書の印と封印の印が異なる、などの場合が考えられます。ただし、自筆証書遺言の要件（本文に署名押印があり、自筆で書かれている）を満たしていれば、自筆証書遺言として認めらます。

 遺言内容について変更や取り消しをする場合、その遺言書を訂正したり、文言の削除をしたりする方法によると、相続人が変更以前の内容を知ることができます。特に、不利な変更を受けた相続人にとっては、心中穏やかでは

第3部　生前対策編

秘密証書遺言の作成手順

手順1
自筆、パソコン、代筆などにより遺言を作成する。
署名は必ず自分で書き、押印をする。
- 作成時の注意点は自筆証書遺言と同じ
- 自筆証書遺言としても使えるように、できれば自筆で書く方が好ましい
- 印は実印が好ましい

↓

手順2
封筒（B5判程度の大きめのもの）に入れ、封をし、
証書と同じ印で封印をする。
（封印と証書の印が同じでなければ、秘密証書としての要件を満たさない）

↓

手順3
証人2人を決め、公証役場に連絡し、日時を予約する。

↓

手順4
公証役場に証人2人と出向き、証人、公証人の前に秘密証書遺言をいれた封書を提出し、本人の遺言書であること、筆者の氏名、住所を申述する。

〈用意するもの〉　● 免許証など本人確認できるもの

↓

手順5
公証人は、本人が作成した遺言であることを確認し、封紙に日付、遺言者が述べた事柄を記入し、
遺言者、証人、公証人そろって、署名押印する。

↓

手順6
原本は遺言者本人が保管する。

作成費用は **1万1000円**

第6章　遺言

ないことも考えられます。遺言内容の変更や取り消しを行う場合、まったく新たに作成した方が無難かもしれません。

225

秘密証書遺言の作成例

遺言書

遺言者山中隆（昭和〇年〇月〇日生）は、この遺言書で次のとおり遺言する。

1. 遺言者は、今川花子（昭和〇年〇月〇日生、住所　東京都中野区〇町〇丁目〇番〇号）が懐妊している子は、私の子であるので、認知する。

2. 遺言者は、妻、山中恵子（昭和〇年〇月〇日生）に次の財産を相続させる。
　　(1) 土地
　　　　所在　東京都練馬区〇町〇丁目
　　　　地番　〇番〇号
　　　　地目　宅地
　　　　地積　250.50平方メートル
　　(2) 建物
　　　　所在　同所同番地
　　　　家屋番号　〇〇番
　　　　種類　居宅
　　　　構造　木造瓦葺平屋建
　　　　床面積　100.80平方メートル
　　(3) 前項(2)の家屋内にある動産一式

3. 遺言者は、前項2に記載以外の財産は、すべて第1項記載の胎児に相続させる。

4. 遺言者は、本遺言書の遺言執行者として次の者を指定する。
　　東京都中央区〇町〇丁目〇番〇号
　　弁護士　佐藤　譲（昭和〇年〇月〇日生）

　　　　　　　　　　　　令和〇年〇月〇日
　　　　　　　　　　　　東京都練馬区〇町〇丁目〇番〇号
　　　　　　　　　　　　遺言者　山中　隆　㊞

※ 自筆、パソコンどちらでもよい
※ 子の認知や遺贈などがあれば明記する
※ 遺言執行者を指定する
※ 署名は必ず自筆で行う。押印も忘れずに

第3部　生前対策編

秘密証書遺言封紙の例

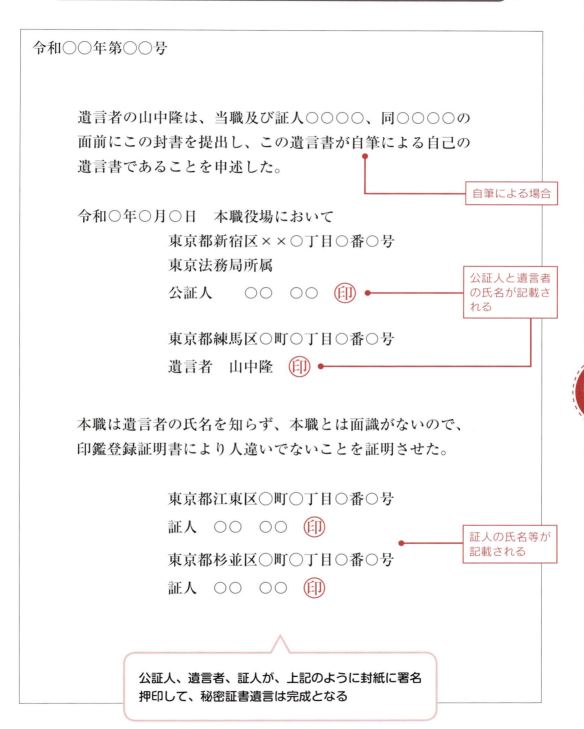

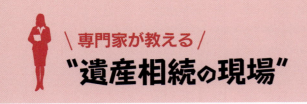

COLUMN❻

遺言書が法的な有効性を備えるために──

　被相続人がせっかく自筆の遺言書を残していても、たとえば、遺言書の内容に不満を抱く相続人の1人が、「この遺言書は、法律で定める方式を満たしていないので、無効だ」などと主張することがあります。有効な遺言が存在する場合は、遺言の内容に従って粛々と財産を分配することになりますが、無効であれば、遺言通りに分配する必要はありません。被相続人が自筆で残す遺言書（自筆証書遺言）の場合、遺言者が財産目録以外その全文、日付および氏名を自書し、これに印を押すことが法令上求められています。これらの要件を欠けば、方式不備として遺言は無効となります。

　具体的に、方式不備か否かはどのように判断されるのでしょうか。

　自筆証書遺言の場合、証人は不要であることなどの理由から遺言者1人で簡単に作成することができます。しかし、その一方で遺言書の偽造や変造のリスクがあります。そこで、自筆証書遺言は、特に方式面での有効性について厳格に判断していくことになります。もっとも、遺言は被相続人の最終意思ですから、尊重すべきものであるところ、あまりに厳格な解釈をすると、被相続人の最終意思を十分に実現できないことになりますから、上記の要件を満たしているか否かについてはその趣旨に照らして、個別に判断することになります。

　まず、「全文の自書」や「押印」が求められているのは、遺言者の同一性と遺言者の真意に出たものであることを保障するためです。また、「日付」の記載が求められているのは、遺言能力の判断時期の確定や、複数の遺言書がある場合その先後を決めるためです。これらの趣旨に照らして判断するのです。

　たとえば、「自筆」についての判例では、「病気のために手が震える」ので、「運筆に他人の手を借りた」としても、それだけでは自書であることは否定されていません。しかし、単独で文字が書けない遺言者の手を取って、遺言者の声に従って他人が誘導しつつ作成された遺言は、自筆の要件を欠くとされています。これは、自筆の趣旨が遺言者の同一性と真意の確認手段であることから、このような判断となったといえます。その他、要件を満たすか否かについての典型的な事項については214～219ページで説明していますので、ご参照ください。

（弁護士　堀招子）

第3部 生前対策編

7章
節税対策

相続税は、取得した金額が多ければ多いほど
税率が高くなる超過累進課税です。

そこで相続税を少しでも減らすには、
相続する財産の金額を下げることが基本中の基本です。
そのためにも被相続人の生前から相続人への
計画的な資産移転を進めておく必要があります。
この章では、相続税を軽減する
節税テクニックを公開します。

相続税の節税

「相続発生前」から行うことが基本

注目!!
- 節税のための対策を行うか否かで、納税額に大きな差が出てくる。
- 相続税は専門性が高いので、相続税申告のサポート経験が豊富な税理士を見つけることがスムーズな相続手続きを実現するポイント。

節税対策
相続開始以前から計画的に行う

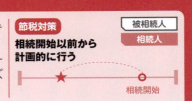

相続税の節税は被相続人が生きているうちから始める

相続税は、金額的に高額となるケースが多いので節税のための対策を行うか否かで、納税額に大きな差が出てきます。ただし、**被相続人、相続人とも念頭に置いておきたいことが、「節税対策の基本は、相続発生以前、被相続人の生前に行う」**という点です。相続発生後の対策は、「効果が小さい」とはいいませんが、その方法も限定的になります。

被相続人の生前の相続税対策がいかに有効か、簡単な例を挙げますと、被相続人が毎年一定の現金を計画的に子に贈与していくことで、相続税の課税対象となる相続財産を減らすことができます。

贈与税については暦年課税について基礎控除額があります。1年間で110万円までの贈与は課税されません。つまり、10年で1100万円分、20年で2200万円分、30年で3300万円分の現金を、1円の税負担も発生させずに、被相続人から子へ渡すことができます。

これが一切の生前贈与なしに相続が発生した場合、相続税の基礎控除額なども適用した上で3300万円分の現金を子に相続させるとなれば、子は次のような相続税を負担することになります。3300万円分の現金の相続について、単純に相続税の速算表に当てはめると、税率は20％、控除額は200万円なので、「660万円－200万円＝相続税額460万円」を支払う計算です。

相続税の節税に大きな効果があるのは、「相続財産の評価を引き下げる対策」です。たとえば、現金や預金といった資産は、その額面がそのままの評価額で課税価額となりますが、土地に換えておくことで評価額を大きく引き下げることができます。

手続きのポイント！

相続税の節税対策は、相続財産の評価を引き下げることが中心となります。相続財産の評価は、複雑な計算や素人では難しい判断が必要となるケースも少なくないので、税理士や不動産鑑定士など専門家のサポートが欠かせません。ところが、この評価額はその専門家によって意外に「開き」があります。相続財産にかかる税務上の評価は、特に専門性が高く、豊富な経験やノウハウが求められるのです。

Keyword [**節税**] 日本の課税方式は「申告納税制度」として、納税者が自ら適正な税額を申告し、納付する流れとなっています。そのため、税負担が軽減される特例を適用するか否かも納税者次第。税額を軽減させる制度を活用することが、節税の基本です。

第3部 生前対策編

相続税の節税対策は相続発生以前が基本！

Point 1 贈与にかかる暦年課税の非課税枠（110万円）を活用する

Point 2 被相続人の保有資産について財産評価の引き下げを行う

● 1年間で110万円までの贈与は課税されない

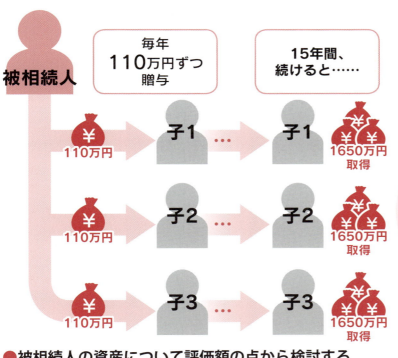

合計**4950万円**の財産を**非課税**で移転させることができる！

● 被相続人の資産について評価額の点から検討する

現金、預金はマンションや宅地など不動産に換えておく

宅地に賃貸アパートを建て貸家建付地にしておく

養子縁組で基礎控除額を増やす

第7章 節税対策

Plus α 節税は、必ずしも相続税額を低く抑えるためだけに行うわけではありません。実際に相続税を支払わなければならない相続人として、納税の資金を確保することも大きな目的です。

231

贈与税の基本知識
暦年課税と相続時精算課税の2つがある

注目!!
- **暦年課税**では年間110万円までの贈与は課税されない。
- **相続時精算課税**は文字通り、「相続時」に支払った贈与税を精算する制度。

節税対策
相続開始以前から計画的に行う

被相続人 / 相続人 / 相続開始

相続税と密接な関係にある贈与税

　相続税の節税を考える上で、贈与税についても知っておくべきです。贈与税は、個人からの贈与によって取得した財産に課される税金ですが、相続税と密接な関係があります。「贈与」とは、38ページでも触れましたが、贈与する人（贈与者）と贈与される人（受贈者）の合意のもとに、無償で行われます。受贈者は、取得した財産の課税価格に応じて贈与税を支払います。

　贈与税には相続税と同様の制度がいくつかあります。①一定の額までの非課税枠（基礎控除額）がある、②贈与財産の価額は、課税時期の時価で判断する、③形式上は贈与でなくとも贈与と同様の経済的利益を受けた場合には「みなし贈与」として課税される——などです。

暦年課税と相続時精算課税を活用する

　贈与税の課税方式には、「**暦年課税**」と「**相続時精算課税**」の2つがあります。

　暦年課税は、1年間に贈与を受けた財産の価額の合計額（1年間に2人以上の人から贈与を受けた場合または同じ人から2回以上にわたり贈与を受けた場合は、それらの財産の価額の合計額）をもとに贈与税額を計算する方法です。

　相続時精算課税は、まず贈与者から1年間に贈与を受けた財産（相続時精算課税適用財産）の価額の合計額から贈与税額を計算します。その上で、将来その贈与者が死亡して相続が発生したときに、相続・遺贈を受けた財産の価額（相続時の時価）と相続時精算課税適用財産の価額（贈与時の時価）の合計額をもとに相続税額を計算し、すでに支払った相続時精算課税適用財産にかかる贈与税を控除（精算）して相続税額とする方法です。

暦年課税のしくみ

1年間に贈与を受けた財産の価額の合計額（課税価格）から基礎控除額（110万円）を差し引いた残額について贈与税が加算されます。

《計算例》300万円の贈与を受けた場合の計算例

```
        300万円
110万円 | 190万円
(基礎控除額)(基礎控除後の課税価格) (税率)  (控除額)  (税額)
           190万円        × 10%  －  0円  = 19万円
```

Keyword　**贈与税**　国の税金の1つで、個人からの贈与により取得した財産に課税されます。

第3部　生前対策編

相続税の節税には贈与税の特例を活用する！

暦年課税と相続時精算課税の概要

財産の贈与を受けた人（「受贈者」といいます）は、次の場合に、財産の贈与をした人（「贈与者」といいます）ごとに相続時精算課税を選択することができます。

相続時精算課税を選択できる場合（年齢は贈与の年の1月1日現在のもの）
- 贈与者 ➡ 60歳以上の親
- 受贈者 ➡ 20歳以上の直系卑属である推定相続人（孫も含む）

相続時精算課税を
選択する　　　　　選択しない

相続時精算課税

【贈与税】

❶贈与財産の価額から控除する金額

特別控除額　2500万円

前年までに特別控除額を使用した場合には、2500万円からすでに使用した額を控除した残額が特別控除額となります。

❷税率

特別控除額を超えた部分に対して、

一律20％の税率

※「相続時精算課税」を選択すると、その選択にかかる贈与者から贈与を受ける財産については、その選択をした年分以降すべて相続時精算課税が適用され、「暦年課税」へ変更することはできません。

相続時に精算

【相続税】

　贈与者が亡くなったときの相続税の計算上、相続財産の価額に相続時精算課税を適用した贈与財産の価額（贈与時の時価）を加算して相続税額を計算します。
　その際、すでに支払った贈与税相当額を相続税額から控除します。なお、控除しきれない金額は還付されます。

暦年課税

【贈与税】

❶贈与財産の価額から控除する金額

基礎控除額　毎年110万円

❷税率

各種控除後の課税価格に応じ次の速算表で計算します。

◎贈与税の速算表（特例贈与財産用）

基礎控除後の課税価格	税率	控除額
200万円以下	10%	—
400万円以下	15%	10万円
600万円以下	20%	30万円
1000万円以下	30%	90万円
1500万円以下	40%	190万円
3000万円以下	45%	265万円
4500万円以下	50%	415万円
4500万円超	55%	640万円

（贈与を受けた財産の価額 − 各種控除額）×税率−控除額＝税額

【相続税】

　贈与者が亡くなったときの相続税の計算上、原則として、相続財産の価額に贈与財産の価額を加算する必要はありません。
　ただし、相続開始前3年以内に贈与を受けた財産の価額（贈与時の時価）は加算しなければなりません。その際、納付済みの贈与税額相当額は控除されます。

第7章　節税対策

 贈与税は、「金額ベースでの税負担」という点からみると、相続税よりもはるかに重い。もし贈与税がなかったり、相続税に比べて負担が小さかったならば、被相続人は誰しもが相続税を回避するために、すべての財産を贈与してしまうでしょう。

233

相続時精算課税の注意点

相続時精算課税を選択した場合は、暦年課税とは異なる注意点がいくつかあります。1つは、贈与を受けた財産の価額が110万円以下であっても贈与税の申告をする必要があります。もう1つは、**相続時精算課税を選択した場合、その贈与者から受ける財産については選択以降の年分について暦年課税への変更はできません。**

贈与税の申告と納付

贈与税の申告・納付は、原則として財産の贈与を受けた年の翌年の2月1日から3月15日までにすることになっています。贈与税の申告は、国税庁のe-Tax（国税電子申告・納税システム）を利用して、税務署まで行かなくても自宅や会社のパソコンからインターネットで提出（送信）ができます。

実務のポイント！

相続時精算課税は2003年、社会の消費拡大を目的に設けられました。相続の発生を待つことなく、親世代から消費行動が活発な子世代への資産移転を促そうというものです。そのため相続時精算課税には次のような適用要件があります。

①贈与者が、贈与をした年の1月1日において65歳以上で、かつ、贈与をしたときにおいて受贈者の直系尊族であること。
②受贈者が、贈与を受けた年の1月1日において20歳以上で、かつ、贈与を受けたときにおいて贈与者の直系卑族である推定相続人であること。

相続時精算課税の選択

父　贈与

贈与　母

[暦年課税を利用]
毎年110万円ずつ贈与を受ける

[相続時精算課税を利用]
母が保有する財産の贈与を受ける

子

受贈者贈与者ごとに、相続時精算課税の適用を受けるか否かの選択をします。

贈与税の配偶者控除の特例や相続時精算課税の適用を受ける場合は、贈与税がかからない場合でも申告は必要です。特例は、適用を申告してはじめて税負担が免除されます。申告しない場合は無申告として加算税等のペナルティが

第3部　生前対策編

相続時精算課税のしくみ

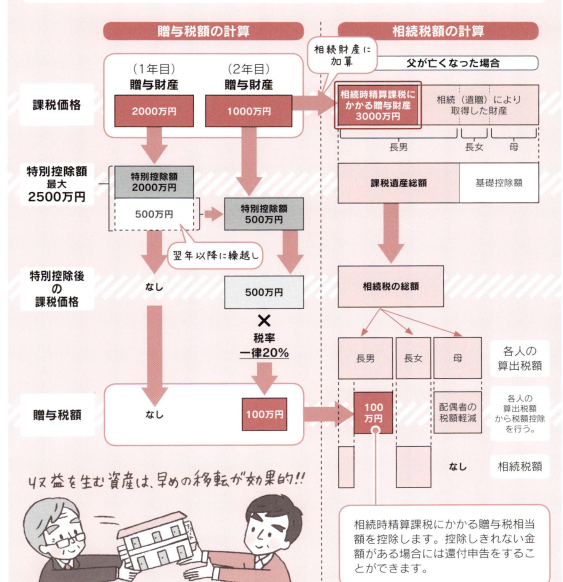

あります。また、申告後に相続時精算課税を選択することはできません。

暦年課税 ① 基礎控除額110万円を使いこなす

注目!!
● 毎年決まった額を決まった時期に贈与する、といった**規則的な連年贈与は税務署に否認される**ことがある。

生前贈与の時期
相続開始3年より前に

計画的な節税対策ができる

贈与税の暦年課税は、1年間に110万円の基礎控除があるので、相続税の節税を行う上で計画的に取り組むことができます。特に、現金や預金、有価証券などの金融資産については、この**暦年課税のしくみを踏まえて長期的な贈与を行うことで、相続税の軽減が図れます**。

規則的な連年贈与は要注意

しかし、**毎年決まった額を決まった時期に贈与する、といった規則的な連年贈与は避けた方が無難です**。その理由は、規則的な連年贈与は、税務署から「**定期金に関する権利**」を贈与したとみなされ、否認されることもあるからです。定期金に関する権利とは、ある期間にわたって定期的に金銭等の給付を受ける権利のことで、たとえば、年金です。

定期金に関する権利と税務署が判断する場合、連年贈与を受けた金額について一括で課税されるおそれがあります。

基礎控除額を超える贈与も有効

ある程度の規模のお金を相続させるには、暦年課税の基礎控除額以内で贈与していくと時間がかかり過ぎるという人もいます。このような場合、基礎控除額を超えても、相続税の税率と比較して低ければ、贈与による資産移転の方が節税につながるケースもあります。

たとえば、310万円までは贈与税の税率は10%です。配偶者と子2人に毎年310万円ずつ贈与するとして、10年で「310万円×10年×3人＝9300万円」です。この贈与にかかる贈与税は「20万円×10年×3人＝600万円」です。節税の効果は、237ページを参照してください。

回数を重ねると、節税効果は大きい！

Keyword [**暦年**] 暦年とは、こよみに定めた1年のこと。贈与税は1月1日から12月31日までの1年間にもらった財産の価額に応じて課税額が決まります。

第3部 生前対策編

連年贈与は規則性をもたせないことが大切！

● 「定期金に関する権利」とみなされないように

 ① 贈与する時期、贈与金額を毎年変える

毎年同じ時期に同じ金額を贈与するのは課税リスクあり！

 ② 贈与する財産に変化を付ける

毎年現金を贈与するのではなく、預金や有価証券を組み合わせる

● 贈与そのものを否認されないように

 ① 受贈者が贈与を承諾している

受贈者が贈与財産の通帳や印鑑を管理している

 ② 贈与の証拠を残す

現金を手渡すのではなく、銀行振込にして贈与の記録を残す

[連年贈与による相続税の節税効果]
配偶者と子2人のケース

相続財産（課税価格）	2億円	3億円	5億円
一切、贈与を行わず、すべて相続財産として課税された場合の相続税の総額	2700万円	5720万円	1億3110万円

3人に毎年110万円ずつ10年間贈与	贈与税の総額	0円	0円	0円
	相続税の総額	1877万円	4565万円	1億1707万円
	節税効果	823万円	1155万円	1403万円

3人に毎年310万円ずつ10年間贈与	贈与税の総額	600万円	600万円	600万円
	相続税の総額	735万円	2875万円	9465万円
	節税効果	1365万円	2245万円	3045万円

※相続税の総額は、生前贈与加算、各種税額控除等は考慮していない概算です（1万円未満は切り捨て）。

第7章 節税対策

Plusα 贈与を受けた財産の課税価額は、相続税と同様、課税時期の時価によって評価します。課税時期とは、「贈与のあった日」をいいます。

暦年課税❷ 長年連れ添った夫婦に配偶者控除の特典あり

注目!!
- 婚姻期間20年以上の夫婦ならば、自宅の贈与、自宅取得のための資金について**最高2110万円まで非課税**になる。

婚姻期間が20年以上の夫婦が前提条件

　長年連れ添った夫婦には、自宅や自宅の土地の贈与について税金面での特典が用意されています。これは、「**贈与税の配偶者控除の特例**」というもので、適用を受けるための前提条件として「婚姻期間が20年以上の夫婦であること」とされています。その他にもいくつか要件がありますが、詳しくは239ページのチェックシートで確認してください。

　この特例では、夫婦間で居住用不動産を取得するための金銭の贈与が行われた場合、**贈与税の基礎控除額110万円に加えて、最高2110万円までの控除ができます**。居住用不動産とは、贈与を受けた夫あるいは妻が住むための国内の家屋、その家屋の敷地のことです。家屋の敷地には借地権も含まれます。

　贈与のしかたは、必ずしも居住用家屋と敷地を一括して行われなければならないということはなく、家屋だけ、敷地だけといった贈与をすることもできます。ただし、敷地だけの贈与をするときは、その家屋の所有者が、①**夫または妻が家屋を所有していること**、②**夫または妻と同居する親族が家屋を所有していること**——のいずれかが要件となります。

　具体例としては、妻が家屋を所有し、夫が敷地を所有しているときに、妻が夫からその敷地の贈与を受ける場合、夫婦と子どもが同居し、その家屋の所有者が子どもで敷地の所有者が夫であるときに、妻が夫から敷地の贈与を受ける場合——などです。なお、家屋の敷地が借地権で、金銭の贈与を受けて地主から底地を購入する場合も認められます。

夫婦の婚姻期間

Q 結婚して10年で一度離婚して、また同じ相手と再婚しましたが、婚姻期間はどのように計算しますか？

Answer 贈与税の配偶者控除の特例の条件とされる婚姻期間は20年ですが、これは通算で計算します。ですから、婚姻期間10年の夫婦が一旦離婚して、また同じ相手と結婚して婚姻期間の合計が20年に達すれば、適用は認められます。

238　　家屋の評価額は年々下がりますが、土地の場合、値上がりの可能性があります。相続税の節税という点では、控除限度額まで敷地の贈与にあてるのが最も効果的です。

第3部　生前対策編

贈与税の配偶者控除の特例が使えるケース

ケース①

● 夫が所有する自宅の家屋と敷地、あるいはいずれかを妻に贈与する

ケース②

● 夫が自宅の新築資金や改築資金を妻に贈与する

ケース③

● 自宅の敷地に借地権が設定されており、夫がその底地の買い取り資金を妻に贈与する

こんなメリットがある！
その1　夫の課税財産が減少する
その2　妻の老後の住居が確保される

贈与税の配偶者控除の特例のチェックシート

■この回答欄の「はい」にのみ○がある場合は原則、特例の適用が受けられます。

1	贈与者はあなたの配偶者（夫または妻）です	はい	いいえ
2	婚姻の届出をした日から贈与を受けた日までの期間は通算20年以上です	はい	いいえ
3	これまでに、同じ贈与者からこの特例の適用を受けたことはありません	はい	いいえ
4	贈与を受けた財産は不動産（土地等、家屋）または金銭です	はい	いいえ
5	【贈与財産が不動産の場合】その不動産は国内にあります	はい	いいえ
6	【贈与財産が金銭の場合】その金銭を翌年3月15日までに国内の居住用の不動産の取得にあてます	はい	いいえ
7	その不動産に現在居住、あるいは翌年3月15日までに居住する見込みです	はい	いいえ
8	今後引き続きこの不動産に居住する予定です	はい	いいえ

第7章　節税対策

Plus α　贈与税の配偶者控除の特例は、最高で2000万円までの控除枠がありますが、相続時精算課税のように、控除枠の範囲内で何度でも適用できる制度ではありません。同じ配偶者とのあいだでは、一生に一度しか受けることはできないことに注意しましょう。

相続時精算課税 早めの生前贈与で大きな節税効果

注目!!
- 贈与時の価額で課税されるので、**将来値上がりが見込まれる資産**は生前贈与がトク。
- アパートなど**収益性の高い資産**は、早めの贈与が大きな節税効果を生む。

将来値上がりしそうな資産

相続時精算課税は232ページでも取り上げたとおり、相続が発生した時点で税金を精算する課税方式です。そのため、税金の負担について考えれば、「税金を払うのが、相続発生の前か後かの違いしかないのでは？」と思われるかもしれません。

しかし、相続時精算課税は大きく2つの点から相続税対策に非常に有効です。1つは、この制度を使って贈与された財産の価額は相続時に加算されますが、その価額は「贈与時の価額」になります。そのため、**値上がりが見込まれる土地や株式については早めに贈与することで相続税の課税価額を圧縮することができます。**

アパートなど収益性のある資産

もう1つは、アパートなど収益を生む資産について、最大2500万円という特別控除額がある相続時精算課税を利用して生前贈与させることで、**親（被相続人）は贈与以降の財産の増加が抑制されるとともに、子（相続人）はあらかじめ相続税を支払う**ための資金を確保できます。

特に、アパートの贈与は現金での贈与と比べて、建物が貸家として評価され、土地については貸家建付地として評価されることからその評価額を低く抑えることができます。

アパートを贈与する場合、建物とその敷地を一緒に贈与する決まりはなく、建物だけの贈与もできます。「家賃収入」という観点から所得を効率よく子に移転させることを考えると、建物だけの贈与も有効です。

負担付贈与にならないように注意

相続時精算課税制度を使った贈与であっても、アパートと借入金（ローン）を一緒に贈与すると、「負担付贈与」になります。負担付贈与の場合、その建物と土地は相続税評価額ではなく、時価での評価になります。これでは、建物は貸家として、土地は貸家建付地として評価することができなくなるので、節税という面では、物件だけの贈与が有利です。

ちなみに、アパートの入居者から預かっている敷金は当然、贈与を受けた者が引き

Plus α 会社の事業承継対策に相続時精算課税を利用することもできます。自社株の評価額の低い時期、あるいは評価額を引き下げてから、会社の後継者に自社株を贈与することで、節税効果が期待できます。また、事業承継税制につい

第3部　生前対策編

継ぐことになりますが、そうなると、アパートが贈与されたことで入居者に対する敷金の返済義務を負うことになるので、これも形式的に負担付贈与になってしまいます。

そこで、返還すべき敷金に相当する現金の贈与を同時に行えば、負担付贈与として取り扱われません。

収益を生む資産は早めに生前贈与する！

賃貸アパートなど収益を生む資産は、早めに相続人へと所有権を移転することで相続税の課税価額を圧縮できる。納税資金を確保する点でも安心だ。

親

贈与 →

アパート・賃貸マンションなど、収益性のある資産

＋

敷金相当額の現金

子

家賃収入がなくなる
↓
相続財産の増加が抑制される

家賃収入が入る
↓
相続税の納税資金の原資となる

負担付贈与にすると財産評価が不利に

負担付贈与の場合
取引価格（時価）で評価する

アパート（時価7000万円） － 債務（敷金100万円）
＝ **6900万円**

負担付贈与に該当しない場合
相続税評価額を適用する

アパート（相続税評価額3500万円） ＋ （敷金100万円）
＝ **3600万円**

第7章　節税対策

て2018年度税制改正で、適用要件が大幅に緩和されているので、あわせて検討したいところです。

241

財産評価の引き下げ
現金や預金を不動産に換えて評価額を低くする

注目!!
- 相続税の節税対策では、**課税遺産の評価を引き下げる工夫**を。
- 現金や預金を家屋、宅地、アパート・マンションなどに換えておくと、評価額はぐっと下がる。

現金や預金は不動産に換えておく

　相続税は、取得した課税遺産の価格に応じて課税されますが、この価格は、課税遺産のそれぞれの評価額によって決まります。そこで、課税遺産の評価をあらかじめ引き下げる工夫が重要となります。

　たとえば、1億円の現金や預金を保有している場合、その評価額はそのまま1億円ですが、**お金を家屋や宅地、アパート・マンションなどの不動産に換えておくと、評価額はぐっと下がります。**

　ただし、節税効果が高いとされていたタワーマンションの高層階のうち、2017年4月1日以後売買契約が締結され、新たに課税されるものは評価の見直しが行われています。

　小規模宅地等の特例（148ページ）では、被相続人の居住用や事業用の宅地の評価額について一定の面積まで80％または50％減額されます。特例の対象となるような宅地が複数ある場合は、地価の高い宅地から優先的に適用すれば、評価額の引き下げで有利になります。

事業用ならば節税の幅はさらに広がる

　空き地は自用地として評価されますが、アパートや賃貸マンションを建てることで貸家建付地として評価額を引き下げることができます。また、アパートなどの建築費はそれだけ相続財産の減少につながりますし、銀行から借り入れをした場合はその借り入れ分が債務として相続財産から差し引かれるので、その点でも節税につながります。一方で、賃貸収入が得られることは相続財産を増やすことになりますが、納税資金として子への贈与にあてるなど、相続税対策の幅が広がります。

　ただし、**アパートなどを建てることは、事業として経営していくわけですから、一定のリスクが伴います。**

 手続きのポイント!

　アパート経営は、空き室対策といったリスク管理が必要となりますが、駐車場は、設備投資も少なく、売却や用途変更も容易です。駐車場は通常、雑種地として自用地扱いですが、アスファルト舗装、塀などの構造物を設置することで小規模宅地等の特例による50％減額適用対象になります。

 土地評価の指標としては、国税庁が毎年7月に公表する路線価があります。路線価は、相続税や贈与税などの算定で基準となります。また、国土交通省が毎年3月に公示地価を公表しています。実際の土地の売買価格と一致する

第3部　生前対策編

現金や預金を不動産に換えると、評価額が低くなる

●保有する現金5000万円で新築戸建てを建てると……

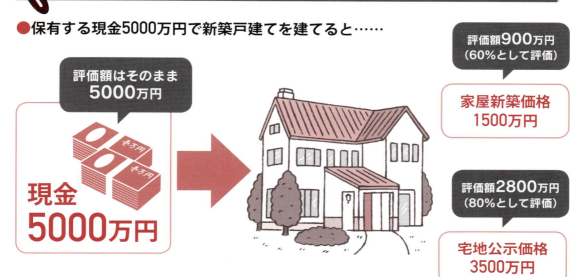

現金のまま保有しているよりも、**1300万円**の評価額の引き下げを実現！

●空き地にアパートを建てると……

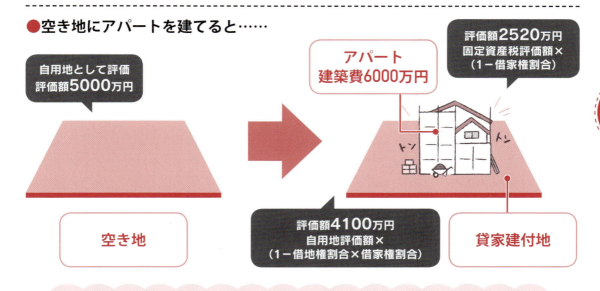

空き地のまま保有しているよりも、土地については**900万円**、
アパートの建築に伴い**3480万円**の評価額の引き下げを実現！
※借地権割合60％、借家権割合30％、固定資産税評価額は建築費の60％とした場合。

7章 節税対策

とは限りませんが、一般に、宅地（自用地）の評価額は公示価格の80％、家屋の評価額は新築価格の50〜70％といわれます。

孫養子 遺産相続の手続きを"1世代"省略する

注目!!
- 孫を養子にして遺産を相続させると、相続税の過程を省略できる他、基礎控除額の拡大が図れる。
- 孫への贈与は、**相続開始前3年以内の贈与**であっても相続税額の計算には取り込まれない。

孫への相続で資産の保全を図る

孫を養子にして遺産を相続させることは資産を保全する上で十分検討する価値があります。特に、**少子化などで子どもが減っている時代なので、特定の孫がいずれは財産を相続することが明らかという状況であれば、最初から孫への相続を考えてみたい**ところです。

孫に遺産を相続させる方法としては、大きく2とおりあります。1つは、孫を養子縁組し自身の相続人とする、いわゆる「**孫養子**」です。もう1つは、遺言書で孫に財産を遺贈するという方法です。

この2つの方法で異なる点は、相続税を計算する際の基礎控除額です。まず、孫養子の場合、法定相続人となるので、孫養子1人あたり相続税の基礎控除額が600万円増えます。

民法上は何人でも養子にできますが、相続税の取り扱いでは、実子がいる場合は「実子＋養子1人」、実子がいない場合は「養子2人まで」とされています。

遺言書によって孫に遺贈するケースでは、孫が法定相続人とされないため、基礎控除額の部分ではデメリットがありますが、生前贈与という点では大きな節税効果が期待できます。原則として相続開始前3年以内に相続人に対して贈与された財産は相続財産とみなされて、相続税額の計算に取り込まれますが、孫に対する贈与は、相続開始前3年以内の贈与であっても、原則として相続税額の計算には取り込まれません。

ただし、孫が代襲相続人（被相続人の子が死亡などの理由で相続権を失ったことで、その孫がその子に代わって相続するケース）である場合や、遺贈を受けている場合には、例外的に相続税額に取り込まれることになっているため、この点は注意が必要です。

相続や遺言によって遺産を取得した人が「被相続人の1親等の直系血族」（実親と実子、配偶者が該当し、代襲相続人を除く）でない場合は、その人の相続税額に2割加算されることになります。この点については「孫養子」も、「孫への遺贈」も取り扱いに変わりはありません。また、**相続税額の2割加算は、相続税の最高税率である55%を超える場合にも適用されます。**

Keyword [**養子**] 法律上、養子は実子と同様の権利を有する一方で、義務も発生します。養親の財産を法定相続人として相続できると同時に、養親の扶養の義務も負うことを忘れずに。

第3部　生前対策編

孫への遺産相続は資産保全の点で有効

通常の遺産相続

夫の遺産を「1つの財産」と考えると、この「1つの財産」を孫に相続させるまでに3回の相続税を支払うことになる。

夫の財産

↓ 夫の死亡で相続発生

相続税がかかる1回目 → 妻が取得 ／ 子が取得

↓ 妻の死亡で相続発生

相続税がかかる2回目 → 子が取得

↓ 子の死亡で相続発生

相続税がかかる3回目 → 孫が取得

孫養子への遺産相続

夫の遺産を孫に相続させるまでに支払う相続税は1回のみ。

夫の財産

↓ 夫の死亡で相続発生

相続税がかかる1回のみ → 孫が取得

※ただし、相続税額は2割加算

その他のメリット
- 法定相続人が増えることで相続税の基礎控除額が増える

7章　節税対策

Plusα　上図のとおり、孫への相続は遺産相続に伴う相続税の負担をまるまる1回分（妻経由の部分は2回分）、カットすることになります。「家」としての資産保全を図る上で、一考の価値があるのではないでしょうか。

245

自社株式にかかる相続税の猶予・免除

事業承継税制

注目!!
●事業承継の際に後継者にとって大きな負担になる自社株式にかかる相続税・贈与税の納税が猶予・免除される。

事業承継税制の活用
被相続人 → 相続人
事前に特例承継計画書を提出

後継者にとって大きな負担となる自社株式の取得にかかる税金

相続はおカネや不動産だけでなく、会社や事業を相続する場合もあります。通常、法人の事業承継は先代経営者から後継者へ自社株式（非上場株式）の譲渡によって経営権（支配権）が引き継がれますが、後継者が相続または贈与により自社株式を取得した場合には、贈与税または相続税の課税対象となります（→162ページ）。

しかし、会社を受け継いだばかりの後継者にとって自社株式の取得にかかる多額の相続税や贈与税が事業承継を妨げる要因となるケースもあります。

そこで、**事業承継税制**として会社の後継者（親族以外でもOK）が取得した非上場会社の株式にかかる**相続税・贈与税の納税について最大で全額を猶予・免除する特例**が設けられています。

事業承継税制の特例を利用するためには大きく2つの条件があります。

①事前に「特例承継計画」を提出する

2023年3月31日までに「特例承継計画書」を都道府県に提出します。書面の様式は中小企業ホームページ（https://www.chusho.meti.go.jp/）からダウンロードできます。

②10年間の限定措置

特例承継計画を提出した事業者のうち、2018年1月1日から2027年12月31日までに相続・贈与により会社の株式を取得した経営者が対象になります。

利用のネックだった「雇用要件」も見直し

事業承継税制は内容が年々拡充されて、使いやすい制度になってきました。以前は、先代経営者1人から後継者1人への相続・贈与のみが対象でしたが、現在は**親族外を含むすべての株主から代表者である最大3人の後継者が対象**となっています。

さらに、**雇用要件**として「事業承継後の5年間、平均で雇用の8割を維持しなければならない」と定められていましたが、経営悪化といった理由を報告することで納税猶予を継続できるように見直しが行われています。

Plusα 個人事業者については事業用の土地、建物、機械・器具備品等の取得にかかる相続税・贈与税の納税猶予および免除が受けられる「個人版事業承継税制」が2019年度税制改正で創設されました。

第3部 生前対策編

非上場会社の株式等に係る相続税の納税猶予および免除制度

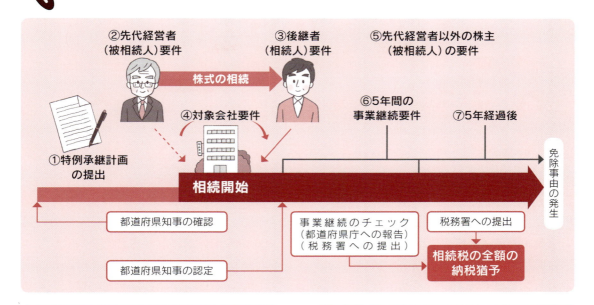

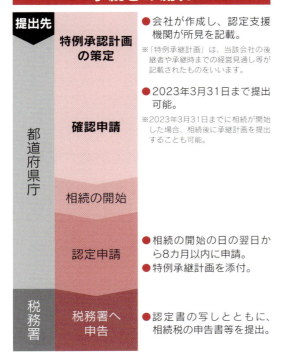

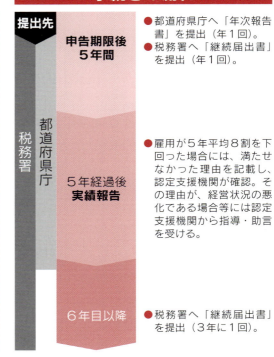

資料：中小企業庁「中小企業税制〈令和2年度版〉」

 ほかにも農業後継者が活用できる農地の引き継ぎに係る納税猶予制度、個人所有の重要文化財など特定の美術品の相続に係る納税猶予制度もあります。適用要件などの詳しい情報は国税庁ホームページ（https://www.nta.go.jp/）をご確認ください。

生命保険の活用
非課税限度額を使わない理由はない

注目!!
- 生命保険は非課税限度額の範囲内で保険料の支払い分だけ課税される相続財産を圧縮できる。
- 被相続人として自分の意思を遺産分割に反映させる手段になる。

1人あたり500万円の非課税限度額

　生命保険金は遺族の生活保障としての役割もあるので、相続人が受領した場合は、一定の金額までは相続税を課税しない非課税財産として取り扱われます。非課税額は、**「500万円×法定相続人の数」**です。

　たとえば、相続人が3人の子、遺産の課税価格が6300万円の場合、すべて現金や預金で相続すると、基礎控除額は「3000万円＋（600万円×3人）＝4800万円」なので、残り1500万円に対して相続税がかかります。一方、基礎控除額を超える1500万円分について生命保険金として相続させた場合、生命保険金にかかる非課税限度額が「500万円×3人＝1500万円」として相続税の課税価格から控除されて、相続税は1円もかかりません。

　つまり、非課税限度額の範囲内で、保険料の支払い分だけ課税される相続財産を圧縮できるというわけです。

　ただし、被相続人を保険の契約者および被保険者とし、相続人を保険金の受取人とする契約形態であることが適用の要件です。

　生命保険には節税面以外のメリットもあります。1つは、被相続人として自分の意思を遺産の分割に反映させる手段になり得ることです。特に、相続させる財産が自宅や店舗、土地といった不動産の場合、複数の相続人が公平な相続を希望してそのまま均等に分割されてしまっては困るというケースがあります。

　このような場合は、自分の跡継ぎには不動産を相続させて、他の相続人にはその代償に見合うお金を保険金の受取人とすることで、円滑な遺産分割が期待できます。

非課税となる墓地や墓石

父が亡くなり、相続したお金でお墓を整備した。かなり高額だったが、お墓は非課税財産と聞いていたので安心していたら、申告の際、税務署からお墓の購入について否認された。

墓地などは相続税の非課税財産ですが、被相続人から相続した現金で購入すると、現金は課税対象なので相続税を支払わなければなりません。被相続人の生前に購入しておくことで節税になります。

Plusα　遺族が年金形式で受け取る生命保険金（保険年金）について、相続税の課税対象となった部分は、所得税が課税されないことになりました。過去5年以内（2008年分以後）に保険年金を受け取っていた人は所得税分が還付されま

第3部　生前対策編

相続税の節税に生命保険を組み合わせるのは常識

● 生命保険の非課税限度額を活用する

非課税限度額＝500万円×法定相続人の数

被相続人

あとは頼んだぞ

遺産
6300万円

相続 →

3人の子が相続

基礎控除額4800万円
(3000万円＋（600万円×法定相続人3人）)

現金のまま	3人の子にそれぞれ500万円の生命保険
6300万円 － 4800万円 ＝ **課税対象 1500万円**	6300万円 － 4800万円 － (500万円×3) ＝ **課税対象 0円**

● 生命保険には他にもメリットがある

❶納税資金対策

被相続人を被保険者とする生命保険では、相続発生時に保険金が支払われるので、相続税の納税資金にあてられる。

❷遺産分割対策

被相続人は自分の意思を遺産分割に反映させることができる。相続人以外の特定の人に現金を残したり、分割が難しい財産の代償金として活用することもできる。

7章 節税対策

相続税の税務調査 軽く考えていると恐ろしい追徴課税

注目!!
- 相続税の申告内容が疑われる場合は、税務署が相続人の自宅や会社に調査にくる。
- **2019年は全国で1万635件の調査**があったが、そのうち**約85%で申告漏れ等を指摘**されている。

申告内容に疑問があれば税務署の調査官が来ることも

相続税の課税制度は、**申告納税制度**として、「自分で納めるべき税額を申告し、納付する」ことが前提となっています。しかし、その申告が適正であるか否かについては税務署が調査を行っています。

相続税の申告について**申告額の誤り、あるいは税を免れるための仮装や隠ぺい**といった行為が疑われる場合は、税務署の調査官が相続人の自宅等を訪問して調査を行うことがあります。

税務署の税務調査に当たっての姿勢は、「納税者に適正な申告・納付をしてもらう」と

相続税の課税事績（調査事績） 2019年7月～2020年6月
全国で1万635件の調査　申告漏れ金額の平均は2866万円

事務年度（7月～翌年6月）　項目	2016年度	2017年度	2018年度	2019年度
実地調査件数（実際に相続人らへの訪問等により行われた税務調査の件数）	1万2116件	1万2576件	1万2463件	1万635件
申告漏れ等の非違件数（国税当局が申告のミス等を指摘した件数）	9930件	1万521件	1万684件	9072件
非違割合（税務調査で申告のミス等を指摘された割合）	82.0%	83.7%	85.7%	85.3%
重加算税賦課件数	1300件	1504件	1762件	1541件
申告漏れ課税価格	3295億円	3523億円	3538億円	3048億円
追徴税額（当初の相続税額に追加で課せられた税額、加算税を含む）	716億円	783億円	708億円	681億円
実地調査1件あたり　申告漏れ課税価格	2720万円	2801万円	2838万円	2866万円
実地調査1件あたり　追徴税額	591万円	623万円	568万円	641万円

【資料】国税庁「令和元事務年度における相続税の調査等の状況」（令和2年12月）

Keyword　［税務調査］ 税務調査は基本的に税務署が実施しますが、申告漏れ、所得隠しとみられる金額が多額で悪質な場合、税務署の上部組織「国税局」の査察部、いわゆる"マルサ"による調査が行われます。

いうのが基本です。従って、仮装や隠ぺいといった行為にはとりわけ厳しく、本税の35％に相当する重加算税が課されます。申告納税制度の下で、適正な申告・納付が求められます。

最近の傾向は「現金・預貯金」への調査

相続税調査で申告漏れを指摘された遺産の種類別の構成は、2019年（7月～翌年6月）は、「現金・預貯金」が33.1％と大きな割合を占めています。その背景には、**税務署の調査官が「現金・預貯金」の実態に目を光らせていることが考えられます**。現金を隠すといった直接的な手段に出るケースは多いようですが、相続人が被相続人の了承のもと、被相続人名義の定期預金を解約して現金化し、自宅や知人宅に隠していた事例も摘発されています。

また、**海外の相続財産に対する租税条約にもとづく情報交換制度の利用も増えています**。「税務署にわからないだろう」と考えて、海外の預金について申告から除外したり、海外資産に関する書類を親族に預けるといった隠ぺいを行ったりするケースも摘発されています。

相続税の修正申告でトラブルも……

相続開始後、遺産分割や相続財産の移転登記など、することが多すぎて相続税の申告が期限までに間に合わないという人も少なくありません。そこで、とりあえず仮の申告を済ませてしまって、後から修正申告によって相続税額を是正するというのも1つの方法ですが、この際、税務署とトラブルになることも……。

申告は期限までに済ませることが原則です。そこで、修正申告や期限後申告の場合は、原則として延滞税や過少申告加算税といったペナルティが課されます。この点、納税者の〝自発的〟な修正申告等ならば、罰則的な処分がなされないこともあります。

相続人らの修正申告等は、税務署長の更正を予知して行ったものか否か——。この場合の「予知」とは、「更正があると納税者が知り得る状態のこと」と考えられます。いざ調査が始まって指摘を受けてから修正申告書を提出するといった行動は、「時すでに遅し」です。

> 税金逃れは見逃しませんよ…
>
> 敏腕調査官！

 Plusα 国税局査察部（マルサ）は、税務署とは異なり、検察庁への告発権限を有します。マルサが調査を実施した上で、悪質な所得隠しなどと判断されると、最悪の場合、脱税犯として逮捕されることになります。

さくいん

い

遺産税方式	136
遺産相続	38
遺産分割	46、102
遺産分割協議書	104
遺産分割調停	120
遺贈	54
遺贈者と受遺者	54
一時使用目的の借地権	154
一定の法人	149
遺留分	3、44、56
遺留分侵害額請求権	3、56、120
遺留分侵害額請求調停	120

う

売掛金	170

え

営業権	134
延滞税	138
延納	204
延納の担保	204

お

奥行価格補正率	146
終値	161

か

改製原戸籍謄本	92
画地調整	144、145
家財	170

貸宅地	156
貸付金	170
貸付事業用宅地	148
貸家建付地	156
課税価格	174
家族埋葬料	72
仮払金	170
還骨回向	68

き

貴金属	170
既経過利息	167
教育資金贈与	4
協議分割	102
共同相続	46
寄与分	62

け

結婚・子育て資金贈与	4
気配相場等のある株式	160
健康保険	72
源泉所得税	170
原則的評価方式	162
限定承認	96
検認	84
検認済証明書	84

こ

後見開始の申し立て	112
公社債	166
公正証書遺言	84、212、220

更正の請求	206
国税	132
戸籍謄本	92
戸籍謄本と戸籍抄本	92
国庫	64
固定資産課税台帳	150
ゴルフ会員権	168

さ

再建築価額	150
財産評価基準書	144
財産目録	78
再代襲相続	42
債務控除	176

し

シー・アイ・シー	78
死因贈与	54
時価	142
市街地山林	152
市街地周辺農地	152
市街地農地	152
死体検案書	68
死体埋火葬許可証	68
失踪宣告	108
指定相続分	44
指定分割	102
自動車	170
自筆証書遺言	4、212、214
自筆証書遺言保管制度	4
死亡診断書	68
死亡保険金の非課税枠	158
借地権	154

修正申告	206
熟慮期間	94
純山林	152
純農地	152
小規模宅地等の特例	148
上場株式	160
自用地	154
正味の遺産額	176
書画・骨とう品	168
除籍謄本	92
所得税の準確定申告	80
所有権移転の登記	124
申告納税制度	250
審判分割	102

す

推定相続人	58

せ

税制改正	130
生前贈与	56
成年後見人	112
税務署	138
税務調査	250
生命保険契約に関する権利	158
世帯主変更届	68
節税	230

そ

葬祭費	72
相続欠格	52
相続権	52
相続財産管理人	64

253

相続財産法人	64
相続時精算課税	232
相続時精算課税選択届出書	130
相続税財産評価基本通達	142
相続税の基礎控除額	132
相続登記	124
相続の承認または放棄の期間伸長	100
相続の廃除	52
相続分	44
相続分譲受人	106
贈与者と受贈者	55
贈与税	232
贈与税の配偶者控除の特例	238
底地	156

た

第1号被保険者	76
代襲相続	42
宅地比準方式	152

ち

地上権	156
中間山林	152
中間農地	152
超過累進課税	178
調停	106
調停分割	102
直系尊属と直系卑属	180

て

定期金に関する権利	158、236
定期借地権等	154
定期郵便貯金	170

定期郵便貯金以外の預貯金	170
定期預金	170
定率法	171
転換社債	166
添付書類	188

と

登記識別情報	124
同族株主	162
登録免許税	124
特定居住用宅地	148
特定事業用宅地	148
特定同族会社事業用宅地	148
特別縁故者への財産分与	64
特別寄与料	4、62、137
特別受益	60
特別受益者	60
特別代理人	116
特別養子	136
特例的評価方式	162
取引相場のない株式	160

な

内容証明	120

に

日本公証人連合会	220
日本信用情報機構（JICC）	78
日本年金機構	74

ね

年金受給権者死亡届	74

は

配偶者居住権	2、60、143
配偶者の税額軽減	180
配当還元方式	162
倍率方式	144

ひ

非嫡出子	40
秘密証書遺言	212、224

ふ

不在者	108
不在者財産管理人	108
物納	204

ほ

宝石	170
法定相続人	40
法定代理人	94

ま

埋葬料	72
孫養子	244

み

未支給年金請求書	74
未収入金	170
未上場株式	126
みなし相続財産	134

め

免責事由	82

も

持分	48

ゆ

遺言	210
遺言事項	210
遺言執行者	88
遺言書の検認	212
遺言の執行	88
遺言無効確認訴訟提起等	84

よ

預金口座の名義変更	126
預貯金の払戻し制度	4
預託金	168
預貯金以外の預け金	170

り

利付公社債（利付債）	166

れ

暦年	236
暦年課税	232

ろ

路線価	144
路線価方式	144

わ

割引発行の公社債（割引債）	166

英数字

e-Tax（国税電子申告・納税システム）	138
2割加算	180

監修者

堀招子/弁護士
ほりしょうこ

鳥飼総合法律事務所パートナー。津田塾大学学芸学部数学科卒業。都市銀行勤務後、弁護士登録（第二東京弁護士会）。税務争訟、専門家責任訴訟（税賠等）、相続・事業承継、倒産、その他企業法務を取り扱う。青山学院大学法学研究科非常勤講師を兼任。

原木規江/税理士
はらきのりえ

和田倉門法律事務所カウンシル。慶應義塾大学経済学部卒業。筑波大学大学院ビジネス科学研究科（企業法学専攻）修了。日本税務会計学会常任委員（訴訟部門）。補佐人専門税理士として、数多くの税務争訟に携わる。　メールアドレス：haraki@wadakura.jp

執筆者

工藤清美/CFP®
くどうきよみ

エフピー・ブラッサム代表。早稲田大学大学院ファイナンス研究科修了。日本FP学会正会員。日本FP協会千葉支部幹事。NPO法人相続・成年後見相談センターとらすと代表理事。個人相談、企業相談の他、セミナー、執筆など幅広く活動。

紺野陽平
こんのようへい

オフィス紺野代表。税務専門紙の霞が関担当記者、編集プロダクション勤務を経てフリーに。

編集協力……志澤陽子（株式会社アーク・コミュニケーションズ）
デザイン……並木未舞香（ブロワン）
イラスト……北垣絵美
編集担当……齋藤友里（ナツメ出版企画株式会社）

ナツメ社Webサイト
https://www.natsume.co.jp
書籍の最新情報（正誤情報を含む）はナツメ社Webサイトをご覧ください。

本書に関するお問い合わせは、書名・発行日・該当ページを明記の上、下記のいずれかの方法にてお送りください。
電話でのお問い合わせはお受けしておりません。
●ナツメ社webサイトの問い合わせフォーム：https://www.natsume.co.jp/contact
●FAX（03-3291-1305）
●郵送（下記、ナツメ出版企画株式会社宛て）
なお、回答までに日にちをいただく場合があります。正誤のお問い合わせ以外の書籍内容に関する解説や法律相談・税務相談は、一切行っておりません。あらかじめご了承ください。

これ一冊で安心　相続の諸手続き・届出・税金のすべて　21-22年版
いっさつ　あんしん　そうぞく　しょてつづ　とどけで　ぜいきん　ねんばん

2021年9月1日　初版発行

監 修 者	堀 招子 ほり しょうこ		Hori Shoko,2021
	原木規江 はら き のりえ		Haraki Norie,2021
発 行 者	田村正隆		
発 行 所	株式会社ナツメ社		
	東京都千代田区神田神保町1-52 ナツメ社ビル1F（〒101-0051）		
	電話：03-3291-1257（代表）　FAX：03-3291-5761		
	振替：00130-1-58661		
制　作	ナツメ出版企画株式会社		
	東京都千代田区神田神保町1-52 ナツメ社ビル3F（〒101-0051）		
	電話：03-3295-3921（代表）		
印 刷 所	ラン印刷社		

ISBN978-4-8163-7058-8　　　　　　　　　　　　　　　　　　Printed in Japan
〈定価はカバーに表示してあります〉〈乱丁・落丁本はお取り替えします〉
本書の一部または全部を著作権法で定められている範囲を超え、ナツメ出版企画株式会社に無断で複写、複製、転載、データファイル化することを禁じます。

別冊

きちんと伝えたい"お金のこと"

相続財産 整理ノート
～家族が困らないために～

[遺産の状況]	資産と負債	2
[銀行口座の状況]	預貯金	4
[金融資産の状況]	株式、債券、投資信託	6
[保険契約の状況]	保険（共済）、年金	8
[不動産の状況]	自宅、土地	10
[その他の資産状況]	自動車、貴重品、貸付金	12
[負債の状況]	ローン、借入金	14
[遺言の状況]	遺言書、遺産分割	16

ナツメ社

- このノートは、あなたの相続財産について整理するためのものです。
- ただし、あなたの家族などのほか、関係のない人に見せる必要はありません。ノートの保管には十分気を付けましょう。
- 自分の基本的な事柄、書きやすいところから記入してみましょう。

記入開始日	年	月	日

氏　名		生年月日	
（ふりがな）		明治　大正　昭和　年　月　日	
（旧姓）		（西暦　　　年）	
住　所		干　支	
本　籍		電話／FAX	
		TEL　（　　） FAX　（　　）	

■これまでに住んだ場所の記録

住んだ時期	場　所	備　考 ※就学、就職、転勤など
年　月　～　年　月		
年　月　～　年　月		
年　月　～　年　月		
年　月　～　年　月		
年　月　～　年　月		

MEMO

〔免責事項〕このノートの利用によって発生するいかなる損害および問題に対しても、弊社では一切の責任を負いかねますのでご了承ください。

遺産の状況

資産と負債

資産と負債を整理して遺産の状況を把握します。各資産、負債のより詳しい内訳は次ページで記入できます。遺産の状況は相続税の申告に関わることなので残された家族などが困らないよう、正確に記入しましょう。

資産　プラスの財産

▌ 現金		万円
▌ 預貯金		万円
▌ 有価証券	株式	万円
	債券	万円
	投資信託	万円
▌ 生命保険		万円
▌ 個人年金		万円
▌ 貸付金（売掛金など）		万円
▌ 不動産	家屋	万円
	土地	万円
	その他	万円
▌ その他の資産 （自動車、美術品など）		万円
▌ 資産　計		万円

記入した日			MEMO
		年	
	月	日	

負債　マイナスの財産、借金

▌住宅ローン	万円
▌自動車ローン	万円
▌教育ローン	万円
▌その他のローン	万円
▌個人としての借金	① 万円
	② 万円
▌事業上の借金（買掛金）	万円
▌公租公課（税金など）	万円
▌その他（伝えておきたい負債など）	万円
▌負債　計	**万円**

資産　計		負債　計		遺産額（概算）
万円	－	万円	＝	万円

銀行口座の状況

預貯金

預貯金にかかる金融機関について口座番号や種類（普通・定期など）、目的を記入しましょう。安全管理のため、通帳や印鑑の場所、暗証番号は記入せず、必要に応じて家族などに口頭で伝えるようにしましょう。

取扱機関	支店名	口座の種類
銀行 信用金庫 信用組合	支店 出張所	普通・定期 その他（　　　　　　　）

口座番号	名義人	連絡先
		TEL　　　—　　　　—

【備考】※口座の使用状況（毎月の積み立てなど）を記入しましょう。

取扱機関	支店名	口座の種類
銀行 信用金庫 信用組合	支店 出張所	普通・定期 その他（　　　　　　　）

口座番号	名義人	連絡先
		TEL　　　—　　　　—

【備考】※口座の使用状況（毎月の積み立てなど）を記入しましょう。

取扱機関	支店名	口座の種類
銀行 信用金庫 信用組合	支店 出張所	普通・定期 その他（　　　　　　　）

口座番号	名義人	連絡先
		TEL　　　—　　　　—

【備考】※口座の使用状況（毎月の積み立てなど）を記入しましょう。

記入した日		
		年
	月	日

MEMO

取扱機関	支店名	口座の種類
銀行 信用金庫 信用組合	支店 出張所	普通・定期 その他（　　　　　　　　　）
口座番号	**名義人**	**連絡先**
		TEL　　　－　　　　－

【備考】 ※口座の使用状況（毎月の積み立てなど）を記入しましょう。

取扱機関	支店名	口座の種類
銀行 信用金庫 信用組合	支店 出張所	普通・定期 その他（　　　　　　　　　）
口座番号	**名義人**	**連絡先**
		TEL　　　－　　　　－

【備考】 ※口座の使用状況（毎月の積み立てなど）を記入しましょう。

取扱機関	支店名	口座の種類
銀行 信用金庫 信用組合	支店 出張所	普通・定期 その他（　　　　　　　　　）
口座番号	**名義人**	**連絡先**
		TEL　　　－　　　　－

【備考】 ※口座の使用状況（毎月の積み立てなど）を記入しましょう。

金融資産の状況

株式、債券、投資信託

保有する株式や国債、投資信託にかかる取扱機関について口座番号や金融資産の種類を記入しましょう。有価証券については本人以外わからないのが実情です。保有する株式の銘柄、株数なども記入しましょう。

取扱機関	支店名	口座の種類
証券 信託銀行 その他（　　　　　　）	支店 出張所	株式・国債・社債・投資信託 その他（　　　　　　　）
口座番号	**名義人**	**連絡先**
		TEL　　　ー　　　ー
【備考】※口座の使用状況（株式の銘柄、株数など）を記入しましょう。		

取扱機関	支店名	口座の種類
証券 信託銀行 その他（　　　　　　）	支店 出張所	株式・国債・社債・投資信託 その他（　　　　　　　）
口座番号	**名義人**	**連絡先**
		TEL　　　ー　　　ー
【備考】※口座の使用状況（株式の銘柄、株数など）を記入しましょう。		

取扱機関	支店名	口座の種類
証券 信託銀行 その他（　　　　　　）	支店 出張所	株式・国債・社債・投資信託 その他（　　　　　　　）
口座番号	**名義人**	**連絡先**
		TEL　　　ー　　　ー
【備考】※口座の使用状況（株式の銘柄、株数など）を記入しましょう。		

記入した日		MEMO
	年	
	月　　日	

取扱機関	支店名	口座の種類
証券 信託銀行 その他（　　　　　　　）	支店 出張所	株式・国債・社債・投資信託 その他（　　　　　　　　）
口座番号	名義人	連絡先
		TEL　　　　—　　　　—

【備考】 ※口座の使用状況（株式の銘柄、株数など）を記入しましょう。

取扱機関	支店名	口座の種類
証券 信託銀行 その他（　　　　　　　）	支店 出張所	株式・国債・社債・投資信託 その他（　　　　　　　　）
口座番号	名義人	連絡先
		TEL　　　　—　　　　—

【備考】 ※口座の使用状況（株式の銘柄、株数など）を記入しましょう。

非上場株式など

会社名	株数	【備考】 ※会社での役職、保有割合、保管場所など。

保険契約の状況

保険（共済）、年金

生命保険契約や損害保険契約、公的年金、私的年金について記入しましょう。万が一の際に、家族などが保険金の未請求などが起きないようするためです。MEMO欄などを利用して保険証券の保管場所なども控えておきましょう。

保険（共済）

保険の種類	保険会社	保険のプラン・商品名	証券番号
生命保険・共済 損害保険・その他			

契約者	被保険者	保険の受取人

【備考】 ※死亡保険金の金額、保険期間、保険料、目的（借入金の返済）などを記入しましょう。

保険の種類	保険会社	保険のプラン・商品名	証券番号
生命保険・共済 損害保険・その他			

契約者	被保険者	保険の受取人

【備考】 ※死亡保険金の金額、保険期間、保険料、目的（借入金の返済）などを記入しましょう。

保険の種類	保険会社	保険のプラン・商品名	証券番号
生命保険・共済 損害保険・その他			

契約者	被保険者	保険の受取人

【備考】 ※死亡保険金の金額、保険期間、保険料、目的（借入金の返済）などを記入しましょう。

保険の種類	保険会社	保険のプラン・商品名	証券番号
生命保険・共済 損害保険・その他			

契約者	被保険者	保険の受取人

【備考】 ※死亡保険金の金額、保険期間、保険料、目的（借入金の返済）などを記入しましょう。

記入した日	MEMO
年	
月　　日	

公的年金

基礎年金番号	加入していたことのある年金の種類
	国民年金・厚生年金・共済年金 その他（　　　　　　　　　　　　　　　　　　　　　　　　　　　）
【備考】※免除期間、未納期間などを記入しましょう。	

企業年金・個人年金

名称（基金名、保険会社）	【備考】※証券番号、年金の加入期間など。

不動産の状況

自宅、土地

自宅（建物・土地）、田畑、別荘などについて記入しましょう。不動産が保有資産の大きな部分を占めるケースもありますので、相続の際に重要な情報になります。共有している不動産についてはその持ち分も記入しましょう。

不動産の種類	不動産の場所、住所	
土地・建物・田畑・山林 その他（　　　　　　　　　）		
用　途	名義人と持ち分	
自宅・別荘・駐車場・貸地・貸家 その他（　　　　　　　　）		％
		％
		％
取 得 価 額	借入金の状況	
円（　　年　　月　　日時点）	□あり　　□なし	

不動産の種類	不動産の場所、住所	
土地・建物・田畑・山林 その他（　　　　　　　　　）		
用　途	名義人と持ち分	
自宅・別荘・駐車場・貸地・貸家 その他（　　　　　　　　）		％
		％
		％
取 得 価 額	借入金の状況	
円（　　年　　月　　日時点）	□あり　　□なし	

不動産の種類	不動産の場所、住所	
土地・建物・田畑・山林 その他（　　　　　　　　　）		
用　途	名義人と持ち分	
自宅・別荘・駐車場・貸地・貸家 その他（　　　　　　　　）		％
		％
		％
取 得 価 額	借入金の状況	
円（　　年　　月　　日時点）	□あり　　□なし	

記入した日	
	年
月	日

MEMO

不動産の種類	不動産の場所、住所		
土地・建物・田畑・山林 その他（　　　　　　　　　）			
用　途	名義人と持ち分		
自宅・別荘・駐車場・貸地・貸家 その他（　　　　　　　　　）			％
			％
			％
取 得 価 額	借入金の状況		
円（　　年　　月　　日時点）	□あり　　　□なし		

不動産の種類	不動産の場所、住所		
土地・建物・田畑・山林 その他（　　　　　　　　　）			
用　途	名義人と持ち分		
自宅・別荘・駐車場・貸地・貸家 その他（　　　　　　　　　）			％
			％
			％
取 得 価 額	借入金の状況		
円（　　年　　月　　日時点）	□あり　　　□なし		

不動産の種類	不動産の場所、住所		
土地・建物・田畑・山林 その他（　　　　　　　　　）			
用　途	名義人と持ち分		
自宅・別荘・駐車場・貸地・貸家 その他（　　　　　　　　　）			％
			％
			％
取 得 価 額	借入金の状況		
円（　　年　　月　　日時点）	□あり　　　□なし		

その他の資産状況

自動車、貴重品、貸付金

自動車や高級時計、宝飾品、美術品などの動産、人に貸しているお金、仕事上の貸付金を記入しましょう。資産の価値は本人以外にはわからないケースもあります。保管場所、価値についても具体的に書きましょう。

資産の種類	名　称	金　額	備考（保管場所など）
自動車・時計・宝飾品 金地金・美術品・会員権 貸付金・その他（　　　）	※貸付金の場合はその相手。	円	
自動車・時計・宝飾品 金地金・美術品・会員権 貸付金・その他（　　　）	※貸付金の場合はその相手。	円	
自動車・時計・宝飾品 金地金・美術品・会員権 貸付金・その他（　　　）	※貸付金の場合はその相手。	円	
自動車・時計・宝飾品 金地金・美術品・会員権 貸付金・その他（　　　）	※貸付金の場合はその相手。	円	
自動車・時計・宝飾品 金地金・美術品・会員権 貸付金・その他（　　　）	※貸付金の場合はその相手。	円	
自動車・時計・宝飾品 金地金・美術品・会員権 貸付金・その他（　　　）	※貸付金の場合はその相手。	円	
自動車・時計・宝飾品 金地金・美術品・会員権 貸付金・その他（　　　）	※貸付金の場合はその相手。	円	
自動車・時計・宝飾品 金地金・美術品・会員権 貸付金・その他（　　　）	※貸付金の場合はその相手。	円	
自動車・時計・宝飾品 金地金・美術品・会員権 貸付金・その他（　　　）	※貸付金の場合はその相手。	円	
自動車・時計・宝飾品 金地金・美術品・会員権 貸付金・その他（　　　）	※貸付金の場合はその相手。	円	
自動車・時計・宝飾品 金地金・美術品・会員権 貸付金・その他（　　　）	※貸付金の場合はその相手。	円	
自動車・時計・宝飾品 金地金・美術品・会員権 貸付金・その他（　　　）	※貸付金の場合はその相手。	円	
自動車・時計・宝飾品 金地金・美術品・会員権 貸付金・その他（　　　）	※貸付金の場合はその相手。	円	
自動車・時計・宝飾品 金地金・美術品・会員権 貸付金・その他（　　　）	※貸付金の場合はその相手。	円	

| 記入した日 | 　年　月　日 |

MEMO

資産の種類	名　称	金　額	備考（保管場所など）
自動車・時計・宝飾品 金地金・美術品・会員権 貸付金・その他（　　　）	※貸付金の場合はその相手。	円	
自動車・時計・宝飾品 金地金・美術品・会員権 貸付金・その他（　　　）	※貸付金の場合はその相手。	円	
自動車・時計・宝飾品 金地金・美術品・会員権 貸付金・その他（　　　）	※貸付金の場合はその相手。	円	
自動車・時計・宝飾品 金地金・美術品・会員権 貸付金・その他（　　　）	※貸付金の場合はその相手。	円	
自動車・時計・宝飾品 金地金・美術品・会員権 貸付金・その他（　　　）	※貸付金の場合はその相手。	円	
自動車・時計・宝飾品 金地金・美術品・会員権 貸付金・その他（　　　）	※貸付金の場合はその相手。	円	
自動車・時計・宝飾品 金地金・美術品・会員権 貸付金・その他（　　　）	※貸付金の場合はその相手。	円	
自動車・時計・宝飾品 金地金・美術品・会員権 貸付金・その他（　　　）	※貸付金の場合はその相手。	円	
自動車・時計・宝飾品 金地金・美術品・会員権 貸付金・その他（　　　）	※貸付金の場合はその相手。	円	
自動車・時計・宝飾品 金地金・美術品・会員権 貸付金・その他（　　　）	※貸付金の場合はその相手。	円	
自動車・時計・宝飾品 金地金・美術品・会員権 貸付金・その他（　　　）	※貸付金の場合はその相手。	円	
自動車・時計・宝飾品 金地金・美術品・会員権 貸付金・その他（　　　）	※貸付金の場合はその相手。	円	
自動車・時計・宝飾品 金地金・美術品・会員権 貸付金・その他（　　　）	※貸付金の場合はその相手。	円	
自動車・時計・宝飾品 金地金・美術品・会員権 貸付金・その他（　　　）	※貸付金の場合はその相手。	円	
自動車・時計・宝飾品 金地金・美術品・会員権 貸付金・その他（　　　）	※貸付金の場合はその相手。	円	

負債の状況

ローン、借入金

住宅ローンや仕事上の借入金、買掛金、保証人としての債務について記入しましょう。借入金も相続の対象になります。家族が借入金の状況を把握していないと後々困るケースもあります。すべて記入しましょう。

借入先	支店名	借入の目的
銀行 その他（　　　　）	支店 出張所	住宅・自動車・教育 運転資金・買掛金・保証人 その他（　　　　　　　　）
借入残高	月々の返済額	ボーナス月の返済額
円	円	円
完済予定日	【備考】※「債務の解消」を目的とする保険契約の有無など。	
年　　月		

借入先	支店名	借入の目的
銀行 その他（　　　　）	支店 出張所	住宅・自動車・教育 運転資金・買掛金・保証人 その他（　　　　　　　　）
借入残高	月々の返済額	ボーナス月の返済額
円	円	円
完済予定日	【備考】※「債務の解消」を目的とする保険契約の有無など。	
年　　月		

借入先	支店名	借入の目的
銀行 その他（　　　　）	支店 出張所	住宅・自動車・教育 運転資金・買掛金・保証人 その他（　　　　　　　　）
借入残高	月々の返済額	ボーナス月の返済額
円	円	円
完済予定日	【備考】※「債務の解消」を目的とする保険契約の有無など。	
年　　月		

借入先	支店名	借入の目的
銀行 その他（　　　　）	支店 出張所	住宅・自動車・教育 運転資金・買掛金・保証人 その他（　　　　　　　　）
借入残高	月々の返済額	ボーナス月の返済額
円	円	円
完済予定日	【備考】※「債務の解消」を目的とする保険契約の有無など。	
年　　月		

記入した日　年　月　日

MEMO

借入先	支店名	借入の目的
銀行 その他（　　　）	支店 出張所	住宅・自動車・教育 運転資金・買掛金・保証人 その他（　　　）
借入残高	月々の返済額	ボーナス月の返済額
円	円	円
完済予定日	【備考】※「債務の解消」を目的とする保険契約の有無など。	
年　月		

借入先	支店名	借入の目的
銀行 その他（　　　）	支店 出張所	住宅・自動車・教育 運転資金・買掛金・保証人 その他（　　　）
借入残高	月々の返済額	ボーナス月の返済額
円	円	円
完済予定日	【備考】※「債務の解消」を目的とする保険契約の有無など。	
年　月		

借入先	支店名	借入の目的
銀行 その他（　　　）	支店 出張所	住宅・自動車・教育 運転資金・買掛金・保証人 その他（　　　）
借入残高	月々の返済額	ボーナス月の返済額
円	円	円
完済予定日	【備考】※「債務の解消」を目的とする保険契約の有無など。	
年　月		

借入先	支店名	借入の目的
銀行 その他（　　　）	支店 出張所	住宅・自動車・教育 運転資金・買掛金・保証人 その他（　　　）
借入残高	月々の返済額	ボーナス月の返済額
円	円	円
完済予定日	【備考】※「債務の解消」を目的とする保険契約の有無など。	
年　月		

遺言の状況

遺言書、遺産分割

遺言書の有無、遺産をどのように相続させたいのか、その気持ちを記入しましょう。ただし、このノートに記入した内容は法的な拘束力を持ちません。正式な遺言書を作成する必要がありますので注意しましょう。

記入した日　　年　月　日

MEMO

遺言書

遺言書の存在			
□ある　　□ない（作らない理由　　　　　　　　　　　　　　　　　　）			
遺言書の種類	作成日		保管場所
□自筆証書遺言 □公正証書遺言 □秘密証書遺言	年　月　日		
^	遺言相続で依頼している弁護士・税理士など		
^	①		
^	②		

みんなに伝えたいこと